成渝地区双城经济圈与区域协调发展丛书

金融生态视角的成渝共建西部金融中心实现路径研究

唐　平　许晓静　著

中国财经出版传媒集团
中国财政经济出版社
·北京·

图书在版编目（CIP）数据

金融生态视角的成渝共建西部金融中心实现路径研究 / 唐平，许晓静著 . -- 北京：中国财政经济出版社，2025. 3. --（成渝地区双城经济圈与区域协调发展丛书）. -- ISBN 978 - 7 - 5223 - 3810 - 1

Ⅰ. F832. 7

中国国家版本馆 CIP 数据核字第 2025BH8460 号

责任编辑：彭　波　　责任校对：徐艳丽
封面设计：卜建辰　　责任印制：史大鹏

金融生态视角的成渝共建西部金融中心实现路径研究
JINRONG SHENGTAI SHIJIAO DE CHENGYU GONGJIAN XIBU
JINRONG ZHONGXIN SHIXIAN LUJING YANJIU

中国财政经济出版社 出版

URL：http：//www. cfeph. cn
E - mail：cfeph@ cfeph. cn

社址：北京市海淀区阜成路甲 28 号　邮政编码：100142
营销中心电话：010 - 88191522
天猫网店：中国财政经济出版社旗舰店
网址：https：//zgczjjcbs. tmall. com
涿州汇美亿浓印刷有限公司印刷　各地新华书店经销
成品尺寸：170mm × 240mm　16 开　14. 5 印张　251 000 字
2025 年 3 月第 1 版　2025 年 3 月河北第 1 次印刷
定价：78. 00 元
ISBN 978 - 7 - 5223 - 3810 - 1
（图书出现印装问题，本社负责调换，电话：010 - 88190548）
本社图书质量投诉电话：010 - 88190744
打击盗版举报热线：010 - 88191661　QQ：2242791300

前　言

重庆和成都同为国家中心城市，是中国西部地区的经济中心和交通枢纽，是西部陆海新通道的中心城市，是“一带一路”的重要节点，协同衔接长江经济带。党的二十大提出“推动共建‘一带一路’高质量发展、促进区域协调发展和推动成渝地区双城经济圈建设”。2021 年 12 月，中国人民银行、国家发展改革委、财政部等六部委和重庆市人民政府、四川省人民政府联合印发《成渝共建西部金融中心规划》。因此，在世界新的发展格局和国家新的历史使命下，建设西部金融中心意义重大。

金融生态是一种利用生态学方法和成果来分析金融体系的理论框架。金融系统就如同生态系统一样，也是从简单到复杂、从低级到高级的渐进演变过程，在金融生态中，体系结构是在激烈竞争中逐步形成的，竞争的核心特征也表现为优胜劣汰。自然生态系统建立在自然环境中，维持动态平衡，而金融生态系统则在政治、经济、文化和法律环境下形成，并具有明显的制度结构特征。

金融生态、经济发展与金融中心之间的关系密不可分，它们构成了一个相互作用和相互促进的系统。一个良好的金融生态环境能够促进金融机构的稳健运行和金融市场的有效运转，为经济发展提供有力支撑。经济发展需要健康的金融市场来实现资金的有效配置和资源的有效利用，而金融生态的良性发展则能为经济发展提供持续动力。金融中心作为一种金融业发展的引擎和核心地带，对于区域经济的繁荣和国家经济的增长至关重要。金融中心的建设需要在健康完善的金融生态基础上展开，只有金融机构健全、市场规范、监管有力才能有效推动金融中心建设。金融中心的发展不仅能够提升金融业的国际竞争力，还能够吸引资金和人才，推动当地经济的繁荣，形成良性循环。良好的金融生态有助于吸引资金流入，推动经济的发展；而经济的持续增长则为金融中心的建设提供了更广阔的市场与发展空间。

近年来，成渝地区经济实力稳步提升，金融业支撑力度强劲，经济总量快速增长。2024年，成渝地区双城经济圈实现地区生产总值8.72万亿元，占全国的比重为6.5%，占西部地区的比重为30.3%；2024年重庆和成都的GDP分别达到3.22万亿元和2.35万亿元，分别位列全国城市GDP排名第四和第七，西部引领示范带动作用不断增强。同时，成渝金融业发展规模逐步扩大，2024年重庆、成都金融业增加值分别为2238亿元、2311亿元，显现出重庆和成都“双核”驱动金融业发展的潜力，以及助推西部地区经济高质量快速发展的驱动力。

但是，依据金融中心指标和西部金融中心规划目标，以及与上海金融中心比较，目前西部金融发展还存在许多不足。一是金融业增加值还不够高，说明重庆和成都的金融业发达程度较低；二是从金融机构数量来看，相较于上海，成渝地区的法人金融机构数量较少，西部金融中心的金融机构聚集度和辐射力不强；三是重庆和成都的存款余额仅占上海的1/3，贷款余额仅占上海的1/2，人均更大，说明西部金融中心资金规模实力不够，资本聚集能力还较差；四是成渝地区商业银行不良贷款率较高，表明成渝地区的资产质量及资金使用效率还较低，需要加强风险管理、优化信贷结构和提升金融服务水平；五是保险业务发展水平相对落后，重庆和成都在保费收入、保险深度和保险密度方面远远落后于上海；六是成渝地区的经济证券化水平相较于金融中心指标还比较偏低，无论在上市公司的数量上，还是在融资规模都相较于上海远远落后。

鉴于此，本研究试图对这些问题进行分析，得出一些有益的结论，起到抛砖引玉的作用。本研究首先，阐述成渝共建西部金融中心的重要意义，对相关研究文献进行综述及评述。其次，界定了相关的概念，分析金融中心的演进过程，选择纽约、伦敦和上海金融中心重点分析金融中心建设的关键要素与经验。再次，理论分析和实证检验了金融生态、经济发展和金融生态之间的逻辑关系。最后，得出了研究结论，并给出了西部金融中心建设的路径，给出相关的建议。

本书由唐平、许晓静进行统筹、审定和总撰。总体思路、内容框架、前言由唐平、许晓静执笔。章节具体分工为：第 1 章由唐平、杨文帅、蒋文文、齐晟皓承担；第 2 章由唐平、许晓静、杨文帅、蒋川湘承担；第 3 章由唐平、许晓静、杨文帅、刘雨萱承担；第 4 章由唐平、吴瑕、夏文东、蒋川湘承担；第 5 章由唐平、吴瑕、沈玉婷、刘雨萱、夏文东承担；第 6 章由唐平、蒋文文、沈玉婷、李俊亿承担；第 7 章由唐平、沈玉婷、李俊亿、何欢欢承担；第 8 章由唐平、杨文帅、齐晟皓、何欢欢、胡于文承担；第 9 章由唐平、王孟尧、胡于文、严鹏承担；第 10 章由唐平、贾丝羽、张堃鑫承担。第 11 章由唐平、许晓静、张堃鑫、贾丝羽承担。

随着研究的深入，我深刻意识到，研究中所探讨的问题与观点仍有许多值得进一步研究的空间。尽管本研究在定稿时已努力涵盖相关内容，但仍有不少不足之处，恳请学术界同行和广大读者不吝赐教，给予反馈与批评。同时，由于篇幅限制，参考文献中未能列出所有相关文献，对此也请同仁们给予谅解。

我特别要感谢所有曾给予我帮助与支持的老师、同学、朋友和同事们，正是你们的关心与鼓励，使我在这一研究领域不断前行。

这份努力与探索，旨在回报所有对我关爱的人，包括本研究中提到的和未提到的所有前辈与学者。

希望本研究能够为成渝共建西部金融中心贡献一份绵薄之力，推动区域金融生态的健康发展，并激励更多研究者投身于西部金融中心建设的广阔天地。为未来的研究与实践提供启示，共同推动中国西部经济的高质量发展。

目　录

第 1 章

绪 论

1.1 研究背景及意义

1.1.1 研究背景

党的二十大提出“推动共建‘一带一路’高质量发展、促进区域协调发展和推动成渝地区双城经济圈建设”。2021 年 12 月，中国人民银行、国家发展改革委、财政部等六部委和重庆市人民政府、四川省人民政府联合印发《成渝共建西部金融中心规划》。重庆和成都位于中国西部地区腹地，是西部陆海新通道的中心城市，北接丝绸之路经济带，南连 21 世纪海上丝绸之路，协同衔接长江经济带，在区域协调发展格局中具有重要的区位优势。因此，在世界新的发展格局和国家新的历史使命下，构建西部金融中心的战略目标是：“将成渝建设成为立足西部、面向东亚和东南亚、南亚，服务共建‘一带一路’国家和地区的内陆国际金融中心。”

近年来，成渝地区经济实力稳步提升，金融业支撑力度强劲，经济总量快速增长。2022 年，成渝地区双城经济圈实现地区生产总值 7.76 万亿元，占全国的比重为 6.4%，占西部地区的比重为 30.2%；2022 年重庆和成都的 GDP 分别达到 2.91 万亿元和 2.08 万亿元，分别位列全国城市 GDP 排名第四和第七。同时，成渝金融业发展规模逐步扩大，2022 年重庆、成都金融业增加值分别为 2491.02 亿元、2445.2 亿元，占 GDP 的比重分别为 8.56%、11.76%，显现出重庆和成都“双核”驱动金融业发展的潜力，以及助推西部地区经济高质量快速发展的驱动力。

同时作为国家级中心城市的重庆和成都，近年来经济辐射能力持续增长，带动成渝双城经济圈的其他城市快速发展，基础设施更加完备，产业体系日渐完善，科技实力显著增强，内需空间不断拓展，对外贸易往来进一步强化。成渝地区城镇人口数量、地区经济总量占全国比重持续上升，呈现出重庆和成都“双核”相向发展，已成为西部地区经济社会发展、生态文明建设、改革创新和对外开放的重要引擎。然而，成渝地区综合实力和竞争力仍与东部发达地区存在一定差距，特别是基础设施瓶颈依然明显，城镇规模结构不尽合理，产业链分工协同程度不高，科技创新支撑能力偏弱，城乡发展差距仍然较大，生态环境保护任务艰巨，民生保障还存在不少短板。

《成渝共建西部金融中心规划》明确了共建西部金融中心的“六体系一基础”政策框架，在金融机构组织体系、金融市场体系、金融服务体系、金融创新体系、金融开放体系、金融生态体系和金融基础设施这七个方面都提出了具体的政策措施。建设西部金融中心，有利于国家金融战略实施，防范化解金融风险，维护金融安全，助推金融高质量发展，是党中央赋予成渝地区的一项重大战略使命，体现了党中央对成渝地区发展的高度重视、充分信任、亲切关怀和巨大支持。建设西部金融中心将推动成渝地区双城经济圈发展，有助于打造高质量发展重要增长极，为国家经济社会注入新的动力。

良好的金融生态系统与金融中心的建设之间存在着相互依存、相互促进，有着密不可分割的关系。首先，金融中心具有集聚功能，可以有效吸引金融机构和资本的流入。集中效应不仅提升了金融资源的利用效率，还推动了金融生态系统的优化。其次，一个良好的金融生态系统则为金融中心的形成和持续发展提供了坚实的支撑和保障。最后，良好的金融生态系统不仅有助于金融中心的壮大与繁荣，还能促进区域经济的可持续发展。区域经济一旦实现可持续发展，又会反过来推动金融生态系统的进一步优化。在这种双向的良性互动中，金融生态与金融中心建设相辅相成，共同构建了一个稳健且富有活力的金融环境。这种金融环境不仅能吸引更多的金融机构和资本，同时还能提供更广阔的发展空间和更多的发展机会，从而形成一个具有强大竞争力和影响力的金融中心。

金融生态与经济发展之间是相互促进、相互依存的关系。首先，金融生态对经济发展具有深远影响。一个良好的金融生态可以有效促进资源优化配置，提高资金使用效率，为企业提供融资支持，为个人提供金融服务，从而推动经济的发展与繁荣。金融机构通过各种金融产品和服务，实现了储蓄和投资之间的对接，促进了资金的流动和投资的实现，推动了经济的增长和产业创新。其次，经济发展也反过来影响着良好的金融生态的构建与发展。经济发展是金融生态发展的前提条件，经济发展能够提高企业的盈利能力，从而提高资金使用效率，降低不良贷款率，有助于构建良好的金融生态。经济的快速发展也为金融科技和金融创新提供了契机，推动了金融行业的变革和发展，促进了金融生态的演变与进步。

金融高质量发展，关系中国式现代化建设全局。西部金融中心建设是国家新的历史使命下的战略部署，是成渝地区双城经济圈建设的重要内容，是推动中国区域协调发展和建设现代化金融强国的必经之路。金融生态是衡量区域金融系统运行质量的综合指标，如何从金融生态视角评价重庆和成都的金融业发展的“家底”？与国家战略目标还有哪些差距？未来重庆和成都应从哪些方面着力打造西部金融中心？怎样优化建设路径？这些问题都值得我们深入探究。

1.1.2　研究意义

1. 理论意义

第一，本研究对象为基于金融生态的成渝共建西部金融中心路径，属于“生态学 + 金融学 + 区域经济”创新研究范畴，采用生态仿生法、系统分析法、理论分析法研究金融生态与金融中心的逻辑机理，构建金融生态评价指标体系，采用实证研究法对成渝金融发展进行评价，综合运用系统研究、比较分析法、大数据分析等规范研究方法破解新难题，是对交叉学科研究方法的丰富和拓展。

第二，本研究将金融生态、经济发展与金融中心置入同一框架进行研究，深入挖掘金融生态、经济发展与金融中心建设的关系，从理论层面分析金融生态与经济发展、金融生态与金融中心、经济发展与金融中心之间的交互影响，有助于厘清金融生态、经济发展与金融中心关系，是对西部金融中心建设理论的完善和拓展。

第三，本研究分别从生态主体、生态环境和金融生态整体三个维度去探讨成渝共建西部金融中心的构建路径，将西部金融中心建设与金融生态相联系，通过优化金融生态助推西部金融中心建设，为成渝地区共建西部金融中心路径的研究提供了更加丰富和深层次的分析框架。

2. 实践意义

第一，《成渝地区双城经济圈建设规划纲要》明确提出将成渝建设成为西部金融中心，本研究从金融生态视角构建评价体系，对成渝地区金融发展现状进行比较分析，实证检验金融生态、经济发展与金融中心的相互关系，指出西部金融中心建设的现实路径，其研究结果有助于在制定西部金融中心建设方案时，为政府部门提供决策参考。

第二，金融是血脉，是国家核心竞争力的重要组成部分。西部金融中心的建设是金融高质量发展和中国式现代化建设的重要举措。本研究采用生态学方法对西部金融中心建设进行研究，其研究有助于优化金融资源配置，提高金融服务实体经济的效率和能力，推动创新创业步伐加快，实现产业升级和经济结构调整，助力中国西部地区经济高质量发展。

第三，西部金融中心的建设能够吸引各类金融机构集聚和企业入驻投资。本研究从金融机构、金融市场、经济基础、社会环境、政策环境等多个方面深入分析西部金融中心建设面临的问题与挑战。西部金融中心的建设有助于扩大对外开放，搭建多层次投融资平台，吸引国内外资金流入，形成西部地区高质量发展的重要增长极和新的动力源。

1.2 国内外文献综述

1.2.1 金融生态与金融经济发展

1. 金融生态的内涵、测度与评价

周小川（2004）首次提出了“金融生态”的概念，将金融体系类比为生态中的生态环境。此后，众多学者对“金融生态”的内涵、测度与评价等内容进行了研究。

首先，在“金融生态”内涵的界定方面大概可以分为“金融生态环境观”和“金融生态系统观”两大类。“金融生态环境观”认为金融生态即为金融生态环境，强调从金融机构的外部基础环境方面来分析金融生态的运行机制（徐小林，2005；李延凯、韩廷春，2013；管斌彬，2015）。但在外部基础环境的划分方面观点有所不同，周小川（2004）认为，外部基础环境包括法律、社会信用体系、会计与审计准则、中介服务体系、企业改革的进展与银企关系等多方面；徐诺金（2005）则认为，外部基础环境包括经济环境、法治环境、信用环境和市场环境等。“金融生态系统观”则认为金融生态是一个复杂的有机系统，不仅包括金融生态环境，还包括依赖该环境而存在的金融主体，两者之间相互联系、相互作用，共同构成一个复杂且不可分割的系统（徐诺金，2005；詹向阳，2013；焦方义等，2013；罗超平，2016）。

其次，在“金融生态”测度方面，已形成较为全面的指标体系与综合评价方法。黄国平、刘煜辉（2007）运用层次分析法（AHP）构建了包括政府治理、经济基础、金融发展等因素在内的评估模型，对全国31个省份的金融生态环境进行了评价；中国人民银行长沙市中心支行课题组（2008）运用层次分析和专家调查相结合的方法，对金融生态评估指标体系和评价模型进行了系统分析研究，并对湖南省各地市金融生态状况进行了实证分析；胡滨（2009）、熊学萍等（2013）采用因子分析法分别对黑龙江省13地市和湖北省汉川市的金融生态环境水平进行测评，提出针对优化金融生态的政策建议；周妮笛（2010）基于湖南省14个地级市的调查数据与截面数据，运用AHP－DEA模型分析了区域农村金融生态环境的现状及其影响因素；陈雁云等（2013）综合运用因子分析法和层次分析法评价了江西省11个地级市的金融生态环境现状及影响因素；姚爽等（2015）基于修正变异系数法评价和分析了辽宁省14个地级市的金融生态环境，并提出改善金融生态环境的相关建议；邓淇中等（2015）采用基于产出方向的DEA和Malmquist指数对中国29个省市进行实证研究，然后用Tobit回归模型衡量与考察了中国金融生态系统的运行效率及影响因素。

2. 金融发展与经济发展

金融生态是金融发展领域的重要组成部分，在当代经济研究中，学者们一直关注着金融发展与经济增长之间的密切关系。早在 Schumpeter（1934）的经典著作中，他就对这一问题进行了论证，成为这一领域的开篇之作。而逯进（2015）则总结了学术界对这一问题持续研究所得出的结论，主要涵盖 3 个方面。

第一，“供给导向”型，即金融发展引领经济增长。冉光和、李敬等（2006）基于东西部面板数据得出西部地区金融发展对经济增长具有长期单向引导的关系，而东部地区金融发展与经济增长具有双向长期因果关系和双向短期因果关系；金春雨等（2013）通过构建 Panel - VAR 模型得出金融业发展对经济增长具有长期的正向影响效应；MWAPE AUGUSTINE（2020）使用广义货币供应量、人口增长等作为金融发展指标，根据回归结果确定了金融发展对经济增长具有积极影响作用；Fakher Hossein Ali 等（2021）采用两阶段系统广义矩估计技术得出金融发展会增强经济增长对 EFI、ANS、PN 和 EPI 变量的影响。

第二，“需求跟随”型，即实体经济的增长带动金融发展。朴松花等（2009）通过实证研究得出黑龙江省经济增长能够显著地影响到本地区金融深化水平；王冰冰等（2023）指出实体经济是金融的基础，实体经济的发展壮大能够通过信贷扩张、资产负债表扩张等效应促进金融发展。

第三，“双向因果”型，即金融发展与经济发展具有相互促进的关系。经济的蓬勃发展需要健康而发达的金融体系作为支撑，而金融体系的发展也依赖于经济的稳定增长，两者相辅相成。Demetriades 等（1995）、武志（2010）、Johnson Neil 等（2011）、刘小玄等（2011）认为，金融发展与经济增长是相互促进相互影响。

3. 金融生态与经济发展

金融生态与经济发展息息相关。从广义上讲，金融生态环境是指与金融业生存、发展具有互动关系的社会、自然因素的总和，包括政治、经济、文化、地理、人口等一切与金融业相互影响、相互作用的方面。从狭义上讲，金融生态环境是指微观层面的金融环境，包括法律、社会信用体系、会计与审计准则、中介服务体系等方面的内容。目前也有学者从金融生态环境的内涵、金融生态环境对金融经济发展的影响和意义、金融生态环境构建过程中的现状和问题以及金融生态环境促进经济发展等方面进行研究。

尽管中国经济金融在改革开放以来迅速发展，但金融生态环境的改善步伐相对缓慢，这导致在推动经济可持续发展方面存在一定的不足（何宏莉，2012；李玉佳，2016）。因此，为了全方位提高我国社会经济发展水平，实现经济社会全面发展，必须实现经济与金融的协调发展。良好的金融生态环境能推动经济高质量发展，同时也对金融业发展具有基础性、根本性和长远性意义（郑兵，2018）。

1.2.2 金融集聚与金融中心形成

1. 金融集聚与经济增长的关系研究

金融集聚与经济增长的关系是相辅相成、互相促进的。金融集聚的形成为经济增长提供了有力支撑，而经济的快速增长又会进一步激发金融市场的活力和创新，构建起良性循环的发展格局。首先，金融业的集聚可以促进经济增长的速度和质量。在金融中心内，金融机构和专业人才聚集，促进了金融市场的发展和金融服务的创新。集聚效应使得金融资源更加高效地配置，为企业提供了更多便利的融资和投资渠道，推动了经济活动的蓬勃发展。其次，金融集聚可以提升经济整体的竞争力和吸引力。一个健全的金融生态系统吸引了大量国际资本和投资者，为经济注入了活力和动力。金融中心的存在吸引了跨国公司和创新型企业的设立，推动了产业结构的升级和转型，从而推动了整体经济的增长和发展。最后，金融集聚还有助于提升金融市场的深度和广度。在金融中心中，金融产品和服务更加多样化和专业化，为各类投资者和企业提供了更广阔的选择空间。这种多元化的金融市场有利于降低融资成本、提高资金利用效率，进一步促进了经济的发展和增长。

金融资源集聚过程可持续提升金融资源配置效率，还能吸引和统筹配置各类生产要素，优化产业结构，推动经济发展。程水红和王春凤（2022）的研究表明，金融集聚对经济增长的影响存在单门槛效应，且资源禀赋水平的高低是金融集聚是否能促进经济增长的重要因素，建议加强区域间金融合作，减小地区差异。闻岳春、黄昌杰（2023）的研究结果也表明，金融集聚对实体经济的发展具有较强的正向促进作用。刘军、黄解宇等（2007）则深刻剖析了金融集聚对实体经济运行机制的影响，认为金融集聚通过金融集聚效应、金融扩散效应和金融功能促进经济增长。金融集聚效应通过降低企业在不断扩大自身规模与经营范围过程中的各项成本（赵晓霞，2014），来降低创新成本，对技术创新有正向作用（黎平海等，2009），且有利于产业结构的转型升级（王一乔、赵鑫，2020）。在金融中心城市成长初期阶段，其功能主要是以聚集为主，只有在金融集聚发展到高级阶段，扩散效应才能得到更大的体现，作为增长极的金融中心主要通过资本输出、技术、产业等途径对周边地区进行扩散（丁艺，2010）。金融功能则是通过生产率的提高，在经济增长中发挥更大的作用（King & Levine，1993；张晓朴等，2014）。

2. 区域经济增长与金融中心的关系研究

区域经济的发展过程中，金融中心能够起到推动经济增长的重要作用（杜浩波，2017），且金融中心对区域经济增长的影响主要来自金融中心带动的贸易往来积极性、加速金融活动的辅助效果、推动经济增长的地域效应。曹啸、吴军（2002）采用格兰杰因果检验证实得出金融发展对经济增长的促进作用主要是通过扩张金融资产数量来实现。赵伟、马瑞永（2006）采用泰尔指数测度方法分析区域金融增长差异，得出区域金融增长差异与地区经济发展差异、市场化改革、地方政府的介入以及区域协调政策密切相关。周天芸等（2014）也使用格兰杰因果检验方法，对区域金融中心发展与区域经济增长关系进行实证检验，结果表明：短期内金融中心的发展对区域经济的增长具有促进作用，但区域经济的增长对金融中心的发展缺乏推进作用；长期来看，金融中心发展对区域经济的增长具有促进作用，且区域经济的增长对金融中心的发展也具有推动作用。

3. 金融集聚与金融中心的关系研究

金融集聚的形成通常是多种动因交织的产物，并在不同的发展阶段由不同的因素推动（黄解宇，2011）。金融资源集聚到达一定程度形成金融中心，而金融中心是以城市为表征的，从城市内部产业结构的视角分析出金融中心是有层次的，且与城市层级体系是正向匹配的，只是金融集聚的态势更为突出（王如玉，2019）。就国际金融中心建设而言，实现金融集聚是建设国际金融中心的重要内容，且国际金融中心的如期建成也将极大程度促进金融集聚的规模和速度（Risto，2003；王宇等，2015）。杨洁和康文（2022）在研究中表明，金融中心发展极大依靠其对各类生产要素的集聚程度，由市场自发形成的金融中心主要依靠金融中心自身资源配置效率高吸引更多生产要素，在要素交易市场能充分发挥信号传递对资源配置的调节作用。金融集聚有利于金融中心的形成（Kindleberger，1974；王周伟等，2016），金融中心的形成将会进一步凸显金融集聚的规模和作用，二者紧密联系、相互促进。

1.2.3 金融生态与金融中心建设

在金融生态环境与金融中心建设的关系研究方面，大部分学者认为良好的金融生态环境与金融中心的建设相辅相成。现有研究主要聚焦于金融主体实力、金融市场规模和金融生态环境三个维度（陈璐等，2015）建立区域金融中心评价指标体系，提出应从明确政策环境、完善法律体系、改进征信体系等（李艳杰，2011）方面来培育良好的金融生态环境，从而促进金融中心的建设（杨艳军，2020）。

一方面，当一个地区成功形成金融中心时，通常表明该地区的金融生态环境较为优越（王雅俊，2020；魏良益，2022）。这种良好的环境能够吸引并激励各类金融机构的扎根与发展，以及金融人才的集聚，为地方经济注入活力。具体而言，拥有高水平的金融中心能够促使金融机构提供更加多样化和创新的金融产品（王韧、段义诚、刘柳巧，2023），以适应不同客户的需求，增强市场的竞争力。这不仅提升了消费者的选择余地，还能够通过提供灵活且便捷的金融服务，大大简化交易流程，提升用户体验，从而使得更多的居民和企业愿意参与到金融市场中来。进一步来说，金融中心的打造还能够推动金融市场的规模和深度发展。例如，金融产品的丰富性会吸引更多的投资者进入市场，从非传统的融资选项到新兴的投资工具，这些都将有助于提高市场的参与度。同时，通过完善的金融服务体系，区域内的资金流动性将显著增强（王定祥、李龙雨、胡小英，2024），帮助企业顺利实现资本的高效配置，促进投融资活动的频繁进行。随着金融市场的不断壮大，整个经济体的韧性和活力也将随之提升，为地方经济的持续增长创造坚实的基础（刘国宏，2011）。

另一方面，一个地方的金融生态环境越优越，就越有利于缓解中小企业“融资难”问题，促进资源配置的高效化（魏志华等，2014）。良好的金融生态环境不仅能够降低企业的融资成本（武力超、丛姗、林澜、李嘉欣，2022），还能为其提供多样化的融资渠道（郭景先、韩红霞、李恒，2019；余珮、彭思凯，2021）。具体而言，完善的金融生态系统能够通过健全的信用评估机制和科学的风险管理策略，增强中小企业的信用（张勇，2020），降低融资风险，使得这些企业更容易获得信贷支持和投资机会。这样一来，企业能够获得所需的资金来扩大生产、进行技术创新或开拓新市场，从而提高整体经济的竞争力和创新能力。此外，优化的金融生态环境也能够更容易吸引国内外金融机构的集聚（陈跃进，2006），从而实现做大金融市场、丰富金融产品和强化金融机构的目标。高质量的金融生态环境通常包括健全的法律法规、透明的市场规则以及有效的金融监管机制，这些因素共同营造了一个安全、稳定且富有活力的市场氛围。此类环境不仅能够增强投资者的信心，还能吸引各类金融机构在此设立分支机构或总部，从事各种金融服务和创新活动。这种集聚效应能够显著增加市场的深度和广度，推动金融产品的多样化和创新，从而更好地满足经济主体的多样化需求。良好的金融生态系统不仅包括金融生态主体（如金融机构和市场参与者）、金融生态环境（如法律法规和市场条件）和金融生态调节机制（如监管机构和政策工具），更是区域金融中心形成与发展的必要保障（魏媛媛等，2016）。这种系统化的金融生态不仅能够提升金融市场的运行效率，还能驱动区域经济的持续增长。通过实现各类资源的高效配置和充分利用，良好的金融生态系统为区域金融中心的稳健发展提供了坚实的基础，最终形成一个良性循环，促进区域经济和金融市场的共同繁荣。

1.2.4 建设西部金融中心的研究

早在21世纪初，中国政府便开始实施西部大开发战略，而发展成渝经济、共建成渝经济圈则是这一战略的重要组成部分（张悦，2001）。这一战略旨在通过促进西部地区的经济发展，缩小区域差距，实现经济的均衡增长。2020

年 1 月，成渝地区双城经济圈的建设被提升为国家重大战略，标志着两地在推动经济高质量发展、打造重要增长极方面的合作进入了新的阶段。政府明确提出要共同建设西部金融中心，以支持区域经济的进一步发展。

2021 年 12 月 24 日，中国人民银行、国家发展和改革委员会等相关部门联合川渝两地政府，发布了《成渝共建西部金融中心规划》。该规划明确提出，要将成渝地区建设成为一个立足西部、面向东亚、东南亚和南亚的金融中心，服务于共建“一带一路”的国家和地区。这一规划的出台，标志着历时多年的西部金融中心建设终于进入实质性操作阶段，显示出国家对成渝地区金融发展的重视和支持。

近年来，关于成渝地区共建西部金融中心的研究逐渐增多，国内学者在这一领域的研究也愈加深入和细致。这些研究不仅关注金融中心建设的理论框架，还探讨了其在促进区域经济发展、提升金融服务能力、增强对外开放等方面的重要作用（魏建，2023；谭燕芝、海霞，2024）。通过系统的研究与分析，学者们为政策制定者提供了宝贵的建议与参考，推动了成渝经济圈的健康发展。

成渝地区共建西部金融中心的战略不仅是西部大开发的重要举措，也是推动区域经济一体化、提升金融服务水平的重要途径。随着相关政策的实施与研究的深入，成渝经济圈有望在未来实现更高质量的发展，为实现国家经济的全面协调发展贡献力量。

一方面，国内学者从多个角度为西部金融中心的建设提供了有益的建议。例如，杨洁、康文有（2022）认为通过集中金融资源可以有效提升区域竞争力，并强调加强金融聚集度对金融中心建设的重要性。此外，陈文华等（2020）和秦鹏等（2021）则探讨了发挥协同效应的必要性，指出成渝两市在金融合作与资源共享方面的潜力。

对比其他较发达城市在建设金融中心的经验与过程，可以看出，成渝地区在金融机构体系的完善程度以及金融改革创新方面具有一定的竞争优势，尤其在西部地区中表现突出。然而，当涉及人均 GDP 等关键经济指标时，成渝地区与广州、上海等已基本形成金融中心的城市之间仍然存在显著差距，甚至在某些方面与二线城市武汉相比，也存在不小的差距。这表明，成渝区域在金融中心建设上仍需付出更多努力。

为了有效构建成渝区域金融中心，必须大力提高金融资源的集聚能力，提升金融功能的辐射能力（魏良益，2022），拓宽融资渠道，并推动金融科技的发展（张静静，2022）。这些措施将有助于进一步扩大成渝地区的金融规模，吸引更多金融人才，增强金融创新能力。同时，政府在西部金融中心建设中的支持力度也至关重要（马德功等，2012），通过政策引导和资金支持，能够为金融中心的建设提供必要的保障。

成渝地区构建金融中心的进程需要综合考虑多方面因素，通过提升金融聚集度、加强协同合作、拓宽融资渠道以及推动金融科技创新（杨洁、康文有，2022），最终实现区域金融的高质量发展。这不仅有助于提升成渝地区的经济竞争力，也将为整个西部地区的经济繁荣奠定坚实的基础。

另一方面，也有部分学者从战略定位的角度提出了建设性的建议，认为成渝两地应结合各自优势，错位发展，共建西部金融中心。通过深入研究成渝地区面临的战略机遇、独特的地理位置、地区产业特点，以及金融需求，可以发现传统的“优势互补、错位发展”模式在实际操作中难以顺利实现，甚至面临着诸多挑战。为此，薛昶和李嵩然（2013）认为，应打破两地行政区划的限制，形成良好的竞争合作关系。

在这种背景下，成渝两地需要在统筹谋划和补齐短板方面持续发力，积极推动区域内重要节点城市的发展，促进成渝两地的产业分工与协作，借此切实提升西部金融中心的竞争力（姚树洁，房景，2024）。同时，严宝玉（2022）提出，应建立合作共建、互利共赢的区域金融合作机制，通过高质量的区域协调，推动成渝金融中心的发展，创造合理配置金融资源的条件。

为了实现这些目标，地方政府和金融监管机构需要被赋予更多的金融政策灵活性，从而能够实施一系列逆周期措施。这些措施将有助于形成“双核互补型”的西部金融中心，实现共赢共生的目标（黄晓芝，2014；霍文波、余真仪、杨蕙宇，2022）。具体而言，通过深化金融合作、创新金融服务、增强金融科技应用，可以逐步消除两地在资源配置和政策协调过程中的障碍，提升金融中心的整体效能。

成渝地区要构建成功的西部金融中心，必须打破传统模式的限制，通过战略性规划和政策创新，形成一个竞合关系良好、资源配置优化、政策灵活且具有竞争力的金融中心（陈文华等 2020）。只有这样，才能真正实现成渝地区的金融繁荣与长远发展，并为整个西部地区经济的高质量发展提供有力支撑。

1.2.5　文献评述

金融生态是一个将金融发展与经济增长紧密联系的重要领域，引起了广泛的学术关注。从已有研究文献的综合分析来看，国内外学者在探讨金融生态的内涵、评价体系，以及其与区域经济发展、金融中心建设等方面取得了许多有价值的研究成果。金融生态的定义通常包括金融市场、金融机构、金融产品、金融政策和法律环境等多个维度，而评价体系则常常涵盖金融健康度、风险控制能力、市场效率和创新能力等指标。然而，在这一领域仍然存在一些尚未得到充分关注的研究方向，尤其在深入分析金融生态、经济发展以及区域金融中心建设之间的复杂关系方面。

特别值得注意的是，尽管已有一些研究探讨了金融生态对区域经济发展的影响，但尚未有学者在全面框架内系统分析金融生态与西部金融中心建设之间的互动关系。这意味着，在现有研究中缺乏对金融生态如何促进或制约金融中心发展的深度理解。因此，这个研究领域亟需进一步完善和补充，以期从更加宏观的视角全面探讨金融生态对经济发展和区域金融中心建设的影响机制。

首先，从研究文献中我们发现，国外学者主要侧重于从金融生态环境视角分析金融集聚过程，关注社会、法律和监管等因素对地区金融生态环境的影响。他们认为良好的金融生态环境有助于金融资源的集聚，从而促进地区的金融发展和经济增长。而国内学者则更加集中于建立金融生态评价体系、选择评价模型，以及通过评价体系来衡量区域金融生态状况的研究。他们通过研究金融业相关法律体制环境、经济发展水平和社会信用等指标来评估金融生态环境的健康程度。

其次，尽管已有少量文献探讨了金融生态与金融中心之间的关系，并强调了良好的金融生态环境在金融中心建设中的重要性，但目前的研究仍显得较为片面，缺乏在同一理论框架下对金融生态、经济发展与西部金融中心建设之间关系的全面分析。虽然部分学者对这一主题进行了初步探索，但他们的研究大多侧重于金融生态与经济发展之间的相对独立分析，而未能充分考虑这两者如何相互交织，并共同影响西部金融中心的发展。

1.3 研究主要内容及研究方法

1.3.1 研究内容

本课题的研究内容共分为11个章节，每个章节的主要内容如下：

第1章为绪论。本章首先阐述了成渝共建西部金融中心的研究背景，分析了课题研究的理论意义和实际意义。其次，对国内外相关研究文献进行综述及评述，提炼本课题的主要研究内容，拟定了本课题研究技术路线图与研究思路，梳理了本课题的创新点和研究的不足之处。

第2章为概念界定、金融中心演进及理论基础。本章主要界定了金融生态、金融集聚、金融中心的基本内涵，从经济发展、金融集聚、地理区位、科技与创新、国际化程度等视角分析了金融中心演进，并深入阐述了金融中心的形成的理论基础，为后面的研究奠定基础。

第3章为主要国际金融中心的经验与借鉴，本章选择纽约、伦敦和上海金融中心为考察对象，首先分析金融中心的发展历史。然后，从金融机构、金融市场、金融监管等方面，重点分析这三大城市的金融中心建设情况。最后，厘清国内外城市金融中心建设的关键要素与经验，为成渝共建西部金融中心提供经验与借鉴。

第4章为西部金融中心金融生态发展现状及存在的问题。本章首先阐述西部金融中心的战略定位。然后，从金融机构、金融市场、经济环境、法制与政府管理等方面分析成渝金融发展现状。最后，从金融集聚能力、金融功能和地理位置三要素分析西部金融中心建设面临的问题和挑战。

第5章为金融生态、经济发展与西部金融中心构建。本章主要是进行理论分析，首先分析金融生态与经济发展的关系、金融生态与金融中心的关系、金融中心与金融生态的关系。其次，基于金融生态分析西部金融中心建设的逻辑理论，最后，基于金融生态视角分析西部金融中心构建存在的主要问题。

第6章为金融生态评价模型构建及评价。本章首先阐述了金融生态评价模型指标选取原则及数据来源。其次，运用AHP方法构建三级金融生态评价指标体系，对选取的数据进行处理，采用因子分析、熵权法等研究方法进行指标赋权设计。最后，根据金融生态评价模型对成渝金融生态发展现状进行评价与分析。

第7章为金融生态、经济发展与金融中心的实证分析。本章主要是进行实证分析，首先对金融生态与经济发展进行实证分析，本课题选取2011～2022年的年度GDP数据，运用PVAR实证检验经济发展与金融生态主体、金融生态环境和金融生态综合指数之间的相互关系。其次，对金融生态与金融中心建设进行实证分析，采用超效率SBM模型测度金融效率，以金融规模与金融效率的乘积来表示金融中心指数。

第8章为西部金融中心建设路径与协同性。本章首先从打造成渝地区法人金融机构集聚基地、构建多层次资本市场体系、构建成渝地区良好的金融生态环境、推动成渝地区经济高质量发展、构建高水平的金融中介服务体系阐述了西部金融中心建设路径。其次，从金融资源、金融监管、金融产业、资源融合、金融政策等方面分析了成渝金融的协同性。最后，根据重庆和成都的金融规划阐述了成渝共建西部金融中心的空间布局。

第9章为金融要素与“一带一路”高质量发展。本章首先阐述了西部金融中心促进“一带一路”高质量发展的重要性，分析了金融要素与“一带一路”高质量发展的关系。其次，构建“一带一路”高质量发展指数。再次，分析了金融要素对“一带一路”高质量发展影响的逻辑机理，最后，实证检验了金融要素对“一带一路”高质量发展影响。

第10章为典型案例分析。本章选取雅万高铁项目为典型案例分析对象，首先分析了项目基本概况及操作模式。其次，分析了项目的总投资构成与投融资结构。再次，分析项目运作方案、项目合作期限、项目回报机制。最后，讨论了项目成功运行的经验与启示。

第11章为研究结论与政策建议。本章首先在理论分析和实证分析基础上，得出了研究结论。然后，根据研究结论，从加强组织协调、优化政策支持、完善金融生态体系、加快成渝金融协调发展、加强金融监督管理和加强金融人才队伍建设等方面给出政策建议。

1.3.2 研究方法

1. 文献研究法

本研究通过收集、整理、分析和解读文献资料，归纳总结了金融生态的内涵、金融生态评价体系的构建、金融生态与金融中心建设的内在逻辑关系，挖掘现有文献研究的不足和有待改进之处，为本研究提供方向性指引。同时学习构建金融生态评价体系是如何选择评价指标和评价模型，参考了金融中心发展指数的构建方法和回归分析的模型，为本研究的实证分析做好理论准备。

2. 实证分析法

本研究在理论分析的基础上，运用 AHP 方法构建三级金融生态评价指标体系，采用因子分析、熵权法对指标进行赋权设计，根据金融生态评价模型对成渝金融生态发展现状进行评价与分析。同时选取 2011 ~ 2022 年的年度数据，运用面板向量自回归模型（PVAR）实证检验经济发展与金融生态主体，并采用超效率 SBM 模型测度金融效率，以金融规模与金融效率的乘积来表示金融中心指数，对金融生态与金融中心建设进行实证分析。

3. 生态仿生法

本研究对象为基于金融生态的成渝共建西部金融中心路径，属于“生态学 + 金融学”创新研究范畴。金融体系具有很多生态学特征，因此可以运用生态学的方法和成果对其加以分析。本研究将金融生态分为金融生态主体和金融生态环境两层面，金融生态主体由金融产值、金融机构和金融市场三大指标组成，金融生态环境由经济基础、社会环境、法制与政府管理三方面指标组成。

4. 实地调查法

实地调查法就是调查人员通过跟踪、记录调查对象的行为取得第一手资料的方法。本研究通过对重庆和四川地方金融监督管理局、中国人民银行重庆营业管理部和四川分行进行调研，获取所需信息资料，并收集有关西部金融中心建设的规划和实施方案等材料，为本研究目标、研究思路和实施步骤做好基础工作。

1.4 技术路线及研究思路

1.4.1 技术路线

本研究技术路线图，如图 1.1 所示。

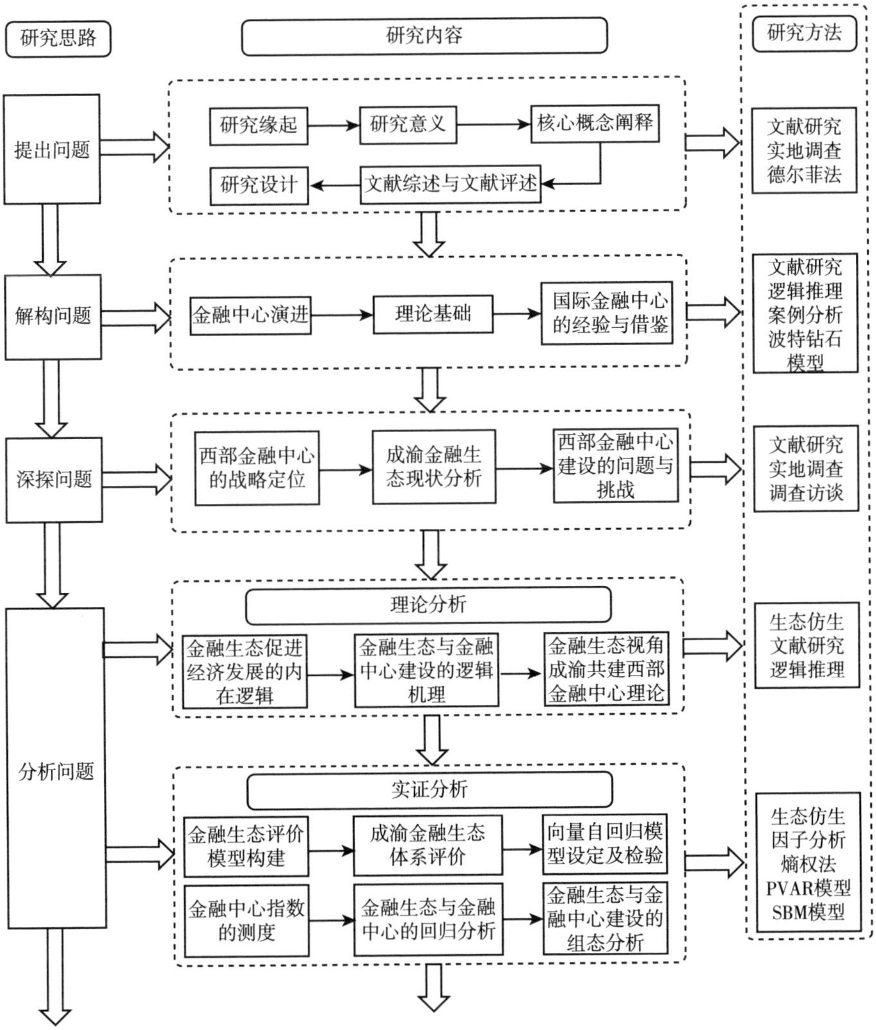

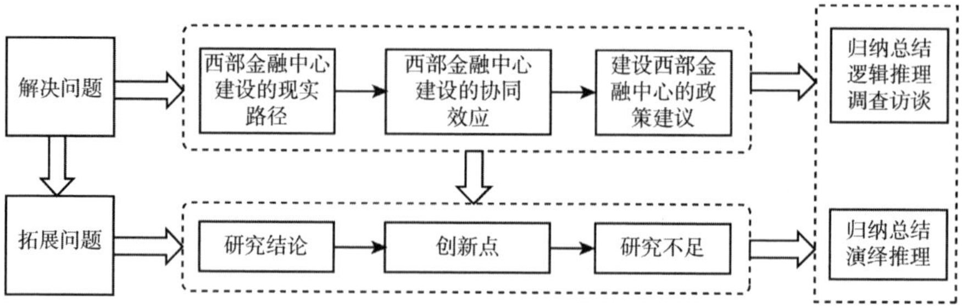

图 1.1 本书的技术路线

1.4.2 研究思路

第一步，提出问题。本研究首先，阐述成渝共建西部金融中心的研究背景，分析了本研究的理论意义和实际意义。其次，对国内外相关研究文献进行综述及评述，挖掘现有文献研究的不足和有待改进之处，为本研究提供方向性指引，拟定了本研究技术路线与研究思路。

第二步，解构问题。本研究首先，分析金融中心的演进过程，形成金融中心的主要因素有经济发展、金融集聚、地理位置、人力资源等。其次，阐述了金融中心形成的理论基础。最后，选择纽约、伦敦和上海金融中心，从金融机构、金融市场、金融监管重点分析金融中心的建设情况，厘清国内外城市金融中心建设的关键要素与经验。

第三步，深探问题。本研究首先，分析西部金融中心战略定位的演进过程，以及在国家新的历史使命下，构建西部金融中心的战略目标。其次，从金融机构、金融市场、经济环境、社会环境、法制与政府管理等方面分析成渝地区的金融生态发展现状。最后，指出建设西部金融中心面临的问题与挑战。

第四步，分析问题。本部分由理论分析和实证分析构成。①理论分析：对金融生态与经济发展的关系和金融生态与金融中心建设的关系进行分析。良好的金融生态能够促进经济发展，可持续发展的经济可以优化金融生态系统；金融中心建设能优化金融生态，良好的金融生态促进金融中心建设。②实证分析：首先，构建金融生态评价指标体系，采用因子分析、熵权法对指标赋权设计；其次，根据金融生态评价模型对成渝金融生态发展现状进行评价与分析；再次，运用PVAR实证检验经济发展与金融生态主体、金融生态环境和金融生态综合指数之间的关系，最后，对金融生态与金融中心建设进行实证分析，采用超效率SBM模型测度金融效率，以金融规模与金融效率的乘积来表示金融中心指数。

第五步，解决问题。首先，从打造成渝地区法人金融机构集聚基地、构建多层次资本市场体系、构建成渝地区良好的金融生态环境、推动成渝地区经济高质量发展、构建高水平的金融中介服务体系等方面阐述了西部金融中心建设路径。其次，从金融资源、金融监管、金融产业、金融政策分析了成渝金融的协同性。

第六步，拓展问题。首先，通过理论分析和实证分析，得出本研究结论。其次，根据研究结论，从加强组织协调、优化政策支持、完善金融生态体系、加快成渝金融协调发展、加强金融监督管理和加强金融人才队伍建设等方面给出政策建议。最后，指出本研究的创新点与研究不足，并给出研究展望。

1.5 创新点及不足

1.5.1 创新点

1. 研究视角的创新

通过对西部金融中心建设相关文献的梳理，大多数文献主要集中于金融机构和资本规模的集聚等角度进行研究金融中心的形成，鲜有文献基于金融生态视角研究区域经济发展与西部金融中心建设。在研究视角上，将金融生态、经济发展和西部金融中心建设纳入一个系统框架进行研究，在评价成渝金融生态的基础上，深入分析金融生态、经济发展和金融中心建设的相互关系，指出西部金融中心建设路径，以促进金融高质量发展和实现西部经济重要增长极。

2. 方法运用的创新

本研究对象为基于金融生态的成渝共建西部金融中心路径，属于“生态

学 + 区域经济学 + 金融学”创新研究范畴。研究方法采用生态仿生法、系统分析法、理论分析法研究金融生态与金融中心的逻辑机理，采用实证研究法对成渝金融发展进行评价，综合运用系统研究、比较分析法、大数据分析等规范研究方法破解新难题，提出成渝共建西部金融中心的路径。在研究过程中根据研究问题灵活选用研究方法，确保研究成果在理论可信和在实践可行。

3. 学术观点的创新

一是成渝构建西部金融中心与北京、上海金融中心错位发展，立足西部、面向东亚和东南亚、南亚，是服务共建“一带一路”国家和地区的西部金融中心，推动成渝地区加快双城经济圈建设、打造高质量发展重要增长极和新的动力源。二是成渝经济金融在整个西部地区具有一定的影响力，但西部金融中心的建成不仅需要两地在总量上发力，还需要注重加强两地的金融协作、整合两地的金融资源、把握地域优势打造具有多元化、差异化的金融服务模式。

1.5.2 研究不足

首先，本研究在构建金融生态评价体系时，基于数据的可得性仅考虑了 2011 ~ 2022 年的时间跨度期间，样本数量的选取数量没能延伸到更早的年限；其次，将研究视角聚焦于金融生态，在根据成渝金融生态现状以及金融生态评价的分析基础上，对西部金融中心的建设提出了关于金融生态视角下金融机构、金融市场、经济环境、社会环境、法制与政府管理等方面的建议，涉及的角度有限，后续研究中可基于更多视角，对建设西部金融中心给出更多的路径参考。

第 2 章

概念界定、金融中心演进及理论基础

2.1 相关概念的界定

2.1.1 金融生态起源、内涵与金融生态评价体系

1. 金融生态起源和内涵

生态又称生态系统（ecosystem），是指在一定时间和空间范围内，生物与非生物环境通过能量流动和物质循环所形成的一个彼此关联、相互作用并且有自动调节机制的统一整体。这一概念是 1935 年由英国生态学家泰斯勒（A. G. Tansley）首先提出的。金融体系具有很多生态学特征，因此可以运用生态学的方法和成果对其加以分析。金融业是伴随着商品生产和流通发展演化而来的，在漫长的历史过程中形成了自身特有的发展规律和内在的逻辑结构，成为社会经济活动中一种具有鲜明的结构特征和功能特点的体系结构。这种体系结构用“金融生态”来形象地比喻和概括是极为生动贴切的。其理由如下：

第一，金融系统和生态系统一样，经历了从简单到复杂、从低级到高级的渐进演变过程。古代的民间借贷、邸店和钱庄等非正规金融模式，演化为当今功能强大的现代正规金融体系，这是一个充满生存竞争的优胜劣汰过程。为了生存和发展，不同类型的金融机构之间和内部形成了合理的分工和合作关系，共同构建了一个相互联系、相互依赖、相互作用和竞争的体系。这种体系的形成与发展为金融系统注入了活力和创新力，促使其不断适应变化的外部环境和需求，进而推动经济的稳健增长和发展。在这个过程中，金融体系不断优化自

身结构和机制，以适应市场需求和制度环境的变化，确保金融系统的稳定性和可持续性。

第二，在金融生态中，体系结构是在激烈竞争中逐步形成的，而竞争的核心特征则是优胜劣汰。金融体系类比为金融生态的原因在于金融领域也存在生死存亡的竞争，因此金融生态中的竞争规则与自然生态中的优胜劣汰规律有着明显的相似之处。在金融生态系统中，机构、产品和服务之间的竞争和合作构成了复杂而多样的关系网络，这种竞争关系不仅推动了金融创新和发展，也促使弱势或低效率的部分被淘汰，保持了金融生态系统的健康与持续发展。因此，金融生态中的竞争规则像自然生态中一样，通过不断演化和适应，塑造了一个相对稳定且高效运行的金融生态平衡。

第三，自然生态系统是在自然环境中建立和维持的动态平衡系统，而金融生态系统则是在特定的政治、经济、文化和法律环境下形成并发展的，具有明显的制度结构特征。自然生态和金融生态在生态系统的构建和发展过程中都受到外部环境的影响，其中自然生态更注重生物多样性和资源流动，而金融生态则更侧重于制度建设和环境适应性。两者共同构成了人类社会和自然环境之间复杂而密切的联系，需要不断地优化和调整以实现可持续发展。

第四，金融生态体系也具有自我调节功能，但是自调能力是有限的。利率杠杆可以调节资金的供求平衡和优化资源配置；破产、兼并可以调节金融组织的数量、规模，并优化结构，强化功能，提高金融组织的自律和内控能力，推动新的金融组织、金融服务、金融产品种类的创新，催生新的金融品种；行业自律组织也是金融生态中最重要的调节、监管机制，它有助于防止生态竞争中的盲目行为和恶性倾向，增强生态的适应性和稳定性。

综上所述，我们可以从生态学的特征来概括金融生态为：在一定时间和空间范围内，金融机构、金融市场、金融产品要素之间及外部环境之间相互作用的动态过程中，通过分工、合作所形成的具有一定结构特征，执行一定功能作用的动态平衡系统。这个动态过程是金融体系的各种金融组织为了生存和发展，与其生存环境之间及内部金融组织相互之间长期密切联系和相互作用的过程。因此，建立良好的金融生态主要包括金融生态主体、外部环境、金融生态内部自我调节机制三个主要方面，以及它们之间相互联系、相互作用的统一体。

2. 金融生态评价体系

《中国城市金融生态环境评价》是国内第一份对城市金融生态环境进行评价的研究报告，所构建的指标体系比较完善且运用范围也较为广泛，它认为金融生态是区域赖以活动的政治、经济、文化、法制等基本环境要素以及涉及这种环境的构成及变化，所以着重从政府对经济的主导、经济运行质量、地区金融发展、信用基础以及基础制度环境（建设）的方面来构建多层次的金融生态评价指标体系（胡滨，2009；姚爽等，2015）。也有学者基于经济发展水平、金融资源水平、政府财政能力以及社会信用状况 4 个层面的 16 个分指标构建评价指标体系（唐素微、高煜，2013）。还有学者将司法环境这一指标纳入金融生态评价指标体系，全面构建以经济环境、信用环境、司法环境、政策环境为一级指标的评价体系（葛鹏，2020）。为了进一步完善金融生态环境评价指标体系的构建，有学者提出了覆盖面更为广泛的综合评价指标体系，包括金融生态成长、金融生态土壤和金融生态空气 3 项一级指标和 10 项二级指标（史庆璜等，2019）。也有学者认为区域金融生态环境质量可以从 4 个层次衡量：目标层、领域层、准则层、指标层。这 4 个层次的各类指标形成了一整套的评价金融体系生存和发展的环境指标体系。也有学者创新评价体系，从科技金融、经济金融、社会金融和产业金融 4 个方面来测评金融生态环境，对 16 个目标城市的因子进行分析并进行排名分析，对经济金融的发展具有重要意义。

2.1.2　金融集聚与金融中心内涵的界定

1. 金融集聚的内涵界定

国外学术界多以金融中心定义金融集聚的内涵，其中最具代表性的是美国经济学家 Kindle Berger（1974）将金融中心的形成原因归结于外部规模经济。随着区域金融产业的不断发展，金融产业集中度的提高使之形成一定的经济规模，进而形成金融中心。金融中心的集聚效应主要体现在跨地区支付效率的提高和金融资源跨地区配置效率的提高。

国内学者更多是从集聚的全过程来进行研究，即金融集聚就是金融企业与金融机构集中通过金融资源与地域条件协调、配置的时空动态变化，促使金融产业成长、发展，进而在特定地区中并进而形成具有聚集经济效应的产业化组织（刘军等，2007）。也有学者将金融集聚理解为随着社会经济形态渐进演化，金融产业分布与金融实践范围向某一地区逐步集中的进程（张学超，2023）。

2. 金融中心的内涵界定

金融中心这一概念最初由美国经济学家 Kindle Berger（1974）提出。他从金融中心的功能角度进行定义，将金融中心视为承担资金交易中介和跨区域价值贮藏功能的中心区域。一般来说，金融中心是各种金融机构集中汇聚、处理金融交易的城市（姚洋、高印朝，2007）。除此之外，还有学者从广义与狭义两个层次全面阐释金融中心：广义上是指在宏观地理区域内担当金融活动核心作用的中心城市；狭义上则指在商品货币流通中处于核心地位的金融市场（刘津等，2017）。同时，有学者通过对金融中心的发展历程分析其本质，认为无论是市场自发形成的金融中心还是行政主导形成的金融中心，其实质都是对各类生产要素进行合理集聚，是金融资源配置的必然结果（杨洁、康文有，2022；孙国茂、范跃进，2013）。金融中心的形成和演变过程充分体现了其在金融活动中的核心作用和对金融资源集聚的重要作用。

3. 金融集聚与金融中心的关系

金融集聚推动了金融中心的形成。由于经济活动以及金融活动通常都呈现出集聚的倾向，金融活动在集聚过程中催生了金融中心，即金融中心是金融集聚的产物（姚洋、高印朝，2007）。更具体地说，金融中心的形成代表了金融资源由数量的集聚向质量的提升的演进过程（魏良益，2022）。金融产业的增长为产业聚集提供了动力和支持，促进了经济发展，国际性或区域性的金融中心通常会建立在经济水平相对较高的国家或城市（黄解宇，2011）。金融集聚的推动力量使得金融中心成为集聚周边金融资源、提升金融功能水平的关键节点，进而推动整体金融体系的优化和发展。

金融中心通过反哺金融集聚，促进金融市场的发展。在金融市场中存在的“消息冲击”可能会对市场预期和参与主体的决策产生影响，从而阻碍金融中心的建设进程。金融中心建设战略的实施情况将直接影响金融集聚的规模和速度（王宇等，2015）。金融中心在形成过程中，发挥了金融集聚的功能。然而，不同金融中心之间在功能上存在差异，即金融中心的功能程度受其地位层级的影响，也就是说，金融中心的层级越高，其功能就越多、越强（孙国茂、范跃进，2013）。通过金融中心的发展，可促进金融市场的多元化和专业化，从而提高金融集聚效应，并为金融中心的可持续发展奠定基础。

2.2 金融中心演进

金融中心这一概念最早由美国金融学家 Kindle berger（1974）提出："金融中心是承担资金交易中介和跨区域价值贮藏功能的中心区，并影响着不同国家或地区间的资金交付和转移。"世界经济经历了上千年的发展，金融中心也发生了较大变迁，其演进路径和空间分布呈现出一定的规律性。

对金融中心的演进过程可以从多个角度进行分析。从经济发展角度来看，金融中心的演进与经济发展密不可分。初期的金融中心往往是基于经济活动的需求而形成，为经济活动提供融资、投资和风险管理等服务。从金融集聚角度来看，早期的金融中心是由一些金融机构集聚形成金融服务的中心，为交易者提供了投融资渠道和风险管理服务。从创新与科技角度来看，金融中心的演进也受到创新和科技的推动，层出不穷的新的金融产品和服务推动着金融中心的发展，为金融中心提供了新的发展机遇。从地理位置角度来看，金融中心的演进会受到其所处区位的影响，地理接近性、区域中心地位和国际交通枢纽的优势，可以促进金融中心的发展和国际化程度。从国际化程度角度来看，国际化程度较高的金融中心通常具备吸引更多国际金融机构、国际投资者以及全球财富流入，能扩大金融市场的深度和广度，提升在全球金融体系中的影响力和竞争力。

2.2.1 经济发展的视角

从经济发展的视角来看，随着经济的不断发展和结构的转型，金融中心的演进与经济发展之间呈现出密不可分的联系。经济蓬勃发展的地区往往具备较大的吸引力，能够吸引大量资金和金融机构的聚集。在这些地区，投资机会和商业活动更加丰富多样，各种产业和企业都需要融资支持和金融服务。同时，经济的增长和活力也为金融市场提供了更多的业务和客户资源，促进了金融中心的发展。金融中心的壮大同时也为地区经济提供了重要支持和助力，共同推动了城市或地区的经济繁荣和可持续增长。

1. 经济发展的推动作用

经济发展对金融中心的形成和发展起到了至关重要的推动作用，构建了一种相互促进、协同发展的关系。随着地区经济的持续增长和市场的不断扩大，经济的动力源需求日益增长，这为金融中心的兴起提供了丰富的土壤和营养。首先，经济的蓬勃发展推动了储蓄率和资本的积累，为金融中心的兴建和发展提供了稳固的基础资金。其次，不断壮大的经济体对资本的高效配置和利用需求逐渐上升，这促使金融中心不断演进和完善，以满足愈加复杂的融资需求。在这一过程中，金融中心逐渐成为经济的支柱和引擎，与经济形成了紧密的互补关系，共同推动地区经济的可持续繁荣和发展。

随着经济不断发展，对金融服务的需求日益增长且变得更加复杂，从而推动了金融中心功能的多样化和金融市场的深化。在经济蓬勃发展的推动下，金融中心汇聚了大批银行、保险公司、投资基金及其他金融机构，形成一个高效的资金配置和资本运营中心。金融中心通过提供多样化的金融产品，使得资金能够根据市场需求被更有效地配置，从而提高整个经济体的资源利用效率，促进产业升级和经济结构的优化。金融中心的不断发展和壮大，不仅为企业和个人提供了更为便利和多元化的金融服务选择，也为经济发展提供了强劲的金融支持和动力，促进了经济体的转型升级和可持续发展。

经济活动的频繁和复杂，也要求金融中心提供更为精细和高效的金融服务，推动金融创新的发展。金融产品的创新能够满足不同经济主体的个性化需求，为企业提供定制化的融资解决方案，促进企业的技术革新和业务拓展。同时，金融创新还能够优化资本配置，提高资本的流动性和效率，从而为经济发展注入持续的动力。

此外，经济的不断发展和金融需求的增长还推动了金融中心的金融法规和监管政策的完善。随着金融活动的增加和金融市场的深化，为了保障金融市场的稳定和健康发展，需要制定和完善相应的法律法规来规范市场行为、保护投资者利益，并防范系统性金融风险，从而为金融中心的稳健发展提供了良好的政策环境和法律保障。

2. 资本市场的促进作用

资本市场在推动金融中心形成和发展中起到了至关重要的作用。作为现代经济系统的核心部分，资本市场不仅为企业提供了必要的融资渠道，也为投资者提供了多样的投资机会，从而共同促进了金融中心的兴起和繁荣。

首先，一个健全的资本市场为金融中心的形成提供了坚实的基础。在全球化和市场化改革的大背景下，资本市场通过引入国内外的投资者和资本，为金融中心的初步建立和进一步发展创造了条件。金融中心提供了完善的市场基础设施和高效的交易系统，使得企业可以通过发行股票和债券等方式便捷地筹集资金，这不仅降低了融资成本，也促进了企业的规模扩张和技术革新。因此，资本市场的活跃直接影响金融中心的形成和健康运作。

其次，金融中心通过提供一系列多元化的金融产品和服务，满足了不同投资者的需求，并进一步促进资本市场的发展。在金融中心，投资者可以获取关于股票、债券、基金及各类衍生产品的详尽信息，选择适合自己投资偏好和风险承受能力的金融工具。多样化的投资选择不仅提高了资本配置的效率，还增强了市场的吸引力，吸引了更多的参与者进入市场，从而推动了资本市场的进一步发展。

最后，成熟的金融中心通过其提供的高效金融服务和创新的金融产品，增强了地区乃至国家的经济实力和国际竞争力。金融中心的国际化有助于提升本地资本市场的开放程度，吸引国际资本的流入，促进资本的自由流动和有效利用。这种国际化的进程不仅增加了资本市场的深度和广度，还引进了先进的金融管理技术和经验，推动了金融创新和制度建设，为实体经济的发展提供了更加有效的金融支持。

综上所述，资本市场在金融中心的形成和发展中起到了极其关键的促进作用。它不仅为金融中心提供了必要的资金支持和多样化的金融工具，更通过促进企业发展和吸引国际投资者等多方面的影响，推动了金融中心的持续繁荣和国家经济的整体进步。这种相互促进的关系标志着资本市场与金融中心共生共荣的良性循环。

3. 产业调整的助推作用

产业结构的调整对金融中心的兴起和发展起着至关重要的推动作用。随着全球化和区域化经济发展的加速，产业结构的调整已经成为推动经济增长和升级的关键因素。特别是在高新技术产业和服务业等领域的迅猛发展过程中，这种调整不仅需要有效配置资金、技术和人才资源，还需要一个能够提供多样化金融服务的环境，即金融中心。产业结构的变革所激发的这种需求推动了金融中心的发展和繁荣，形成了一种产业发展与金融服务相互依存、相互促进的关系。金融中心的发展与产业结构的调整呈现出一种协同发展的态势，为经济体创造了更好的投资环境和资金融通渠道，从而推动了经济的转型升级和可持续增长。

首先，随着经济向更加知识密集和技术驱动的方向转变，新兴产业的发展对资金的需求日益增加。不仅如此，这些产业还需要更为复杂和灵活的金融产品来管理其经营过程中的各种风险。金融中心通过汇聚国内外的金融资源和机构，为这些产业提供了一系列高效、创新的金融服务，包括但不限于风险投资、债权融资、衍生品交易等。这些服务的提供，不仅助力了新兴产业的成长，也促进了金融中心服务能力的提升和产品的多元化。

其次，产业结构调整过程中，对于旧产业的改造升级也是一个重要方面。这些传统产业在追求发展的同时，面临着环保、技术改造等方面的压力，这些转型升级往往伴随着高成本的资金投入。金融中心为这些企业提供了资本运作的平台，通过债券、股票等融资渠道，降低了企业的融资成本，加速了产业结构的优化与调整。

最后，产业结构的调整还促进了金融中心的国际化发展。随着全球产业链条的重组，企业对于全球市场的依赖日益加深，需要在全球范围内进行资本的配置和风险管理。因此，金融中心的国际化程度和能力，成为了适应和引领产业结构调整的重要指标。通过与国际金融市场的连接，金融中心不仅为本国企业提供了进入全球市场的通道，也吸引了外国投资者的参与，加深了金融市场的深度和广度。

总之，产业结构的调整是推动金融中心形成和持续发展的重要原动力。通过金融中心的功能发挥，不仅有效支持了产业转型升级，提高了经济效率和竞争力，也促使金融中心不断创新和完善自身体系，以适应日新月异的产业需求和全球经济环境的变化。

4. 城市对外开放与国际化

国际金融中心的形成和发展，不仅是经济全球化和区域化趋势的产物，更是城市对外开放和国际化战略的直接体现。随着经济全球化的加速发展，跨国交易和国际资本流动日益频繁，金融中心逐渐成为连接全球经济、促进国际贸易和资本流动的重要枢纽。城市通过对外开放和国际化策略，构建了一系列促进金融中心形成和发展的关键因素。

首先，城市为了吸引更多的国际资本和跨国企业，通常会投资建设完善的金融基础设施。这包括发展高效的金融市场，建立稳定可靠的支付结算系统，以及构建全面的金融监管框架等。例如，通过设立股票和债券市场，城市可以为国际投资者提供多样化的投资选择；通过建立跨境支付和清算系统，可以降低交易成本，提高金融交易的效率。这些基础设施的完善，为金融中心的形成和发展奠定了坚实的基础。

其次，城市为了成为国际认可的金融中心，还必须拥有一批国际化的金融机构和专业服务机构。这些机构不仅能够提供高效、专业的金融服务，还能够吸引和服务来自世界各地的客户和资本。为了吸引这些机构，城市通常会采取一系列优惠政策，如降低税率、提供土地和办公空间优惠等。同时，城市还会不断加强国际金融合作，提高自身的国际知名度和影响力。

最后，开放的金融市场和高度国际化的金融机构环境，使金融中心能够吸引大量的国际资本和跨国企业。这不仅促进了金融中心内资本的有效流动和配置，还推动了全球经济的联系和发展。金融中心通过为国际资本和企业提供服务，促进了跨国投资和国际贸易，为全球经济的繁荣作出了重要贡献。

此外，金融中心的形成还进一步促进了城市的对外开放和国际化。随着金融中心地位的提升，城市能够吸引更多的国际会议、展览和高峰论坛等重要国际活动，进一步增强城市的国际影响力和吸引力。另外，金融中心的发展还有助于提升城市的综合竞争力，吸引更多的人才和技术，促进城市的经济、文化和社会全面发展。

综上所述，城市的对外开放和国际化策略是促进金融中心形成的关键因素。通过建设完善的金融基础设施、开放的金融市场以及拥有国际化的金融机构，城市不仅能够吸引国际资本和企业，推动经济的发展和繁荣，还能够提升自身的国际地位和影响力，实现可持续的全面发展。

2.2.2 金融集聚的视角

金融中心的演进是一个由金融机构的集聚开始，逐步建立完善的金融市场，吸引资本和人才的聚集，逐渐形成一个复杂的金融生态系统的过程。这一过程不仅使得金融中心在国内市场拥有较强竞争力，也有助于扩大其全球影响力和地位。不同阶段的发展相互关联，相互推动，共同促进了金融中心的演进和发展。

1. 金融机构的集聚

金融中心的形成通常伴随着多种金融机构的集聚，包括商业银行、保险公司、证券交易所等核心金融实体。金融机构的聚集不仅是金融中心形成的基础，而且对于促进区域及全球经济的繁荣发展至关重要。

在金融中心的初步形成阶段，一系列金融机构的集中设立和发展，提供了多样化的金融服务，从而吸引了企业和资本的大规模流入。这不仅增强了金融市场的活力，也极大地推动了金融创新和产品多元化。

首先，商业银行在金融中心的兴起和发展中扮演着至关重要的核心角色。它们不仅承担着基础的存款和贷款服务，还通过完善的支付结算系统来提高交易效率，进而提升资金的利用效率。商业银行还提供复杂的信贷和资金管理服务，帮助企业优化资本结构，促进新兴产业的扩张和发展。商业银行提供的多元化服务有效地满足了市场对金融产品和服务的需求，加速了金融中心的形成和发展。商业银行作为金融中心的重要组成部分，通过不断创新和完善服务，积极支持企业的发展壮大，推动地区经济的繁荣和稳定发展。

其次，保险公司作为风险管理的核心机构，在金融中心中同样不可或缺。通过提供各类保险产品，保险公司帮助企业和个人分散和转移风险，增强了经济体的抵御突发事件的能力。保险产品的创新和发展，如再保险和风险投资保险，进一步丰富了金融中心的服务功能，提升了其吸引力。

再次，证券交易所的建立和发展是金融中心形成中的另一关键环节。作为金融市场的中心场所，证券交易所为企业提供了公开透明的融资渠道，为投资者提供了一个高效、安全的投资和交易平台。随着证券产品和交易技术的不断创新，证券交易所增强了市场的流动性和效率，吸引了更多的国际投资者参与，从而推动了金融中心的国际化和市场的深化发展。

最后，金融中心的形成还得益于金融科技的发展。金融科技公司通过提供创新的金融工具和解决方案，如区块链、人工智能在金融服务中的应用，不仅增强了金融市场的包容性和达到性，还提高了交易和管理的效率。这些技术的引入，使金融中心能够更好地服务于全球化的经济环境，满足多元化市场需求。

此外，金融中心的形成和持续繁荣，需要一个支持性的政策环境和法规框架。政府和监管机构通过制定和实施符合国际标准的金融法规，保证了金融市场的稳定和透明，增强了投资者的信心。同时，政策的优化还能够吸引更多海外金融机构和资本入驻，促进金融中心的进一步国际化和扩张。

综上所述，金融机构的汇聚是金融中心形成的基础。金融中心通过提供综合的金融服务、风险管理工具和创新金融技术，不仅为地区经济增长注入强大动力，也在全球经济中扮演着关键角色。金融中心的建设和发展，不仅加速了资源的优化配置，提升了经济效率，还促进了金融业的蓬勃发展和创新，助力了企业的成长和国家经济的可持续发展。金融中心的综合功能和服务水平的提升，将进一步增强金融体系的稳健性和服务水平，为经济社会的发展和繁荣作出更大贡献。

2. 金融市场的构建

金融中心通过构建完善的金融市场，不仅推动了资金的有效配置，同时为地区乃至全球范围内的企业和投资者提供了多样化的金融产品和服务。金融中心的核心在于其高度发达的金融市场体系，包括股票市场、债券市场和衍生品市场等多个维度。每个市场在金融中心中拥有着各自独特的功能和作用，共同构建了金融中心的基础。这些市场相互融合、相互支持，形成了一个完整的金融生态系统，为资金流动、风险管理和资本增值提供了有力支持。金融中心的金融市场体系的不断完善和创新将进一步提升其服务能力和竞争力，为企业和投资者创造更加便利和有利的经济发展环境。

首先，股票市场作为金融中心中最为直接的融资渠道，对企业融资和企业发展具有重要意义。通过公开发行股票，企业能够吸引国内外投资者的资金，支持企业的扩张和创新项目。股票市场的活跃程度直接反映了一个金融中心的整体实力和市场吸引力。一个成功的股票市场不仅可以有效提升企业的品牌形象，吸引更多关注和资本投入，还能加速企业的成长速度和范围。通过股票市场，企业能够实现资金的有效配置，同时投资者也能够获得资本增值的机会，从而形成互利共赢的利好局面。金融中心不仅是股票市场的聚集地，更是股票市场的全方位支持者，为企业和投资者提供稳定、可靠的融资和投资环境，助力经济的稳健发展。

其次，债券市场在金融市场的作用同样不可忽视。企业和政府可以通过发行债券来筹集所需的长期资金，这种融资方式对于推动公共项目的实施或企业的长期发展计划至关重要。债券市场为投资者提供了一个相对稳定的收益来源，尤其对风险较低的政府债券而言，更是保守投资者的首选。债券市场的发展不仅有利于提高资金的利用效率，还能够为企业和政府提供多样化的融资选择，促进经济的稳健增长。在债券市场中，投资者可以根据自身风险偏好和投资目标选择适合的债券产品，实现资产配置的多元化，同时为金融市场的稳定运行和经济的可持续发展作出积极贡献。

最后，衍生品市场的发展展示了金融市场的深度和复杂性。衍生品包括期货、期权、互换合约等，为投资者提供了价格锁定、风险对冲以及杠杆交易等多种策略。这些金融工具不仅增加了市场的流动性，还为投资者提供了应对经济不确定性的工具，促进了金融市场的健康发展。衍生品市场的不断发展和创新为金融市场提供了更多的投资选择和风险管理工具，同时也为市场参与者提供了更多的交易机会。通过衍生品市场，投资者可以更精准地进行风险管理和资产配置，实现投资组合的多样化，并在市场波动中保持稳健的投资表现。因此，衍生品市场的兴盛不仅展示了金融市场的繁荣，更为金融体系的稳健发展提供了坚实支撑。

此外，金融中心的建设不仅涉及核心市场的发展，还包括金融基础设施的完善，如清算和结算系统、交易和监管技术等。这些系统和技术的升级和现代化是确保金融交易的顺畅、透明和安全的基础，对于保持市场的稳定性和投资者信心至关重要。与此同时，金融市场的国际化也是金融中心建设的重要方面。通过吸引跨国银行和金融服务公司的进驻，金融中心能够加强与全球市场的连接，拓展其服务范围，形成一个国际资金的聚集点。这不仅加深了本地市场的深度和广度，也为本地企业提供了涉足国际市场的平台。通过国际化，金融中心可以吸引更多的境外投资和资源流入，促进本地金融产业与全球市场的互动，推动经济的开放和发展。

因此，可以看出，金融市场的发展和健全是金融中心形成的关键因素。这些市场不仅拓宽了资金流通渠道，促进了资本的有效配置，还提供了多样化的投资选择和风险管理工具，推动了全球经济的增长和地区经济的繁荣。通过不断优化金融市场的结构和功能，金融中心能够不断提升自身的竞争力和吸引力，为全球资本市场注入更强大的动力和活力，并为全球经济发展和金融体系的稳定作出更大贡献。

3. 资本和人才的聚集

金融市场的蓬勃发展和金融机构的集聚吸引了大量资本和人才的涌入，为金融中心的繁荣奠定了稳固基础。金融中心的兴起和发展离不开充足的资本流动和高素质人才的聚集。资本和人才是支撑金融中心竞争力的关键资源，它们的汇集不仅促进了金融产品和服务的丰富多样化，还加速了金融创新和国际合作的进程，为金融中心的持续繁荣提供持续动力。这种良性循环的发展模式使金融中心能够在全球竞争中脱颖而出，并为其在金融领域的领先地位打下坚实基础。

首先，资本的聚集为金融中心提供了强大的经济支柱。随着金融机构的密集汇聚和金融市场的深入发展，大量资本被引入金融中心，形成了巨大的资金储备。这些资金不仅用于支持各种金融交易和投资活动，增进了金融市场的流动性，同时也为企业和政府提供了融资途径，促进了实体经济的壮大。充裕的资本流动性使金融中心具备了竞争全球金融资产的能力，进而吸引了全球投资者和资金的关注和参与。这种资本集聚带来的经济动力为金融中心的繁荣发展注入了持续的推动力，进一步巩固了其在国际金融领域的地位。

其次，人才的聚集是金融中心创新发展的关键。金融业是一个知识和技术密集型行业，高素质的人才是推动金融创新、提升服务质量的根本。金融中心通过提供丰富的职业机会、优越的工作环境和高水平的生活品质，吸引了来自世界各地的金融精英汇聚于此。这些金融人才凭借其专业知识和经验，不但能够为客户提供高效、专业的服务，还通过持续的创新实践，促进金融产品和服务的多样化，满足市场需求的同时，也推动了金融行业的技术进步和业务模式创新。

最后，金融中心在吸引人才方面也推动了金融教育和研究的蓬勃发展。许多世界级金融中心拥有顶尖的金融研究机构和教育机构，这些机构不仅培养了大量金融专业人才，还不断推动金融理论的创新和金融技术的研究与开发。通过与金融机构的密切合作，这些研究和教育机构将最新的金融理论和技术转化为实践，进一步增强了金融中心的核心竞争力。金融中心吸引来的高素质人才为金融行业注入了新鲜血液，促进了金融知识的传播和应用，推动了金融行业的发展与创新。这种积极的互动与交流，助力金融中心在全球舞台上的独领风骚，不断提升其在国际金融体系中的影响力和地位。

此外，资本和人才的双重聚集为金融中心打造了有利的商业氛围和激烈的市场竞争。在这个环境中，金融机构和从业人员不断追求卓越，不断努力提升自身的服务质量和运营效率，进一步推动了金融中心整体绩效的提高。与此同时，这种氛围也促进了国际金融合作与交流，提升了金融中心在全球金融舞台上的国际地位和影响力。资本和人才的相互吸引形成了良性循环，为金融中心的发展注入了源源不断的动力，使其成为国际金融领域中不可或缺的重要角色。通过持续不断地拓展国际合作和资源整合，金融中心能够实现更高层次的发展，并在国际金融格局中占据更加重要的地位。

综上所述，资本和人才的聚集不仅构成了金融中心的基础，更是驱动其持续健康发展的核心动力。通过吸引并留住这两个关键资源，金融中心能够在全球金融舞台上保持竞争优势，进而促进经济的全面繁荣和发展。资本和人才的相互吸引形成了金融中心发展的良性循环，为其注入源源不断的活力，使其不断壮大和完善。金融中心具备了集聚资本和人才的优势，从而成为全球经济的关键支柱，引领着国际金融的发展和变革。通过不断完善金融环境和吸引更多优秀人才，金融中心有望在未来继续保持领先地位，推动经济的持续增长和繁荣。

4. 金融生态系统的形成

随着金融机构、金融市场、资本与人才的集聚，金融中心逐渐形成了一个完整的金融生态系统。金融生态系统不仅包括金融机构和资本，还包括专业服务机构、金融科技公司、创业孵化器等多元化组成部分，它们相互依赖，相互促进，共同构建了一个促进金融创新和业务发展的复杂网络。金融中心的形成和发展，离不开一个完整且功能多样的金融生态系统。

首先，传统金融机构如商业银行、保险公司、证券公司以及证券交易所，作为金融生态系统的基石，提供着包括融资、投资、储蓄和风险管理在内的基础金融服务。金融中心聚集大量的金融机构，形成了强大的资本汇聚场所，通过其广泛而深厚的服务范围，支撑着整个地区乃至国家的经济活动。金融机构的各项服务与功能相互衔接，相互促进，构筑着一个稳固而有序的金融支撑体系，在金融生态系统中扮演着不可或缺的角色。

其次，专业服务机构如律师事务所、会计师事务所和咨询公司，在金融生态系统中扮演着至关重要的支持角色。专业服务机构通过提供法律咨询、税务规划、合规审查以及业务重组等服务，为金融机构和其他企业提供有效的管理操作环境和业务风险的支持。专业服务的高质量确保了金融交易的透明性和公正性，有利于维护市场秩序的稳定，为金融市场的健康发展提供了坚实基础，为各方开展商业活动提供了良好保障。专业服务机构通过提供专业化服务，发挥着促进金融生态系统发展与繁荣的重要作用，使金融市场更加透明、有序和稳健。

再次，金融科技公司作为金融生态系统中的新兴力量，正在改变传统金融服务的提供方式。它们利用最新的科技成果，如区块链、人工智能、大数据等，推动金融服务的数字化转型。这不仅提高了金融服务的效率，扩展了金融产品的边界，也使得金融服务更加个性化和便捷。金融科技公司的加入，为传统金融机构带来了合作与竞争，促使整个行业不断自我革新。金融科技领域的发展不仅丰富了金融生态系统的多样性，还为金融行业的进步注入了新动力，促使各个市场参与者更加注重创新和服务质量，进而推动了金融体系的变革和升级。

最后，创业孵化器为金融科技初创企业和其他创新型金融企业提供支持，包括资金、技术和业务指导。它们通常与高等教育机构和研发中心密切合作，充当着学术界与商业界之间的桥梁，推动了金融创新理念和技术的实际应用，在金融生态系统中扮演着重要的角色。创业孵化器的涌现为金融生态系统带来了新的活力，促进了创新力量的释放，在推动金融科技领域的发展和应用方面发挥着关键作用，推动了金融行业的进步和创新，促使金融服务更加多样化和个性化，为整个金融生态系统的繁荣与发展注入了新的活力和动力。

此外，金融生态系统的演变还受到政策制定者和监管机构的影响。金融政策与法规引导和监管着金融市场运作，确保金融的稳定和健康发展。政策的透明度和前瞻性对于维护投资者信心、吸引外部投资至关重要。随着金融生态系统日益复杂和全球化，政策制定者和监管机构需要不断审时度势，灵活调整政策措施，以适应市场变化和促进金融市场的持续繁荣。这种有序的政策引导为金融环境的良性发展奠定了基础，推动金融体系朝着更加健康和稳定的方向发展。

综上所述，金融生态系统的建立和完善是金融中心成功运作的关键。一个健康、动态并具有高度互联性的金融生态系统，不仅能加强当地金融市场的深度和广度，还能在全球范围内提升金融中心的竞争力和影响力。通过不断优化这一生态系统，金融中心能够持续推动经济增长，促进经济结构的优化升级。

5. 全球影响力的扩大

随着金融生态系统的形成和发展，金融中心逐渐扩大其影响力，并在全球金融格局中崭露头角，成为了全球金融业务的重要枢纽和核心。金融中心由于其发展的优势和吸引力，在全球范围内吸引了众多的跨国公司、全球投资者和国际金融机构纷纷进驻，最终成为了全球资本和财富的聚集地，并推动了全球化金融业务的发展。

首先，作为金融业务的核心枢纽，金融中心在全球范围内吸引了大量的跨国公司入驻。这不仅扩大了金融中心的商业规模和影响力，还推动了金融中心业务的多元化和专业化发展。跨国公司的涌入为金融中心带来了更多的商业机会和国际化视野，为金融中心注入了新的活力和创新动力。随着各类跨国公司在金融中心设立业务，金融中心的金融市场得到了进一步的开拓和发展，各种金融服务形式和产品不断丰富和完善，为金融中心打造了更为多元化和专业化的金融生态系统，为金融行业的发展带来了新的契机和挑战。

其次，金融中心的吸引力不断增强，国际投资者纷纷加大其投资。金融中心的金融机构和市场在区域内相对发达的优势，国际投资者选择将资金投入金融中心的股票、债券、基金等多样化金融产品中，以谋求更高的收益和更广泛的投资机会。投资者对金融中心的青睐进一步推动了金融市场的繁荣发展，增强了金融中心的国际竞争力和影响力，为投资者提供了更广阔的资金运作平台和投资选择，助力了金融中心的国际化发展。

综上所述，金融中心是吸引国际金融机构参与和合作的热门地点。国际银行、金融监管机构和跨国金融机构等国际金融机构们纷纷选择在金融中心设立分支机构或合作机构，展开业务合作和服务提供。这种不仅加强了金融中心与国际金融体系之间的联系和互动，也促进了国际金融机构之间的资源共享和经验交流。

2.2.3 地理区位的视角

地理位置是金融中心形成过程中的关键影响因素之一。优越的地理位置能够提供便利的交通和物流网络，方便金融机构和投资者的来往，也能吸引国际商务和贸易。地理位置的重要性使得金融中心通常集中在战略性重要的城市或地区。地理接近性、区域中心地位、国际交通枢纽、时区和语言优势，以及良好的政治和法律环境都是促进金融中心发展的关键要素。

1. 地理接近性

地理接近性是金融中心形成与发展的关键驱动因素之一。在全球化经济中，金融中心的地理位置直接决定了其在国内外商业网络中的角色与功能。一个地理位置优越的金融中心，可以有效地连接不同地区的商业活动，提供高效便捷的金融服务，并且因此吸引大量的资本和人才，促进金融中心的进一步发展与繁荣。

首先，地理上靠近商业和经济活动中心的金融中心，比如一些国际大都市和港口城市，由于其独特的位置优势，成为提供融资、投资、结算、信贷等多样化金融服务的理想地点。这些服务直接满足了快速增长商业活动的需求。例如，上海、深圳、纽约、伦敦和香港等地，它们不仅是各自国家的经济中心，也是世界级的金融枢纽。这些城市由于其地理位置的优势，成立了密集的商业网络和复杂的经济结构，为金融服务业的集聚与发展提供了土壤。

其次，地理接近性有利于金融中心与其他城市及国家建立更紧密的商业和金融合作网络。金融中心由于位于商业和经济交流的重要节点，如同一座桥梁，连接了国内外的资本市场与商业圈。这种地理上的优势使得金融中心能够更有效地吸引海外投资，并且与周边城市和国家开展密切的商务往来和金融合作。

最后，金融中心通常位于与国际主要城市距离较近的商业活动核心地带，这一地理优势不仅便于国内的交流和合作，也极大地方便了跨国交易、国际投资和全球合作。例如，伦敦作为欧洲的金融中心，其地理位置使其成为连接美洲和亚洲市场的重要枢纽。这种战略地位为伦敦带来了大量的国际金融交易和全球银行业务。

在技术进步和全球化背景下，尽管通信和交通的便捷化已部分削弱了地理接近性的传统优势，但金融中心的地理优势仍然显著影响其发展。技术可以跨越地理距离，但金融服务的高效运作和人才的现场协作仍旧需要靠地理上的近距离来实现最大效率。

因此，通过持续优化地理战略位置，加强与全球金融市场的连接，同时提高本地金融服务的竞争力和多样性，金融中心可以有效利用其地理接近性，以推动自身的持续繁荣与发展，最终在全球金融体系中占据重要地位。随着全球经济一体化的加深，金融中心的地理优势将继续在促进国际金融合作、资本流动性和金融市场稳定性中发挥核心作用。因此，地理接近性是金融中心形成与发展的关键驱动因素之一。

2. 区域中心地位

区域中心城市的地位不仅体现在其经济规模和发展水平，更在于其在区域经济格局中的中枢作用。这种中心地位使得一些城市自然而然地成为金融中心，进而推动整个地区甚至超区域的经济发展。区域中心城市因具备多方面的优势，成为金融机构聚集和金融服务创新的热土。

首先，区域中心城市通常拥有较强的经济实力和广泛的产业基础，这种经济多样性和规模效应吸引了大量的国内外投资，以及高端人才的汇集。金融机构在这里聚集，是因为这些城市提供了丰富的商业机会和庞大的客户基础。例如，金融服务需求的增加直接促进了银行业、保险业及资本市场的发展，同时，也为金融科技和创新型金融服务的提供创造了条件。

其次，区域中心城市的交通和物流网络通常十分发达，包括高效的陆路、水路、航空连接，这些都是金融活动频繁且高效的基础设施支持。优越的交通网络使这些城市能够有效地连接周边地区及国家，促进了资本的流动和信息的交换，提高了金融交易的效率和规模，使金融中心能够更好地服务于更广泛的经济区域。

再次，区域中心城市因其核心地位，常常拥有较为完善的法律、政策环境，这对于金融市场的稳定运作至关重要。政府及相关机构往往会在这些城市实施先进的金融监管体系，推出有利于金融市场发展的政策，提供金融创新的测试地和示范窗口。这种环境不仅吸引更多金融机构设立总部或重要分支机构，也促使金融产品和服务的创新。

金融中心的形成进一步推动了周边地区的经济发展。通过提供融资支持和投资机会，区域中心城市的金融中心帮助周边地区的企业获取资本，优化资源配置，提升整体竞争力。同时，金融中心的存在加速了资金在区域内的流通，促进了就业和收入水平的提高，从而推动了整个区域经济的增长和社会的繁荣。

最后，区域中心城市的金融中心还发挥了辐射和带动作用，通过与国际金融中心的互动，不仅提升了本地区金融市场的国际化水平，还促进了全球资金、信息、技术和人才的交流与合作，从而在全球经济中占据了更有利的位置。

总之，区域中心城市因其独特的经济、交通和政策优势，自然地发展成为金融中心。这些城市不仅为本地区乃至更广泛地区的经济发展提供动力和服务，而且在全球金融体系中扮演着越来越重要的角色。随着全球经济一体化的进程，区域中心城市的金融中心功能将会继续强化，对全球经济的贡献也会更加显著。

3. 国际交通枢纽

国际交通枢纽的作用在全球化经济和金融一体化的过程中显得尤为重要。一些城市正是凭借着作为国际交通枢纽的地位，成功地发展成为了世界知名的国际金融中心。这些城市拥有先进的国际机场、繁忙的港口以及高效的交通网络，这不仅是物理上的连接点，更是资本、人才和信息交流的重要枢纽。这种独特的地理与交通优势，使得它们在全球金融体系中占据了不可替代的地位。

首先，国际机场的存在极大地方便了国际商务人士的出行，提供了直接通达世界各地的航线。这些直航航线的高效连接减少了时间成本和旅行不便，使金融决策者、投资者和顶尖人才能够轻松地参与到全球范围内的会议、磋商与交易中。与此同时，高效的航空物流也促进了金融文档、合同以及其他重要文件的快速传输，加速了金融交易和国际合作项目的推进。

其次，作为国际贸易的重要枢纽，具备发达港口的城市能够促进国际贸易的繁荣。这些港口每天处理着海量的货物进出口，促进了国际贸易活动，吸引了国内外众多金融机构和跨国公司竞相设立分支机构。金融中心的国际货物贸易不仅为金融机构提供了大量与贸易融资、供应链融资相关的商机，也增加了外汇交易、国际投资等金融服务的需求。

最后，一个城市作为国际交通枢纽的地位，意味着拥有与全球各地的紧密连接。这种地理位置的优势使得金融中心能够更便捷地与世界各地的金融市场互动，为全球资本的流动和分配提供了便利。国际交通枢纽城市的金融中心也因此成为吸引国际银行、保险公司、投资基金和私募股权等金融机构设立总部或重要办公室的理想地点。

国际交通枢纽进一步加强了金融中心的国际信息交换能力。在数字化时代，虽然信息传递的地理界限变得模糊，但国际交通枢纽城市因其独特的位置和功能，仍然在全球金融信息网络中占据核心地位。它们不但是国际会议、峰会和金融博览会的举办地，更是全球金融走势和动态交流的重要平台。

综上所述，国际交通枢纽的优势对于金融中心的形成与发展具有重要意义。它不仅简化了国际资本、人才和信息的流动，还推动了国际金融市场的互联互通，进一步加强了金融中心在全球金融体系中的地位。随着全球经济一体化进程的加深，国际交通枢纽城市的金融中心将继续扮演着促进全球金融合作与发展的关键角色。

4. 时区和语言优势

在全球金融市场中，时区和语言的优势在金融中心的形成与发展中扮演了关键角色。金融中心通过利用这些优势，不仅能提供更加高效的服务，还能极大地促进国际商务合作，吸引全球投资者和企业的关注和参与。

首先，时区优势意味着金融中心可以在一个更广阔的时间窗口内与全球多个主要市场进行交互。许多顶尖金融中心如纽约、伦敦和香港，都处于与多个经济体交易时间重叠的位置，这种地理和时间上的优势使它们能够在全球金融市场上实现几乎 24 小时的连续运营。例如，当亚洲市场即将闭市时，欧洲市场刚好开市，而美洲市场又会接续开市，这样的时间覆盖为投资者和金融服务提供商创造了无缝的全天候服务机会。

其次，通用语言的广泛使用极大地降低了跨国金融交流的障碍。英语作为国际商务和金融的主要语言，其在全球金融中心中的普及有助于简化交易流程，减少沟通误解。金融机构能够利用这一优势，更有效地与全球客户建立信任关系，进行风险管理和协商合同。此外，通用语言还促进了金融知识和信息的传播，加速了金融创新的全球普及速度。

再次，语言和时区的优势还显著增强了金融中心的国际吸引力。金融中心能够吸引来自不同国家的顶尖人才，这些人才带来了各自的专业知识和经验，丰富了当地的金融专业服务。同时，国际投资者和企业更倾向于在那些有利于跨时区交易并能提供无障碍沟通的城市设立分支或总部。

复次，金融中心的这两大优势还助力于金融法规和监管政策的国际协调。在全球金融市场中，金融监管的统一性极为重要。通用语言的使用和能够同时与多个地域进行交流的时区优势，为不同国家的监管机构之间的合作提供了便利，从而有助于形成更为一致的全球金融监管框架。

最后，金融中心通过时区和语言优势，不仅提高了自身金融市场的效率和竞争力，也为全球金融稳定与发展作出了贡献。它们通过在全球金融体系中充当枢纽角色，不断促进资本、信息、技术和人才的国际流动和优化配置，从而推动了全球经济的整体繁荣与进步。在未来，随着金融科技的进步和全球一体化趋势的加深，这些金融中心的时区与语言优势将继续发挥其独特而关键的作用。

5. 政治和法律环境

在全球金融格局中，政治稳定性和强大的法律体系是金融中心形成和发展的关键因素。金融机构和国际投资者往往寻求那些能提供高度政治经济稳定与法律保障的地区进行投资，这些条件为资本的安全和增值提供了必要的保障。

首先，政治稳定是金融中心能够持续发展的基石。在一个政治稳定的环境中，政策和法律体系通常较为稳定，可预测性强，政府也更有可能推行友好的财政和货币政策来吸引外部投资。这种稳定性减少了政治风险，如战争、政变或极端政策变动等，这些风险可能会导致投资突然贬值或丧失。例如，瑞士和新加坡等国家之所以能成为世界顶级的金融中心，在很大程度上得益于其长期的政治稳定和强有力的法律保护。

其次，健全的法律框架和有效的监管机构是保护投资者权益和保证金融市场健康运行的重要保障。一个成熟的法律体系能够提供明确的财产权和合同法规，确保交易的正当性和强制执行。此外，对金融机构的严格监管有助于防止滥用市场、欺诈和其他非法行为，保护投资人免受不当行为的侵害。例如，英国的金融行为监管局（FCA）和美国的证券交易委员会（SEC）等，通过制定严格的监管规则和执行力度，维护了金融市场的透明度和公平性。

最后，法治的稳固和完善也建立了国际投资者的信心，吸引他们将资本和资源配置到这些金融中心。国家对创新和金融技术的法律支持，如对金融科技（FinTech）和数字货币的监管框架，也是推动金融中心发展的新动力。这些因素共同作用，使金融中心能够吸引和保留高质量的国际资本和人才。

政治和法治环境的稳定不仅有利于现有金融机构和市场的发展，也为新兴市场的金融创新提供了渠道。在全球金融一体化和数字化加速的今天，法律的国际合作与协调也日益重要，以保证跨国金融操作的法律一致性和效率，防止监管套利。

综上所述，一个稳定的政治环境和健全的法律体系对于金融中心的形成和发展至关重要。这些因素不仅直接影响到金融资产的安全和增值潜能，也是维持金融中心长期竞争力和吸引力的关键。随着全球化和技术进步，未来的金融中心将更加依赖于它们能够提供的政治和法律环境来吸引全球投资者和企业家。

2.2.4　科技与创新视角

通过创新和科技的推动，金融中心能够不断提升金融服务的质量和效率，引领金融行业的发展方向，赢得市场竞争优势。创新和科技的发展也将推动金融中心与其他金融中心的合作和竞争，促进全球金融体系的进一步整合和发展。

1. 金融科技的兴起

金融科技（Fintech）的崛起正在对全球金融中心的发展产生深远的影响。随着科技的迅速进步和创新，金融业务的数字化转型和智能化发展正在重塑着金融市场的格局和规则。金融科技公司利用人工智能、区块链、大数据等新技术，不仅创造了更加便捷、高效、个性化的金融服务，也为金融中心注入了新的活力和竞争力。

首先，金融科技的兴起为金融中心带来了全新的商业模式和服务范式。通过人工智能和大数据分析等技术手段，金融科技公司能够实现客户数据的快速分析和风险评估，提供更加个性化的金融产品和服务。这种定制化的服务模式不仅提升了客户体验，也促进了金融市场的创新和发展。金融科技公司的快速发展也吸引了大量人才和投资，进一步推动了金融中心的成长。

其次，金融科技的兴起提升了金融中心的创新能力和竞争力。随着金融科技公司的不断涌现和技术创新，传统金融机构也面临着加速数字化转型的压力。为了适应新的市场需求和技术趋势，传统金融机构不得不加快技术升级和服务创新，拓展金融业务的新领域和新模式。金融科技的发展还推动了金融中心的金融生态系统的构建，促进了金融创新和金融科技企业的生态系统发展。

最后，金融科技的兴起还加速了金融中心的数字化转型和智能化发展。通过区块链技术的应用，金融中心能够实现更加安全、高效的交易和结算，提高金融市场的透明度和信任度。人工智能技术的运用也使得金融中心的风险管理和监管能力得到提升，进一步增强了金融市场的安全性和可靠性。金融科技的发展不仅为金融中心带来了更多的发展机遇，也使其更具竞争力和吸引力，吸引了更多国际投资者和创业者前来发展和合作。

总的来说，金融科技的兴起正在加速金融中心的形成和发展。金融科技的创新不仅改变了金融服务的传统模式，也为金融中心注入了新的活力和动力。金融中心需要积极跟进科技发展的步伐，与金融科技公司合作，共同推动金融市场的数字化转型和智能化发展，以应对日益激烈的全球市场竞争，塑造更加繁荣和具有竞争力的金融生态系统。

2. 创新金融产品和服务

金融中心的发展历来依赖于创新和科技的应用，这些因素共同推动了新金融产品和服务的创造，引领着全球金融市场的进步。金融中心作为金融创新的热土，始终处于全球金融市场领导的地位，无论是在传统金融工具的发展上，还是在金融科技应用的广泛推广中，都展现出了其不可替代的作用。

全球首个交易所交易基金（ETF）的诞生就是一个典型例子，它不仅开辟了投资世界的新篇章，也标志着金融中心在金融创新方面的强大实力和引领作用。自此以后，金融中心不断孵化出各种金融工具和金融衍生品，满足了投资者对多样化投资选择和风险管理工具的需求。

首先，金融中心作为金融创新的重要场所，重视科技创新和应用的力量。通过引入最新的科技创新，如人工智能、大数据分析、区块链技术等，金融中心能够探索和开发前所未有的金融产品和服务。例如，人工智能技术在个性化财务规划、投资顾问服务中的应用，大数据分析在信用评估、市场趋势预测中的运用，以及区块链技术在保证交易透明性、安全性方面的创新应用，都极大地推进了金融服务的个性化和智能化，满足了不同客户的多元需求。

其次，金融中心通过推动金融工具和金融衍生品的广泛发展和应用，加强了市场的深度和广度，提高了市场的效率。金融衍生品的创新，如各种期货、期权和互换等，为机构和个人投资者提供了复杂的风险管理工具，使他们能够更好地对冲风险，实现资产的增值保值。

最后，金融中心的创新能力和领导地位还使其成为全球金融业的风向标和潮流引领者。金融中心的创新成果不仅为本地市场带来活力，也为全球金融市场提供了发展模式和经验。金融中心的成功经验和实践逐渐成为其他城市和国家发展金融业的参考和借鉴。

综上所述，金融中心通过积极推进金融产品和服务的创新，不仅增强了自身的竞争力，也推动了全球金融市场的发展和进步。在动态变化的市场环境和技术革新的时代背景下，金融中心的创新能力更加凸显了其在全球金融领域中的重要作用和地位。未来，金融中心将继续依靠科技创新，探索金融服务的新模式、新趋势，引领全球金融市场向更加高效、透明和智能化的方向发展。

3. 金融科技生态系统的形成

金融中心的发展与其周边的金融科技生态系统息息相关。随着金融科技的迅速崛起，金融中心逐渐成为创新的炼金炉，吸引了大量的金融科技公司、创业孵化器及风险投资者等。这种集聚效应不仅加速了新技术的应用和金融服务的创新，而且也推动了金融中心的形成与发展。

首先，金融中心作为金融科技创新的重要聚集地，提供了一个理想的环境，使众多金融科技公司能够落户并快速发展。这些公司能够利用金融中心提供的高度发达的基础设施和技术资源，进行创新研发和商业化推广。同时，金融中心通过吸引顶尖的人才和团队，不断倒逼传统金融服务的升级与转型。

其次，金融中心的发展促进了创业孵化器的兴起。这些孵化器为初创企业提供了必要的资源，如办公空间、初始资金、行业指导等，帮助它们在初始阶段迅速成长。创业孵化器的发展进一步吸引了风险投资者的注意和投入，形成了一种良性循环。风险资本的注入不仅为创新项目提供了资金支持，还带来了市场运营、管理经验等增值服务，推动了金融科技领域的快速发展。

最后，金融科技公司与传统的金融机构之间的合作模式也在不断创新和演变，这种合作通常涉及技术共享、市场开拓等多个层面。传统金融机构的资源优势与金融科技企业的创新能力结合，能够共同推动金融服务的现代化，提高服务效率和质量，更好地满足市场和消费者需求。

通过实施有效的政策调控、提供充足的创业资金和创建健全的法规系统，金融中心不仅本身得到了发展，还推动了整个金融科技生态系统的形成和完善。金融科技生态系统的健康发展为金融中心的持续创新和竞争力提供了有力支撑，使其能够在全球金融市场中占据领先地位。

金融中心的生态系统通过创新技术、资本投入、人才集聚、法规支持等多个维度，形成了一个相互促进、共同发展的生态环境。此生态环境不仅支持了金融科技公司的生存和发展，也为传统金融机构提供了转型升级的契机，最终共同推动了整个金融行业的进步和创新。随着这种生态系统的不断丰富和完善，金融中心将继续引领全球金融市场的未来趋势。

4. 金融科技监管和合规

金融科技的蓬勃发展重新定义了金融服务行业的未来，同时也为金融中心提出了新的挑战和机遇。金融中心作为全球金融体系的重要组成部分，它们的形成与发展，在很大程度上取决于监管和合规体系是否能够适应金融科技的创新步伐。正是这些适应性的监管政策和法规，保证了金融科技公司的健康成长，同时也维护了金融市场的稳定和公平。

首先，制定适应金融科技发展的监管政策和法规是金融中心应对金融科技挑战的首要任务。这意味着，监管框架需要足够灵活，能够适应新技术和新业务模式的快速变化，同时又能确保市场的稳定和消费者保护。例如，开展监管沙盒实验，允许金融科技创新在有限的范围内进行试验，这样既能推进创新，又能在实际应用中评估风险和制定相应的监管策略。

其次，金融中心与金融科技公司之间的深度合作对于推动金融科技的创新和服务升级至关重要。通过建立强有力的沟通渠道和信息共享机制，金融中心可以更好地了解金融科技公司的创新动向，同时帮助这些公司理解监管框架和合规要求。这种双向互动不仅有助于形成合作共赢的局面，也能共同提升风险管理能力，保障金融市场的健康发展。

再次，金融中心需要强化对金融科技公司的监督评估工作，确保其操作和业务符合当前的法律法规以及未来可能实施的新规定。这不仅包括对金融产品和服务的监督，也涵盖数据保护、隐私保障、消费者权益保护等方面。通过实施综合的评估机制，金融中心能够及时识别和应对金融科技创新可能带来的新风险。

最后，培育和引导金融科技公司的合规文化也是金融中心的职责之一。通过举办培训、研讨会及提供指导文件等方式，帮助金融科技公司构建内部控制机制，引导它们在追求创新的同时，也能充分认识到合规的重要性。只有建立了健康的合规文化，金融科技公司才能在长期发展中保持竞争力和生命力。

总之，金融中心的形成与发展，与其能否创造一个促进金融科技创新同时又能确保监管要求得到满足的环境密切相关。通过不断完善监管框架、深化与金融科技公司的合作、加强监督评估以及引导合规文化的形成，金融中心不仅能够促进金融科技的健康和持续发展，而且还能够保障金融市场的稳定和投资者利益的保护。在金融科技不断带来新挑战的今天，金融中心的这些努力尤为重要，它们将决定金融中心未来的竞争力和影响力。

5. 数字化金融转型

在当今这个由数字技术高速推进的时代，金融中心正面临转型的重要时刻。数字化金融转型不仅是一场对现有金融机构体系的挑战，也是塑造金融中心新面貌的巨大机遇。随着区块链、人工智能、云计算等技术的发展和应用，金融中心必须加速自身的数字化进程，以维持和增强其在全球金融体系中的竞争地位。

首先，数字化金融的核心在于利用现代科技手段，转变传统金融服务的提供方式，提高金融服务的效率和用户体验。金融中心通过引入智能化技术、云计算、大数据分析等创新技术，促进金融机构实现业务流程的数字化和智能化，从而大幅提升服务效率和客户满意度。这不仅能够增强已有金融服务的质量和速度，还能创造出新的服务和业务模式，拓宽金融中心的服务范围和影响力。

其次，数字化基础设施的建设是金融中心转型的重要组成部分。这包括高效的电子支付系统、全面覆盖的在线金融服务、可靠的数字身份验证技术等。这些基础设施的完善不仅能提高金融服务的便利性和可访问性，而且对于确保各项金融交易的安全性和可靠性至关重要。在加强数字化金融基础设施的同时，金融中心还需重视数据安全和隐私保护，建立健全的监管框架，为消费者提供安全可靠的金融服务环境。

再次，加强数字身份认证体系的建设是保障金融服务安全的核心要素之一。强大而可靠的身份验证系统不仅可以有效预防金融诈骗，保障客户资产安全，还能为客户提供更为便捷的身份确认流程，提高整体的用户体验。这需要金融中心在技术标准、合作模式等方面进行创新，以适应不断变化的市场需求和技术发展。

最后，数字化转型的另一重要方向是加强金融科技创新，推动新型数字化金融产品和服务的发展。金融中心作为创新的高地，需要不断寻求和培育新的金融科技应用，包括但不限于支持区块链技术的金融产品、利用人工智能进行资产管理、发展数字货币和加密资产交易平台等。通过不断创新，金融中心不仅能够为用户提供更多元化、个性化的金融服务，还能增强自身的引领地位和影响力。

综上所述，数字化金融转型对金融中心来说既是挑战也是机遇。金融中心需要抓住时代潮流，通过推进技术创新、完善基础设施建设、加强安全保障及不断探索新领域，实现金融服务的高效、安全和创新，从而在全球金融体系中保持和提升竞争力。

2.2.5 国际化程度视角

金融中心的国际化程度对其形成和发展也起到重要影响。国际化程度高的金融中心往往能够吸引更多的国际金融机构、国际投资者和全球财富的流入。它们在国际金融市场中具有较高的参与度和影响力。金融中心的演进过程大致可以分为从区域化到国际化，再到全球化和国际金融中心四个发展阶段。这些阶段表明了金融中心与全球经济融合的程度，以及其与国际金融体系的互动关系。金融中心通过吸引国际资本和人才，参与国际金融活动和合作，推动金融创新和服务的提升，从而提高其国际化程度。

1. 区域金融中心

在金融中心形成的初期阶段，通常会成为区域内的金融集聚地，为周边地区提供多样化的金融服务。金融中心发展依赖于区域内的经济活动和贸易，为其提供支持并逐渐吸引更多资本和企业的聚集。随着该地区经济规模和产业实力的增强，金融中心逐渐建立起区域范围的金融影响力，推动着区域金融中心的形成。不断增强的经济吸引力让投资机构、金融机构和企业纷纷选择在该地设立机构，以获取更多的发展机会和服务。在资本的涌入和企业的逐渐建立时，金融中心开始在该区域内建立起重要的金融影响力，成为资金流动和投资活动的中心枢纽，能加强在区域金融体系中的地位和作用。金融中心不仅为周边地区提供便利的金融服务，也在区域内扮演着促进经济发展和资金活动的关键角色，进一步加深了其在地区经济中的地位和影响力。

2. 国际化趋势

随着全球化的深化，国际资本流动成为金融市场发展的重要动力。金融中心往往是国际资本流动的重要节点和枢纽，在全球范围内吸引和承接资本的涌入。国际投资者和机构纷纷进入金融中心，促进了金融市场的深化和资本市场的国际化。国际银行、保险公司、资产管理机构等纷纷选择在具有国际影响力的金融中心设立分支机构或总部，以获取更多的国际业务和客户。一方面，国际资本的涌入为金融中心带来了更多的金融资源和工具，加速了金融创新和产品多样化。另一方面，国际投资者和机构的加入，增加了金融市场的活跃度和竞争性，促进了金融业务的发展和提升。此外，国际金融机构的设立还为金融中心带来更多的国际化视野和战略合作机会，促进了金融中心与国际金融市场的联系和互动。

3. 全球化金融中心

随着全球化的进一步加剧，资本、技术和信息的流动变得更加自由和便捷。在这一背景下，金融中心开始向全球化发展，成为一个吸引世界各地金融机构和投资者的重要平台，在全球范围内发挥着重要的作用。这种全球化的趋势不仅加速了金融中心的发展，也推动了各国资本市场的开放和互联互通，促使跨国投资和跨境融资活动变得日益频繁和便捷。在全球化浪潮下，金融中心成为跨国公司融资和国际投资的首选地点，吸引了大量资金的流入。各国资本市场的逐渐开放和深化促进了金融中心与全球金融市场的联系和互动，为投资者提供了更多样化和广泛化的投资机会。同时，金融中心所聚集的金融机构和人才也带来了更多的金融产品和服务创新，推动了金融市场的发展和深化。

4. 国际金融中心

国际金融中心通常拥有成熟和多元化的金融市场，为国际投资者和公司提供融资平台。国际金融中心聚集了大量国际性金融机构、银行、券商、保险公司和资产管理公司等。金融机构的进驻不仅促进了金融市场的发展，还带来了大量金融专业人才，提升了金融中心的国际竞争力。随着国际金融中心的不断发展壮大，它们在全球金融体系中展现出最高级别的地位。这种地位不仅表现在国际金融贸易、金融市场、金融创新和金融监管等多个方面的综合实力上，还体现在其对全球金融和资本流动的影响力和吸引力。国际金融中心往往通过高效、透明的金融市场机制，为全球各类资本和机构提供安全、便利的金融交易和融资渠道，形成了有力的金融服务体系，为全球经济和金融运作提供坚实保障。

2.3 理论基础

2.3.1 地理经济学理论

地理经济学理论认为，地理位置对于金融中心的形成起着决定性作用。地理位置优越的城市更容易成为金融中心，因为便利的交通与通讯能够促进资本流动和金融活动。比如，伦敦、纽约等金融中心城市便位于交通和经济交通要道，地理位置优越，有利于金融业务的发展。

1. 交通便利与交流

金融中心通常位于交通要道、港口城市或者交通枢纽，有利于资本和信息的流动，也更容易吸引国际金融机构、投资者和企业入驻。具备良好交通条件的金融中心能够有效地促进金融市场内外的互动和联系，提升金融市场的活跃度和效率，增加金融机构之间的合作和竞争，推动整体金融市场的繁荣发展。首先，位于交通要道的金融中心，往往能辐射周边地区，吸引更多的资金和资源汇聚于此。其次，位于港口城市或交通枢纽的金融中心还可以充分利用货物和信息流通的优势，进一步拓展金融服务的辐射范围和市场吸引力。

2. 经济发展和资源优势

地理位置优越的城市往往具有较为发达的经济和资源优势，这些城市吸引了大量的金融机构和企业进驻，形成了繁荣的金融中心。首先，地理位置优越的城市通常处于交通枢纽或者经济发达地区，拥有便捷的交通网络和良好的基础设施，这为金融机构和企业提供了便利的营商环境，促进了金融服务业的发展。其次，这些城市往往具有丰富的人才资源和优质的生活配套设施，吸引了各类金融专业人才和投资者的聚集，提升了金融服务的水平和质量。最后，地理位置优越的城市通常拥有较为发达的产业和经济基础，为金融机构和企业提供了丰富的业务合作机会和资源支持，推动了金融市场的繁荣与发展。

3. 人才聚集和知识资源

地理位置便利的金融中心因其交通便捷和资源优势，能够吸引更多的金融专业人才和知识资源进驻，形成了金融人才集聚效应。人才的聚集不仅丰富了金融中心的人才储备，也为金融服务的提升和创新提供了有力支持，进一步推动金融市场的发展和国际化。首先，地理位置便利的金融中心通常拥有完善的基础设施和生活配套，提供了舒适便捷的生活环境，能够吸引更多优秀的金融专业人才迁居至此，为金融中心的发展注入新鲜血液。其次，金融人才的交流与合作促进了金融科技的发展，推动金融产品和服务的不断更新和优化，提高了金融中心的竞争力和发展潜力。

4. 地缘政治和法律环境

金融中心的形成还受到地缘政治和法律环境的影响。相对稳定的政治环境和健全的法律体系能够为金融活动提供保障和业务规范，吸引更多的金融机构和投资者选择金融中心作为投资和融资平台，从而促进金融市场的发展。首先，在政治环境相对稳定的地区，金融机构和投资者更倾向于选择设立总部或投资机构，以便更好地规避政治风险和确保企业的稳定发展。其次，完善的法律体系能够保障金融市场的公平竞争和透明度，保护投资者的权益，确保金融活动的合法性和规范性。最后，在政治和法律环境相对稳定的金融中心，更容易吸引国际金融机构和跨国投资者的进驻，推动金融市场的国际化进程。

2.3.2 金融全球化理论

金融全球化理论认为，金融中心作为国际资本流动和金融服务的重要枢纽，是全球金融体系中的核心节点。金融中心通过与国际金融市场的联系和互动，实现国际金融资源的配置和流动，推动金融市场的国际化和融合。

1. 资本流动

金融全球化的加速使得跨国资本的流动更加便捷和灵活，进而加强了资金流向金融中心的趋势。金融中心通常拥有发达的金融市场和完善的金融基础设施，这些优势能够吸引全球投资者和资金前往，促进金融中心的形成和发展。

首先，金融全球化使得投资者可以更加容易地在不同国家间进行资金配置，获取更广泛的投资机会。其次，金融中心的发达金融市场和完善的金融基础设施为全球投资者提供了更加便利和安全的投资环境。最后，由于全球资金流动的便捷性，金融中心能够更好地与国际金融市场接轨，吸引全球性金融机构和跨国企业在此设立机构或进行业务合作。

2. 国际金融交易

金融全球化带来了更加开放和互联的国际金融市场，促进了金融产品和服务的跨境交易。金融中心作为国际金融交易的枢纽，能够为跨国公司和投资者提供高效、便捷的金融服务，增强其在全球金融体系中的地位。首先，金融全球化的加速带来了更多的跨境金融产品和服务需求，同时也增加了国际金融交易的频率和规模。其次，金融中心作为国际金融交易的中心，不仅为跨国公司和投资者提供了多样化的金融工具和服务选择，还为其提供了更加便捷和快速的跨境交易平台。最后，作为国际金融交易的重要中心，金融中心能够辐射全球各大金融市场，承担着重要的金融职能，是连接全球金融系统的纽带和枢纽。

3. 跨国金融机构

金融全球化的推动促进了跨国金融机构的发展和壮大，这些跨国金融机构在金融中心设立分支机构或总部，进一步巩固了金融中心的地位和影响力。跨国金融机构的设立为金融中心注入了更多的国际化元素，这些机构在国际金融交易和融资活动中发挥着重要的作用，提升了金融中心的国际认知度和地位。首先，金融全球化加速了跨国金融机构的扩张和国际化发展。跨国金融机构在全球范围内广泛分布，并通过设立分支机构或总部来进一步发展业务。其次，跨国金融机构在金融中心的设立增强了金融中心的国际交流和合作，也能带来更多的国际客户和合作伙伴，促进了金融中心与其他国际金融市场的联系与合作。最后，跨国金融机构的设立为金融中心带来了更加多元化和创新的金融产品和服务，能够推动金融中心的金融创新和产品多样化，满足不同客户的需求。

4. 资源配置和服务功能

金融全球化使金融中心能够更好地实现全球资金的配置和流动，开展更广泛的金融服务和业务。金融中心通过为国际投资者、公司和政府提供融资、咨询、结算等多样化金融服务，促进了金融中心的形成和发展。首先，金融全球化加速了跨国资金的流动，使得金融中心成为全球资金流动的重要枢纽，为资金流动提供了高效、安全的环境，为全球资金的流通打开了更多的通道和渠道。其次，金融中心通过提供多样化的金融服务，拓展了自身在全球金融体系中的功能和影响力。最后，面对金融全球化带来的挑战和机遇，金融中心不断优化金融服务体系、引入先进的金融科技，推动金融业务向数字化、智能化方向发展。

2.3.3 金融市场发展理论

金融市场发展理论认为，一个健全、有效率、具有吸引力的金融市场是金融中心形成的重要基础。金融市场的发展水平决定着金融中心的国际地位和影响力。一个发达的金融市场可以吸引更多的国内外金融机构和投资者进驻，提升金融中心的国际竞争力。

1. 金融市场的发展水平

金融市场的发展水平对于金融中心的形成和发展具有重要影响。一个健全、高效、具有吸引力的金融市场是金融中心吸引国内外金融机构、投资者和公司的重要因素，同时也是提升金融中心地位和影响力的关键要素。金融市场的成熟程度直接影响着金融中心的业务范围和市场规模，决定了金融中心在全球金融体系中的地位和竞争力。首先，一个健全、高效的金融市场能够为金融中心提供良好的营商环境。发达的金融市场通常拥有完善的法律法规、透明的监管机制和高效的市场机制，为金融机构、投资者和公司提供了保障和信心。其次，一个高效率的金融市场能够促进金融产品和服务的创新和多样化。金融市场的发展水平直接影响着金融中心能够提供的金融工具和服务的种类和质量。最后，金融市场的发展水平还直接影响着金融中心的业务范围和市场规模。

2. 金融产品和服务的创新

金融中心通常具有较高的金融产品和服务创新能力，能够推出各种具有竞争力和吸引力的金融产品和服务。金融中心通过不断创新和提升服务水平，吸引国际机构和投资者，推动金融市场的发展和国际化。首先，金融中心的创新能力源于其聚集了大量金融专业人才和资源，具备发展和应用金融科技的优势。金融中心通过引入先进技术和理念，推动金融业务不断升级和优化，满足客户不断变化的需求，提升金融中心的国际竞争力。其次，金融中心具有较高的金融服务水平和国际化程度，能够更好地满足国际机构和投资者的需求。最后，金融中心通过不断创新、提升服务水平，也能够吸引更多的国际机构和投资者前来合作与投资，推动金融市场的发展和国际化。

3. 法规和监管环境

金融中心的形成还受到法规和监管环境的影响。健全的法律制度和规范性监管有助于提高金融中心的市场透明度和规范性，增强金融机构和投资者的信心。良好的法规环境能够为金融交易提供保障，吸引更多的资本和机构进驻金融中心。首先，健全的法律制度和规范性监管是维护金融市场秩序和稳定的重要保障。通过完善的法规环境，可以有效监管金融市场，减少违规行为和市场操纵，维护金融市场的公平、公正、透明和稳定。其次，良好的法规环境能够增强投资者和金融机构的信心，吸引更多资本和机构进驻金融中心。最后，健全的法规环境还有利于金融中心发展乃至整个金融体系的长期稳健发展。

4. 金融技术和信息化水平

随着金融科技的快速发展和信息化水平的提升，金融中心越来越重视技术创新和数字化服务，提高金融市场的效率和便捷性。金融技术和信息化水平的提升有助于金融中心增强国际竞争力，吸引更多的国际投资者和公司。首先，金融科技的快速发展为金融中心提供了更多的创新机会。随着区块链技术、人工智能、大数据分析等技术的不断演进和应用，金融机构能够推出更多具有前瞻性和颠覆性的金融产品和服务。其次，数字化服务和智能化技术的应用可以打破传统的地域限制，使得金融中心的服务覆盖范围更加广泛，更容易与全球的金融市场和投资者进行互动和合作。最后，金融科技和信息化水平的提升也促进了金融中心的互联互通。

2.3.4　金融服务创新理论

金融服务创新理论认为，金融中心的形成与金融服务的创新密不可分。金融服务创新可以提高金融市场的效率和便捷性，吸引更多的金融业务进驻金融中心。金融中心通过不断创新和提升服务水平，吸引国际机构和投资者，推动金融市场的发展。

1. 创新金融产品和服务

金融中心通常会积极开展金融产品和服务的创新，推出各种新型金融工具、投资产品和融资服务。通过创新的金融产品和服务，金融中心能够吸引更多的投资者和资金流入，提升金融市场的活跃度并促进其发展。首先，金融中心在竞争激烈的金融市场中，需要不断创新、推出符合市场需求和投资者利益的金融产品和服务，以赢得市场份额和投资者信任。其次，金融中心通过创新金融产品和服务，也能够推动金融市场的发展和现代化进程。最后，金融产品和服务的创新还能作为金融中心的核心竞争优势。

2. 提升金融科技应用水平

金融中心往往会重视金融科技的应用和发展，不断提升数字化服务和金融科技创新水平。通过引入更先进的技术手段和信息化系统，金融中心能够提高金融服务的效率和便捷性，吸引更多的投资者和客户。首先，金融科技的应用能够带来金融服务的升级和优化。随着金融科技发展的逐步成熟，金融中心逐渐意识到数字化服务和技术创新的重要性，积极引入并应用先进的技术手段，来改进金融产品的设计和交易过程，提升服务效率和用户体验。其次，随着金融科技的不断拓展和创新，金融中心应用先进的科技手段可以提高金融市场的运行效率和稳定性，极大地拓展了金融中心的业务辐射范围和服务能力。最后，金融科技的应用还有助于金融中心实现数字化转型和智能化发展。

3. 创新金融业务模式

金融中心通常会不断探索和创新金融业务模式，以适应市场需求和客户需求的变化。通过创新的金融业务模式，金融中心能够提供更加个性化和专业化的金融服务，巩固其自身在金融市场中的地位。首先，金融中心不断探索和创新金融业务模式能够带来更灵活和多样的金融产品和服务。通过引入个性化定制、科技驱动、风控精准的金融产品和服务，金融中心可以更好地服务不同客户群体，提供更符合客户需求的金融解决方案，巩固自身在金融市场中的竞争优势。其次，金融中心不断创新金融业务模式也有助于提高金融服务的质量和效率。最后，金融中心通过不断探索和创新金融业务模式，还能够促进金融市场的健康和可持续发展。

4. 引进国际金融机构和资本

金融中心通过持续创新和提升服务水平，吸引了更多的国际金融机构和跨国资本在此设立机构和开展业务。这些国际金融机构的进驻不仅提升了金融中心的国际认知度和影响力，还促进了金融市场的国际化和发展。首先，国际金融机构在金融中心设立机构和开展业务可以带来更丰富的金融产品和服务。国际金融机构通常拥有更可靠的金融技术和专业知识，其进驻可以促使金融中心引入更多国际化、专业化的金融产品和服务，提高服务水平和市场竞争力。其次，国际金融机构的进驻可以促进金融市场的国际化和全球竞争力。国际金融机构的进驻还会带动当地金融产业的升级和转型，推动金融市场的国际化进程，吸引更多国际投资者和资本流入，提升金融市场的全球竞争力和地位。最后，国际金融机构在金融中心的设立还可以促进金融市场的互联互通和合作交流。

第 3 章

主要国际金融中心的经验与借鉴

金融中心是商品经济高度发达的产物，它既是一个金融概念，也是一个地理概念。目前世界上主要有纽约、伦敦、香港、新加坡和上海等国际金融中心，这些金融中心的建设与发展引人深思。本研究选择纽约、伦敦和上海金融中心，从金融机构、金融市场、金融监管等方面，重点分析这三大城市的金融中心建设情况，厘清国内外城市金融中心建设的关键要素与经验，为成渝共建西部金融中心提供经验与借鉴。

3.1 纽约国际金融中心

3.1.1 基本概况

纽约国际金融中心的发展可以追溯到美国早期。纽约市凭借其战略位置和与欧洲的接近，成为贸易和商业的中心。纽约真正确立国际金融中心地位是在第二次世界大战结束后，美国大发战争横财，成为了欧洲国家最主要的债权国。1944 年布雷顿森林体系的建立，美元取代英镑成为国际主要货币，自此开始了美元的霸权时代。1963 年，美国出口占全球出口总额的 18.9%，进口总额占全球的 11.4%，自此美国成为世界上最大的贸易国，而纽约也成为新的国际贸易中心。

截至 2021 年末，纽约市共有 59 家商业银行、11 家储蓄银行、60 家信用社、19 家大型金融控股公司（资产规模超过 100 亿美元）等金融总部，另有 111 家外资银行分支机构和代表处。从资产规模看，美国前 50 大金融控股公司中有 13 家位于纽约州，总资产规模达到 10.98 万亿美元，占全部机构资产的 46.92%，由此可见作为金融中心的纽约金融资源集聚度之高。

纽约金融市场在全球金融资源配置中发挥着核心作用，按交易对象划分，主要包括外汇市场、股票市场、债券市场、商品期货市场等。外汇市场上，以纽约为主要代表的美国外汇交易量 2021 年全球占比达到 16.09%，仅次于伦敦。股票市场上，位于纽约的证券交易所股票市值 2021 年末达 52.24 万亿美元，占全球的比重为 42.2%；股票成交规模 102.38 万亿美元，占全球的比重为 47.45%。此外，纽约市场在石油等能源期货、黄金等金属期货以及其他部分衍生品的交易量也位居全球前列。

3.1.2 金融服务业与金融机构

1. 银行业

联邦存款保险公司（Federal Deposit Insurance Corporation，FDIC）的报告指出，2021 年美国银行业持续扩张，盈利能力较上年大幅上升。资产总量方面，2021 年末，银行业总资产达 23.7 万亿美元，同比增长 8.4%。其中，贷款和租赁总额为 11.25 万亿美元，同比增长 3.5%，各类贷款余额均有所增加。盈利方面，由于经济复苏以及信用环境的改善，2021 年银行业净收入较上年上升 89.5%，达 2793 亿美元。其中，银行业拨备费用下降 1633 亿美元（－123.4%），非利息收入增加 203 亿美元（7.2%），净利息收入增加 6.9 亿美元（0.1%）。从纽约市来看，截至 2021 年末，主要银行业机构总资产合计为 3.57 万亿美元。其中，联邦注册银行总资产合计为 5846 亿美元；州注册银行总资产合计为 2.99 万亿美元。

2. 证券业

证券业税前利润在 2020 年增长 81.2% 达到 509 亿美元，是历史第二高水平。与早前成本下降带来的盈利增加不同，自 2017 年起，证券业盈利增长主要来源于收入的增加，2020 年纽约证券业收入达到创纪录的 1986 亿美元，比

2019年增长17.4%。纽约市证券业2020年的快速发展势头延续至2021年。2021年上半年的税前利润总计310亿美元，同比增长12.5%，已经超越2019年全年的利润总额，是有记录以来第二高的半年利润额。利润的增长源自更低的利息支出和更多的佣金收入。

3. 保险业

根据纽约州金融服务局（Department of Financial Services，DFS）统计，截至2021年底，由其监管的保险公司超过1700家，总资产超过5.5万亿美元。其中，财产保险公司超过866家，总资产1.7万亿美元，保费总额4870亿美元；健康保险公司总资产652亿美元，保费总额553亿美元；寿险公司约640家，包括131家持牌机构，持牌机构总资产规模达到3.7万亿美元，保费总额约为2790亿美元。

3.1.3 金融市场运行

1. 货币信贷市场

纽约货币市场是纽约短期资金借贷市场，是全球主要货币市场中交易量最大的市场，包括联邦基金市场、定期存单市场、国库券市场、商业票据市场和货币市场互助基金等。在信贷市场上，根据FDIC统计，截至2021年末，纽约州银行机构总资产达16046亿美元。

2. 股票市场

纽约主要的股票市场包括纽约－泛欧交易所集团美国交易中心（NYSE Euronext US）纳斯达克市场（NASDAQOMX）等。纽约－泛欧交易所集团美国交易中心：它是世界上最大的证券交易市场。截至2021年末，纽约－泛欧交易所集团美国交易中心证券市场市值为27.69万亿美元，较上年末增长23%，排名第2位的纳斯达克证券市场市值为24.56万亿美元，排名第3位的上海证券交易所证券市场市值为8.15万亿美元，其股票市值与前两者之间存在较大差距。

3. 债券市场

纽约债券市场规模庞大、种类丰富。从债券市场交易量来看，美国债券市场交易十分活跃，是全球流动性最高的市场。2021 年美国债券市场日均交易量为 9554 亿美元。证券业及金融市场协会（Securities Industry and Financial Markets Association，SIFMA）的数据显示，2021 年末，美国债券市场存量约为 49.1 万亿美元，较上年末增长 5.7%。2021 年，美国债券发行量共为 13.44 万亿美元，较 2020 年上升 7.7%。

4. 外汇及利率衍生品市场

纽约外汇市场是全球最主要的外汇市场之一。参与者以商业银行为主，包括 50 余家美国的银行和 200 多家外资银行在纽约的分支机构、代理行及代表处。纽约各大银行与世界各地外汇市场 24 小时保持联系，国际的套汇和其他交易活动可立即完成。根据纽联储外汇交易委员会（Foreign Exchange Committee）统计，2021 年 10 月北美地区每日场外市场外汇交易量（含即期远期、外汇掉期、外汇期权）达 9894.17 亿美元。

3.1.4 金融监管

1. 银行业监管

美国有联邦和州政府两级银行业监管机构。联邦政府主要有五个监管机构：美国货币监理署（Office of Comptroller of Currency，OCC）、联邦存款保险公司（Federal Deposit Insurance Corporation，FDIC）、美国联邦储备体系（Federal Reserve System，FED）、储蓄机构监管署和（Office of Thrift Supervision，OTS）国家信用社管理局（National Credit Union Administration，NCUA）。除联邦之外州政府也设立银行监管机构，行使对银行体系的监管职责。

2. 证券期货业监管

美国各类证券市场及证券业主要由证券交易委员会（Securities and Exchange Commission，SEC）、美国金融业监管局（Financial Industry Regulatory Authority，FINRA）商品期货交易委员会（Commodity Futures Trading Commission，CFTC）以市政债券决策委员会（Municipal Securities Rule making Board，MSRB）等不同监管机构监管。证券交易委员会（SEC）的使命是保护投资者，维护公平、有序、高效的市场，并促进资本形成。美国金融业监管局（FIN-

RA）一直履行着其多年以来保护投资者、维护市场公平的职责，并不断对监管进行创新和实践。

3. 保险业监管

纽约保险业监管主要分为三个层面：一是州立法机关制定的保险法规；二是司法监督管理，主要由州立法院在保险合同双方发生纠纷后进行判定实现；三是行政监督管理。目前，纽约保险业监管主要由纽约州金融服务局（Department of Financial Services，DFS）承担。2021 年纽约市保险业监管基本制度框架变化不大，监管机构主要在一些具体的领域开展工作。

3.1.5　纽约国际金融中心经验与借鉴

1. 历史发展

在两次世界大战期间，依靠美国经济实力的膨胀及美元货币的霸主地位，纽约逐渐形成了国内金融中心。纽约凭借其地理位置优势和与世界各国的贸易，逐渐成为了国际贸易和世界商业中心，吸引了大量资本与金融机构的集聚，为其成为国际金融中心奠定了坚实基础。

2. 金融机构的集聚

大量的金融机构集聚推动纽约国际金融中心形成。大型商业银行、投资银行的集聚和国际证券交易所的建立，对纽约国际金融中心的形成起到了重要作用。如摩根大通、高盛和纽约证券交易所等金融机构在纽约市设立总部，吸引了世界各地的投资者和金融高级人才，为纽约创造了一个充满活力的国际金融市场。

3. 发达的金融市场

纽约市有全球最发达的金融市场体系。纽约证券交易所是全球最大的股票交易市场，2022 年末，证券市值超过 30 万亿美元。纽约货币市场是全球最大的货币交易市场，2022 年末，纽约银行机构总资产超过 1.7 万亿美元。纽约债券市场规模庞大、种类丰富，2022 年美国债券市场日均交易量超过 9500 亿美元。纽约外汇市场是全球最主要的外汇市场之一，包括 50 余家美国的银行和 200 多家外资银行在纽约的分支机构等。

4. 基础设施和连接性

纽约市的基础设施，包括交通网络、通信系统和法律框架，在国际金融中心的形成中起到了关键作用。纽约市完善的基础设施促进了资金、信息和人才的流动，吸引全球金融机构在该市开展业务。

5. 金融监管体系

美国政府建立了强大的监管框架，包括证券交易委员会（SEC）和其他监管机构，有助于培养对金融体系的信任和信心。透明和良好监管的环境吸引了国内外投资者，进一步巩固了纽约作为国际金融中心的地位。

3.2 伦敦国际金融中心

3.2.1 基本概况

伦敦作为英国的首都和政治、经济中心，具有悠久的历史和强大的国际影响力。从中世纪开始，伦敦就成为重要的贸易和金融中心，吸引了大量的商人和金融机构。伦敦金融城作为世界上历史悠久、规模最大的国际金融中心，云集了全球具有重要影响力的银行、证券、保险机构及辅助金融机构。伦敦金融城金融市场高度成熟，拥有全球最大的外汇交易市场和场外利率衍生品交易市场、全球第二大法律服务业、全球第三大银行部门，国际基金管理行业也在全球名列前茅。伦敦也是欧洲对冲基金、私募股权基金、私人银行、交易所交易衍生品中心。

伦敦的金融业高度集中于大伦敦 33 个自治区之一的伦敦金融城。2020 年，英国金融业对 GDP 的贡献率超过 10%，为各行业中最高。金融业为政府提供的税收高达 756 亿英镑占全国的 10.1%，并为英国带来 905 亿英镑的贸易顺差，占英国 GDP 的 4.2%，居各行业之首。英国金融业顺差总额名列全球第一，相当于排名第二和第三位的美国和新加坡的顺差总和。美国是英国金融服务出口的最大单一目的地，占出口总额的 34.2%，欧盟成员国的占比为 30.0%。

发达的金融和先进的相关专业服务为英国创造了大量的就业岗位。英国金融服务业的就业人数达到104.2万人，其中银行业38.2万人，保险业32.4万人，基金管理业6.3万人，其他金融服务业27.3万人。金融相关专业服务的就业人数达120.4万人，其中管理咨询行业46.5万人，财会类42.1万人，法律服务31.8万人。伦敦是金融及相关专业服务从业人员最集中的地区，人数高达75.7万人，占全国的33.7%。

3.2.2 金融服务业与金融机构

1. 银行业

伦敦是全球最大的国际银行业务中心。国际银行业务占所有银行业务的半壁江山，英资银行所持有的资产中约一半为海外资产。伦敦也是全球最重要的私人银行与投资银行中心。许多国际知名银行都在伦敦开展私人银行和投资银行业务。伦敦拥有超过200家外资银行，领先于纽约、巴黎、法兰克福等国际金融中心。

英国是全球最大的跨境银行业务中心，截至2021年第四季度，英国跨境银行贷款余额占全球总额的15%，跨境银行借款余额占全球总额的18%。英国拥有8000家银行及分支机构，约有38万人直接从事银行业工作。截至2021年第二季度，英国银行业总资产为14.3万亿美元，名列欧洲第一、全球第三仅次于中国（57.4万亿美元）和美国（21.5万亿美元）。

2. 证券期货业

截至2021年12月末，伦敦证券交易所集团共有1998家上市公司，总市值为3.80万亿美元。伦敦证券交易所集团拥有352家外资上市公司，全球排名第五。2021年，伦敦证券交易所集团电子订单交易达4.25亿笔，较2020年增长6.5%；交易额为7.71万亿英镑，较2020年增长81.3%。英国是全球衍生品交易的中心，多个国际领先的衍生品交易所集聚伦敦，其中包括全球最大的有色金属交易所——伦敦金属交易所（LME），欧洲最大的能源期货交易所——ICE欧洲期货交易所（ICE Futures Europe）。

3. 保险业

英国保险业是英国经济的重要组成部分，其规模名列欧洲第一、全球第四。2020 年，保险业向政府提供 160 亿英镑税收。此外，英国保险业管理着 1.7 万亿英镑的投资资金。截至 2021 年，在英国开展业务的保险公司达 450 家，其中 232 家为英国保险公司、218 家为欧洲其他国家保险公司设立的分支机构。英国是欧洲最大的保险资金与养老金来源地。2020 年，英国保险公司保费收入为 3383 亿美元，占全球的 5.4%。其保费排名位于美国（25306 亿美元）、中国（6559 亿美元）和日本（4418 亿美元）之后，居全球第四位。保险深度和保险密度分别为 11.1% 和 4523 美元，居全球前列。

3.2.3 金融市场运行

英国金融市场主要集中在伦敦，是世界上历史最悠久、规模最大、国际化程度较高的金融市场。伦敦金融市场不仅承载了大量的国际金融交易，还为全球资本流动提供了便捷渠道，对全球资本市场的运作和发展发挥着重要作用。

1. 货币信贷市场

英国货币市场的主要参与者包括银行、其他金融机构和非金融企业。交易类型分为担保交易和无担保交易。交易工具包括存贷款、商业票据、回购和大额可转让存单等。该市场作为英格兰银行实施利率政策和提供流动性的主要渠道，在传导货币政策和维护金融稳定方面发挥着重要作用。根据英格兰银行统计，2021 年第四季度，英格兰银行的日均回购交易量为 1232.45 亿英镑。2021 年末，英国金融机构向非金融企业贷款余额为 5262.34 亿英镑。

2. 股票市场

伦敦拥有欧洲最大的股票市场，伦敦证交所共分四个市场，分别是主板市场、另类投资市场、专业证券市场以及专业基金市场。截至 2021 年 12 月末，主板市场上共有上市企业 1127 家，其中本国企业 924 家、外国企业 203 家。总市值为 3.8 万亿英镑。伦敦证交所提供的证券交易类别广泛，包括英国股票、国际股票、ETF 与证券化衍生品、存托凭证（Depository Receipts）、债务、优先股、普通股认购权证（Equity Warrants）、打包证券单位（Package Units）和可转换证券等。

3. 债券市场

英国债券市场组成如下：

（1）政府债券。政府通过发行政府债券筹集资金。其中，英国市政债券服务局（Municipal Bonds Agency）协助各地政府以较低成本进行融资，所得资金主要用于基础设施和房屋建造等。

（2）其他英国固定利率债券，包括可转换债券、优先股及其他由公司、地方政府和银行发行的债券。

（3）国际债券。伦敦日益成为国际债券发行与交易的中心。截至2021年第四季度，英国的国际债券规模达3.4万亿美元，居世界首位，约占全球总量的12.2%。

（4）绿色债券。2021年，伦敦证交所共有105只绿色债券上市，筹集资金达520亿英镑。

4. 外汇市场

英国外汇市场在全球居领先地位，主要是场外市场，由即期交易、无本金交割远期、直接远期、外汇掉期、货币互换、外汇期权等市场构成。其主要参与者包括报告交易商、银行、其他金融机构和非金融机构等。2022年4月，英国外汇日均交易量达3.3万亿美元，较2021年4月增长11%。从货币来看，2022年4月，美元/欧元货币的交易最为活跃，日均交易额为9521亿美元。

5. 金融衍生品市场

英国的金融衍生品市场以种类丰富、交易活跃而闻名，其金融衍生品包括利率衍生品、外汇衍生品、大宗商品与股权衍生品和信用衍生品等，利率衍生品、外汇衍生品工具下又分为掉期、期权、期货和远期等。2019年，英国超过美国，再次成为最大的场外利率衍生品交易中心。截至2021年末，英国本地银行共持有金融衍生品总资产2.54万亿英镑，总负债2.50万亿英镑，净资产427亿英镑。

3.2.4　金融监管

1. 金融政策委员会

英国央行金融政策委员会（Financial Policy Committee，FPC）是2008年国

际金融危机后为改善金融稳定而引入的新监管体系的一部分，负责识别、监控并采取行动消除或降低系统性风险，以保护和增强英国金融体系的弹性。FPC的次要目标是支持政府的经济政策。FPC有两套权力——指导权力和推荐权力：金融政策委员会有权指示监管机构对一些具体的政策工具采取行动，还可以提出降低金融稳定风险的建议。

2. 货币政策委员会

货币政策委员会（Monetary Policy Committee，MPC）通过制定英格兰银行的货币政策以保持低通货膨胀和货币稳定。主要职责包括：维持物价稳定，支持政府经济政策，实现增长与就业目标。MPC由9名成员组成：央行行长，3位分别负责货币政策、金融稳定、市场和银行业的副行长，首席经济学家以及4位直接由财政大臣任命的外部成员。他们的职责是确保MPC充分了解财政政策发展和政府经济政策的其他方面，并确保财政大臣充分了解货币政策的意图。

3. 审慎监管委员会

审慎监管委员会（Prudential Regulation Committee，PRC）根据《1998年英格兰银行法》成立，同时根据2000年《金融服务与市场法》，PRC有权行使英国央行审慎监管的职能。PRC对总计1500余家银行、建筑协会信用联盟、保险公司和主要投行等机构进行监管。PRC的总目标是促进被监管公司的安全与稳健，确保公司开展业务的方式能避免对英国金融系统稳定性产生不利影响，为保险投资人提供保护，在合理的范围内，促进市场服务的有效竞争。

3.2.5 伦敦国际金融中心的经验与借鉴

1. 历史发展

伦敦作为英国的首都和政治、经济中心，具有悠久的历史和强大的国际影响力。从中世纪开始，伦敦就成为重要的贸易和金融中心，吸引了大量的商人和金融机构，发展到工业革命前期，伦敦就已经成为世界级金融中心，而伦敦城则是这个中心的硬核，绝大部分的金融机构都集中于此。

2. 金融机构的集聚

伦敦作为一个世界著名的国际金融中心，拥有大量外资银行，数量超过

200家，这一数字超过了其他国际金融中心，展现了其在全球金融领域的重要地位。除了外资银行外，伦敦也是全球最重要的私人银行与投资银行中心之一。私人银行在伦敦发展蓬勃，吸引了众多富裕客户和家族办理资产管理、财富传承等业务。投资银行则在伦敦集聚了大量金融专业人才和优秀的金融科技公司，成为全球投融资、并购重组的重要场所。被称为“银行之王”的英国中央银行——英格兰银行就位于伦敦金融城中心。

3. 发达的金融市场

英国伦敦是全球最大的外汇交易市场，交易外汇的品种和交易规模处于全球领先地位。伦敦证券交易所成立于17世纪，是世界上最古老的证券交易所之一。伦敦也是全球衍生品交易中心，多个国际领先的衍生品交易所集聚在此，如全球最大的有色金属交易所——伦敦金属交易易所（LME）。

4. 法律与监管制度

伦敦建立了健全的法律和制度，包括法律体系、金融监管机构和市场规则等。这些制度保障了金融交易的安全性和可靠性，吸引了国内外投资者和金融机构。英国有完善的金融监管体系，如金融政策委员会、货币政策委员会、审慎监管委员会等。

5. 人才和专业服务

伦敦拥有世界一流的金融人才和专业服务机构。伦敦的大学和专业学院培养了大量的金融专业人才，为金融中心提供了强大的人力资源支持。此外，伦敦还聚集了各类专业服务机构，如律师事务所、会计师事务所和咨询公司等，为金融交易和服务提供了全方位的支持。

3.3 上海国际金融中心

3.3.1 基本概况

上海市是中国直辖市、国家中心城市、超大城市、上海大都市圈核心城市、中国历史文化名城、世界一线城市。上海市基本建成国际经济、金融、贸易、航运中心，形成具有全球影响力的科技创新中心基本框架。

上海是中国的金融中心，有上海证券交易所、上海期货交易所、中国金融交易所、上海钻石交易所、黄金交易所、金融衍生品交易所、银行间债券市场、中国外汇交易中心、中国资金拆借市场、国家黄金储备运营中心、国家外汇储备运营中心、上海银清企业服务有限公司（银行间市场清算所股份有限公司）、中国人民银行上海总部（央行征信系统中心、支票节流数据处理中心）、中国四大银行（农行、中行、工行、建行）上海总部、各大外资银行大中华总部、中国反洗钱资金监控中心、中国保险交易所等不同种类的金融单位。上海金融法院获批成立，原油期货成功上市，中国人寿上海总部、建信金融科技等总部型功能性机构落户，人民币跨境使用范围也进一步拓展。

2022 年，上海市实现金融业增加值 8626.31 亿元，比上年增长 5.2%。2022 年末，上海市全市中外资金融机构本外币各项存款余额 192293.06 亿元，比年初增加 16463.21 亿元；贷款余额 103138.91 亿元，比年初增加 7106.78 亿元。2022 年，上海市金融市场交易总额达到 2932.98 万亿元，比上年增长 16.8%。上海证券交易所总成交额 496.09 万亿元，增长 7.6%。全年通过上海证券市场股票筹资 8477.18 亿元，比上年增长 1.7%；发行公司债和资产支持证券共 43217.07 亿元，下降 14.0%。至 2022 年末，上海证券市场上市证券 30110 只，比上年末增加 3121 只。

3.3.2 金融服务业与金融机构

1. 银行业

截至 2021 年末，上海市各类营业性银行业金融机构数量已达 4080 家，包括 3 家中资法人银行、18 家外资法人银行、3 家政策性银行上海分行、6 家大型银行上海市分行、1 家股份制商业银行上海分行、14 家城市商银行上海分行、4 家资产管理公司上海分公司、34 家持牌专营机构、14 家村镇银行、53 家银行金融机构（51 家法人非银行金融机构、2 家分公司）、78 家外资银行上海分行，3784 个支行及以下营业网点，以及 57 家自贸试验区分支行及其他金融机构。从业人员 13.7 万人。

截至2021年末，上海银行业金融机构资产总额21.31万亿元，同比增长10.91%，占全国的6.31%，各项贷款余额9.53万亿元，同比增长13.20%，占全国的4.82%，各项存款余额13.99万亿元，同比增长11.49%，占全国的6.55%；不良贷款余额772.28亿元，比年初增加110.09亿元，不良率0.81%，比年初上升0.02个百分点，比全国银行业1.82%的平均水平低1.01个百分点。2021年全年上海银行业累计实现净利润1610.13亿元，同比增长12.36%，比全国银行业10.29%的净利润增长水平高2.07个百分点。

2. 证券期货业

截至2021年末，上海共有证券公司31家（包括11家证券公司下属的资产管理公司），占全国140家的22.14%，证券公司分公司136家，证券营业部779家。此外，上海还有证券投资咨询公司18家，境外证券类机构上海代表处34家（含1家境外交易所上海代表处）。上海证券公司总资产2.28万亿元、净资产6071.9亿元、净资本4611.08亿元，同比分别增长17.33%、11.49%和10.42%。

2021年末，上海共有基金管理公司61家，占全国137家的44.53%；基金管理公司分支机构39家，基金管理公司专业子公司39家，基金评价机构3家，独立基金销售机构29家，基金第三方支付机构家。此外，在中国证券投资基金业协会完成登记的上海私募基金管理人共有4531家，占全国的18.41%。上海基金管理公司管理总资产规模（含公募基金、专户、年金、社保、养老金）约为11.2万亿元，私募金管理人管理私募基金3.53万只，占全国的28.46%，管理资产规模为5.1万亿元，占全国的25.65%，均居全国首位。

3. 保险业

2021年末，保险法人机构58家，省级保险分支机构108家。保险专业中介法人机构226家，分支机构286家。58家法人保险机构其中保险集团2家、财产险公司19家（其中自保公司1家）、人身险公司22家、再保险公司5家、资产管理公司10家，108家省级保险分支机构，其中财产险分公司53家、人身险分公司52家、再保险分公司3家，226家保险专业中介法人机构，其中保险代理机构105家、保险经纪机构83家、保险公估机构38家，286家保险专业中介分支机构，其中保险代理机构 109 家、保险经纪机构 147 家、保险公估机构 30 家。2021 年全年，上海保险机构资产总额 8327.67 亿元。保险公司原保险保费收入 1970.90 亿元。

3.3.3 金融市场运行

1. 货币市场

2021 年，货币市场规模稳中有进，市场高质量发展。银行间人民币货币市场全年发行、交易量合计 1186 万亿元，日均规模为 4.7 万亿元，同比增长 5%。其中，质押式回购全年成交 1040 万亿元，在人民币货币市场中占比 88%，规模较上年增长 9%，信用拆借和买断式回购交易量分别为 119 万亿元和 5 万亿元，同比分别下降 19% 和 33%，同业存单发行量为 22 万亿元，同比增长 15%，证券公司短期融资券发行量为 0.6 万亿元。外币货币市场全年成交 82.2 万亿元，同比增长 16.6%，其中外币拆借和回购全年分别成交 124 万亿美元和 2874 亿美元，同比分别增长 23.3% 和 135.7%。2021 年，银行间货币市场保持了总体平稳、稳中有进的高质量发展态势。

2. 债券市场

2021 年，银行间债券市场稳步发展，成交笔数大幅提升。银行间债券市场总计成交 224 万亿元，同比降低 6.6%。其中，现券成交 214 万亿元，同比下降 8%；债券借贷成交 10 万亿元，同比增长 35.5%。从交易笔数看，现券成交 425 万笔，同比增长 35%，表明市场交易精细化程度提升。从交易期限看，5 年期以下成交最为活跃，成交金额为 129.4 万亿元。上交所持续推进“一带一路”债券和熊猫债券发行，截至 2021 年底累计发行 71 只熊猫债券、16 只“一带一路”债券，债券发行规模达 1260 亿元人民币。

3. 股票市场

2021 年市场规模持续扩大，流动性水平整体上升。截至 2021 年底，上海市场共有上市公司 2037 家，其中，主板公司 1660 家科创板公司 377 家。股票数 2079 只，股票总市值 52.0 万亿元（见表 2.6），同比增长 14.1%，其中，主板市值 46.3 万亿元，科创板市值 5.6 万亿元。2021 年沪市累计成交额为

114 万亿元（日均 4691 亿元），同比增长 36%。其中，主板累计成交额为 103.5 万亿元（日均 4258 亿元），科创板累计成交额为 10.5 万亿元（日均 434 亿元），2021 年融资结构继续优化。沪市股总计筹资 8336 亿元，同比减少 8.9%。其中 249 家 IPO 筹资 3654 亿元，主板、科创板分别筹资 1625 亿元、2029 亿元，再融资 468 亿元。

4. 外汇市场

2021 年，外汇市场各品种交易规模均实现增长。银行间外汇市场（含外币货币市场）共成交 45.6 万亿美元，同比增长 25.3%。受益于进出口贸易持续增长，人民币外汇市场交投活跃，全年成交 31.3 万亿美元，同比增长 23.4%。其中，人民币外汇掉期交易仍占据主导，共成交 20.3 万亿美元，同比增长 24.4%，外汇即期成交 10.0 万亿美元，同比增长 19.4%，外汇期权成交 8934 亿美元，同比增长 57.7%，外汇远期成交 1089 亿美元，同比增长 4.3%，货币掉期成交 305 亿美元，同比增长 50.7%。外币货币市场交投活跃度续提升，全年成交 12.7 万亿美元，同比增长 24.7%，年内最高单日交易量超过 700 亿美元。境内外币对市场流动性进一步聚集，机制创新和市场推广的作用继续显现，全年成交 1.6 万亿美元，同比继续大幅增长 93.1%，连续年增速超过 50%。

3.3.4 金融监管

2021 年，上海市委市政府、上海证监局根据证监会党委的决策部署，认真履行维护上海资本市场稳定、推动市场改革创新的职责，牢牢守住不发生系统性风险的底线，把贯彻落实全面深化资本市场改革举措与支持浦东高水平改革开放、上海国际金融中心及人民城市建设等重要任务紧密结合，较好地促进资本市场发挥服务经济高质量发展效能作为主要任务。

持续健全风险防控体系，稳妥推进重点领域及重大个案风险处置。上海证监局更新年度风险防控工作方案，进一步提高风险监测覆盖面和精准度。充分利用金融委办公室地方协调机制、市经济领域防范化解重大风险工作协调机制以及市金融安全工作协调机制，强化关键风险信息的及时互通。

强化投资者宣传教育，着力营造资本市场良好法治环境。上海证监局加强新《证券法》《刑法修正案》等法律法规学习宣传，推动上海证券期货金融国际仲裁中心挂牌设立，在全国率先探索证券期货行业仲裁试点，推动将《上海市推进国际金融中心建设条例》修订列入市人大2022年立法工作计划。

强化资本市场功能发挥，推动上海国际金融中心打造升级。上海证监局参与制定《上海国际金融中心建设"十四五"规划》。配合市人民政府办公厅出台《关于加快推进上海全球资产管理中心建设的若干意见》。

3.3.5 上海金融中心建设经验与借鉴

1. 历史发展

历史上，上海一度是远东国际金融中心，20世纪30年代，上海作为亚洲地区国际金融中心盛极一时，其影响力远远超过当时的东京等其他亚洲城市。当时，全国主要中资金融机构总部集聚，金融市场国际影响十分显著，上海外汇市场的国际化程度、市场成交量都居于亚洲各国前列。新中国成立后，特别是1978年的改革开放翻开了中国历史发展的新篇章，在经济社会发展取得举世瞩目成就的同时，金融在经济社会发展中的重要性日益显著，上海历史性地承接了国际金融中心建设的使命。从20世纪90年代的顶层设计，到2009年正式作为国家战略提出，再经过多年持续精进，上海已经具有较为完备的国际金融中心的核心功能，确立了人民币金融资产配置和风险管理中心地位，成为推动人民币国际化的重要枢纽，形成了与服务实体经济和支持经济高质量发展较为适配的金融服务体系。

2. 金融机构的集聚

上海是国内外银行机构集聚地，拥有3家中资法人银行、18家外资法人银行，各类营业性银行业金融机构数量超过4000家。上海是拥有全国证券公司数量最多的城市，共有31家证券公司。同时，上海也是拥有全国保险法人机构数量最多的城市，保险法人机构58家，省级保险分支机构108家。

3. 发达的金融市场

上海是全国最大的金融交易市场，拥有上海证券交易所、上海期货交易所、中国金融交易所、黄金交易所、金融衍生品交易所、银行间债券市场、中国外汇交易中心、国家外汇储备运营中心等。2021 年，上海在“全球金融中心指数”（GFCI）的排名中处于全球第三。

4. 人才和专业服务

上海拥有全国一流的金融人才和专业服务机构。全国的财经类专业培养了大量的金融专业人才，为上海金融中心提供了强大的人力资源支持。此外，上海还聚集了各类专业服务机构，如律师事务所、会计师事务所和咨询公司等，为金融交易和服务提供了全方位的支持。

5. 政策支持

（1）支持一体化示范区建设。以“同城化”为重点，支持长三角生态绿色一体化发展示范区创新金融服务方式。

（2）深化自贸区及临港新片区金融改革。持续深化上海自贸试验区简政放权改革。拓展自贸区银行业务创新改革试验范围。

（3）支持全球资管中心建设。持续推进银行保险资管机构集聚。国内外一大批理财公司、总行级资金营运中心相继落地上海。

（4）推动金融支持制造业发展。上海银保监局切实贯彻落实银保监会关于制造业金服务工作部署，做好金融支持制造业工作。

3.4　对西部金融中心建设的启示

纽约、伦敦和上海等城市已经成为全球公认的国际金融中心，它们的成功不仅为全球金融市场的发展提供了动力和灵感，也为西部金融中心的建设提供了重要的启示。通过观察这些国际金融中心的发展路径，我们可以提炼出几个关键因素，对于培育和提升西部金融中心至关重要。

首先，纽约、伦敦和上海等国际金融中心之所以能够在全球金融体系中占据领导地位，一个非常重要的原因在于它们成功地构建了一个集中的金融环境。这样的环境不仅包括完备的金融市场和金融服务体系，更重要的是，它们能够吸引和聚集大量的金融机构和金融人才。对于西部金融中心而言，吸引金融机构和人才的策略显得尤为关键。这不仅有助于增加金融交易的深度和广度，也能够促进金融创新和金融服务的多元化，从而提高金融中心的整体竞争力和吸引力。

其次，国际金融中心的兴起和发展彰显了国际视野的重要性。纽约、伦敦和上海的案例表明，一个金融中心若想在国际舞台上取得成功，必须拥有全球化的视角和开放的态度。这意味着西部金融中心需要积极融入国际金融体系，通过参与国际金融合作的机会，增加自身的知名度和影响力。通过吸引国际金融机构落户、促进跨境金融交易及合作，加快金融开放步伐，西部金融中心能够不断提升其国际竞争力。

再次，纽约、伦敦和上海等地成功的经验还告诉我们，有效的政策支持和健全的法律监管框架是构建国际金融中心的基石。对于西部金融中心而言，建立和完善相应的政策和法律体系，为金融机构和金融活动提供稳定、透明、高效的运营环境至关重要。同时，政府应该积极出台激励措施，吸引国内外资本投资，为金融创新提供政策支持和资源配备。

最后，基础设施建设也是金融中心发展不可或缺的一环。纽约、伦敦和上海等城市拥有先进的金融和科技基础设施，这为金融交易的高效运作提供了必要条件。对西部金融中心而言，加强金融信息技术的应用和推广，提升金融服务的便利性和安全性，是提升竞争力的关键。

总的来说，纽约、伦敦和上海等国际金融中心的建设和发展，为西部金融中心提供了宝贵的经验和启示。通过聚焦金融机构和人才的引进，拓宽国际视野，优化政策环境与法律框架，加强基础设施建设，西部金融中心将有可能跻身国际金融舞台，成为具有重要影响力的金融中心。因此，西部金融中心的建设要包括市场性、机构聚集地和国际性三大核心要素。

3.4.1 市场性

在全球化快速发展的今天，国际金融中心的建设与维护成为测评一个城市金融发展水平的重要指标。作为国际金融中心的首要核心要素，市场性在金融业的发展中扮演着至关重要的角色。一个城市要成为资金的聚集地和输送中心，就必须提供标准化的金融产品和规范的交易规则。这样的市场环境不仅可以降低交易成本，还能吸引更多投资者和资金的流入，从而增强该城市的金融中心地位。市场性主要体现在金融市场的广度和深度两个方面，这两者共同决定了一个城市是否能成为真正的国际金融中心。

首先，从广度的角度看，市场性体现为金融市场能够提供丰富多样的标准化金融产品。例如，股票和债券是最基本的金融工具，一个成熟的金融市场应当具备一个全面且成熟的股票和债券市场，其中包括多种类型的股票与债券，能够满足不同投资者的需求和风险偏好。进一步地，衍生品如期货、期权和互换等高级金融工具，也是评估金融市场广度的重要因素。这些金融产品的多样性和全面性是衡量金融中心市场性的重要标准，同时，它们的存在也能提高市场的效率和流动性，为实体经济提供更多的风险管理工具和资金配置功能，推动经济的整体发展。

其次，市场性在金融市场深度上的体现则更为复杂。市场的深度主要由交易量和资本量两部分构成，决定了市场能否为大量的交易提供足够的流动性。一个深度充足的市场能够有效地吸收和分散大规模资金的流入与流出，防止市场因单一事件或操作而出现剧烈波动。此外，深度还与市场中参与者的多样性有关，一个成熟的金融市场应当吸引银行、基金公司、保险公司、养老金计划等多种金融机构以及个人投资者的参与。金融中心的深度越大，其处理大规模交易的能力就越强，市场的稳定性和抗风险能力也就越高。

再次，市场性的强弱还受到金融基础设施状态的影响。高效、现代化的金融基础设施，如交易和清算系统，是金融市场能否正常运作的关键。这些基础设施应具备高效处理大量交易的能力，保证交易的安全、快速和透明。同时，先进的信息技术系统对于现代金融市场的运作也极为重要，它们能够保证金融市场信息的即时性和准确性，帮助市场参与者作出更为明智的投资决策。

最后，监管体系也是市场性能否充分发挥作用的关键。透明而有效的监管环境不仅可以提升市场的公平性和公正性，防止市场滥用和欺诈行为，而且可以增强投资者的信心，吸引外国投资者参与。强有力的监管框架需要平衡监管与创新的关系，确保市场的稳定性同时激发市场活力。

国际金融中心的发展与构建是一个复杂的系统工程，市场性的充分展现是成功的关键。通过不断丰富金融产品的种类和提升市场的交易深度，结合现代化的金融基础设施和健全的监管体系，一座城市可以有效地提升其作为国际金融中心的竞争力。这不仅能够促进本地的经济发展，还能在全球经济中占据更为重要的位置。

3.4.2 机构聚集地

在全球化和信息化的当代，金融中心的构建成为衡量一个城市国际地位的重要指标。在这一过程中，"机构聚集地"无疑是一个关键的支持因素。有不少专家和研究表明，金融中心的吸引力在很大程度上取决于其能聚集多少金融机构，因为这些机构的集中为金融中心的繁荣和发展提供了强大的动力。机构聚集地对于国际金融中心的影响可以从微观和宏观两个层面进行深入探讨。

从微观角度来看，金融机构的密集聚集带来激烈的竞争环境。这种环境促使每个机构都必须通过内部管理优化、服务创新和成本控制等方式来提升自身的竞争力。在这种压力之下，金融机构不断寻找新的业务模式和技术创新，以保持其在激烈市场竞争中的领先地位。例如，许多银行和金融服务公司现在投资于人工智能和大数据技术，以提高其风险管理能力和顾客服务效率。这些创新不仅提升了机构自身的服务质量和操作效率，更推动了整个金融服务行业的前进。

金融机构的聚集也促进了协同创新的发展。机构之间通过建立各种联盟或合作模式，可以共享资源、信息和技术，从而产生协同效应。这种合作关系有助于金融机构开发新的金融产品和服务，更有效地满足市场需求。例如，传统银行与金融科技公司的合作，不仅加快了银行业务的数字化转型，还为客户提供了更多样化的金融服务选项，如在线支付、数字投资顾问等创新服务。

从宏观角度来看，金融中心的机构聚集地通过形成开放式的耗散结构，显著增强了金融系统的稳定性和适应性。在这种结构中，金融机构之间形成了一个复杂的、动态的网络关系。这个网络不仅有助于快速传播有关市场动态的信息，而且可以在面对外部经济冲击时，通过内部资源调配和风险共享机制减轻单一机构可能承受的打击。系统理论认为这种开放且动态的网络结构有助于系统自我组织和自我优化，从而维持系统的长期稳定与发展。

此外，机构聚集地通过提供大量的就业机会，有助于吸引高素质的金融人才。这些人才的聚集不仅进一步增强了金融中心的创新力和服务水平，同时也促进了金融思想和金融文化的交流与融合。金融从业者之间的互动和交流，增强了从业者对市场变化的敏感性和应变能力，这对于金融中心的长期繁荣至关重要。

总之，机构聚集地作为国际金融中心的核心要素之一，在推动金融中心发展以及增强金融市场活力和稳定性方面发挥着举足轻重的作用。通过激烈的市场竞争和密切的机构合作，聚集地不仅促进了资源的高效配置和金融产品的不断创新，还有助于金融系统的自我优化与适应，为全球经济的发展作出了积极贡献。

3.4.3　国际性

在全球化经济的大背景下，国际金融中心的建设和提升已成为衡量一个国家或地区在国际舞台上经济实力和影响力的重要标志。这种地位不仅代表着一个地区在全球金融体系中的重要性，还反映了该地区金融市场的成熟度、开放性和服务全球经济的能力。在这一过程中，国际性作为国际金融中心的第三核心要素，起着举足轻重的作用。国际性的提升是国际金融中心发展的必经之路，其重要性体现在多个方面。

首先，高度国际化的金融中心具备为全球其他国家提供本国金融产品和服务的强大能力。这一点尤为重要，因为它不仅代表着金融机构的国际竞争力，也体现了金融市场的综合实力和吸引力。一个金融中心的国际化程度越高，意味着它能够提供更广泛、更高质量的金融服务，包括各种银行业务、资产管理、保险及再保险服务等，充分满足国际投资者和公司的需求。此外，高度国际化的金融市场也意味着该国拥有较为健全和规范的金融制度，能为投资者提供一个更加透明、稳定和可靠的投资环境。

其次，在构建全球资本流动网络方面，高度国际化的金融中心起着无可替代的桥梁作用。通过与世界各地的金融中心建立紧密联系，高度国际化的金融中心能够促进全球资本的自由流动，有效配对供需双方，提高资源配置的效率。这种广泛的国际联系和合作不仅助力金融中心与其他金融中心共享信息、资源和最佳实践，同时也为交易双方提供了更多的选择和更佳的交易条件。在全球金融网络中扮演重要角色的金融中心，其辐射范围和影响力愈益显著，成为全球资本流动和资源配置的关键节点。

最后，国际性的高低直接影响金融中心在全球经济和金融市场中的角色和地位。国际性强的金融中心在国际事务中具有较大的话语权和影响力，能够积极地推动国际金融合作与发展，为国际经济繁荣和全球金融稳定作出重要贡献。通过引导资本流动、促进国际的经济交流与合作，国际性强的金融中心能够有效地促进资源的全球配置，推动世界经济的共同增长。

因此，对于立志成为国际金融中心的西部地区来说，积极借鉴纽约、伦敦、上海等世界一流金融中心的成功经验至关重要。这一过程中，西部金融中心需要坚持市场化改革，优化金融生态环境，推进金融科技的创新应用，全面提升金融市场的活力和核心竞争力。特别是要重视提升金融中心的国际性，通过加强国际交流合作，参与全球金融治理，不断扩大国际影响力，建立更加开放的金融市场体系，为全球客户提供全方位的金融服务。通过这些措施，西部地区能够在金融领域迎来更广阔的发展空间，进一步推动本地区乃至全球的经济发展和增长。

综上所述，国际性作为国际金融中心的核心要素之一，其提升对于金融中心的发展不仅增强了对全球金融产品和服务的提供能力，还加强了与世界各地金融中心的联系和合作，同时，在全球经济和金融市场中扮演着日益重要的角色。通过不断增强国际性，西部地区有望成为具备市场性、机构聚集地和国际性三大核心要素的内陆国际金融中心，为区域乃至全球经济的繁荣发展贡献力量。

第 4 章

西部金融中心金融生态发展现状及存在的问题

4.1 西部金融中心建设意义及战略定位

4.1.1 西部金融中心的建设意义

建设西部金融中心是党中央经略西部、推动区域协调发展的战略部署。推动成渝地区双城经济圈建设，是以习近平同志为核心的党中央着眼全局和长远发展谋划的重大战略，是推动“一带一路”、长江经济带发展、新时代西部大开发国家战略的“点睛之笔”，是解决我国发展不平衡不充分问题、推动形成优势互补高质量发展的区域经济布局的战略之举。推动成渝地区双城经济圈建设、建设西部陆海新通道等战略举措已写入党的二十大报告。建设西部金融中心，有利于推动打造东西双向互济、陆海内外联动的对外开放新格局，有利于形成强大战略后方、维护国家战略安全和经略周边的能力，对于打造经济增长新引擎、提升国家战略保障能力及推动区域协调发展具有重要的战略意义和现实意义。

1. 打造西部地区经济增长的新引擎

金融是经济的血脉，区域金融中心是金融机构集中、金融市场发达、金融信息灵敏、金融设施先进、金融服务高效的融资枢纽。区域金融中心一旦形成后，将会充分发挥其资金聚集、金融辐射的作用，带动周围经济协调发展，激发周围地区投资活力，扩展周边产业和贸易，从而实现一点带动一面的协同发展。西部金融中心是西部地区经济和金融发展的重要力量，它可以有效地促进西部地区的金融发展，改善区域金融发展不均衡的情况，同时也可以充分利用金融中心高度聚集资本、高效配置资源、降低交易成本、促进信息流通等功能，整体提升西部经济的质量和水平，促进我国成渝及周边地区经济的协调发展。

2. 促进全国经济发展趋于平衡的着力点

从东西部两个区域的经济资源来看，东西部区域的金融资源非常不平衡。无论是金融机构的存贷款规模，还是金融机构的数量，西部地区与东部地区都存在明显的差距。金融资源配置失衡，将导致金融发展失衡，从而对经济和金融的稳定和可持续发展产生不利的影响。如果以成渝两地构建西部金融中心，促进西部地区金融机构和资源的集聚，不仅有助于实现金融业的规模经济效应，还可以高效提升西部地区的金融效率；同时西部区域性金融中心的建成也有助于促进我国经济金融资源的合理分布、高效整合，以及经济发展空间的扩大，有利于改变我国经济金融资源长期不平衡的状况，对推动我国成为国际金融中心，成为金融强国，具有重大的意义。

3. 构建双循环新发展格局的有力举措

近年来，我国沿海地区的经济发展速度很快，几乎赶上了中等发达国家的经济发展水平，与我国西部地区的经济发展水平拉开了不小的差距，以成渝双城区域为代表的西部地区，无论是发展程度还是发展速度，都处于较低的阶段。成渝地区是“一带一路”倡议中的关键节点，既是促进国内经济顺畅流通的主要空间载体，同时又是国内外经济相互促进、共同发展的重要枢纽。所以，建设“西部金融中心”将对推动中国的金融改革开放从沿海走向内陆，建立从东到西、陆海联动的对外开放新模式，提升我国对全球经济金融资源的吸引力，对成渝地区更好服务于国内国际双循环发展具有重要的现实意义。

4.1.2 西部金融中心的战略定位

1. 重庆建设金融中心战略定位的演进

重庆作为西部金融中心的发展有一定的历史积累。第二次世界大战时期，随着我国东部、中部的沦陷，重庆曾成为全国性金融中心。1997 年 6 月，重庆正式成为直辖市，基于其较好的经济基础和金融基础，事实上发挥了其作为西部金融中心有限的金融聚集作用。2009 年 1 月，《国务院关于推进重庆市统筹城乡改革和发展的若干意见》正式将重庆定位为长江上游区域金融中心。新时代，党中央又对重庆经济金融发展提出新的要求。2016 年 1 月，习近平总书记视察重庆时，站在全局和战略的高度为重庆把脉定向，指出重庆发展潜力巨大。同年 12 月，《重庆市建设国内重要功能性金融中心“十三五”规划》进一步将重庆精确定位为国内重要功能性金融中心。近年来，重庆在建设金融中心过程中又提出“内陆国际金融中心”的自我定位。

重庆市金融改革发展“十四五”规划明确提出，到 2025 年，金融支柱产业地位稳步提升，金融体制机制更加优化，金融机构创新活力不断增强，金融开放程度显著提高，金融集聚力辐射力带动力显著提升，推动经济高质量发展能力显著增强，“六个中心”建设有序推进，“六大体系”更为成熟完善，西部金融中心初步建成，内陆国际金融中心的发展格局基本成型。2021 年 12 月，中国人民银行等六部委和重庆市人民政府、四川省人民政府联合印发《成渝共建西部金融中心规划》明确“建设立足西部、辐射东盟、服务‘一带一路’的内陆国际金融中心”。

梳理重庆建设金融中心的历史，从长江上游区域金融中心到国内重要功能性金融中心，再到内陆国际金融中心，重庆作为西部中心城市，其金融中心的事实定位和政策定位不断变化。目前，根据《成渝地区双城经济圈建设规划纲要》要求，将成渝建设成为立足西部、面向东亚和东南亚、南亚，服务共建“一带一路”国家和地区的西部金融中心，推动成渝地区加快双城经济圈建设、打造高质量发展重要增长极和新的动力源。

2. 西部金融中心的功能定位

（1）金融信息集聚功能。

金融中心的建立推动经济发展的内在机制在于自身具有的信息集聚功能。经济的发展离不开金融市场与金融机构的运作，而金融中心的建立正是金融机构高度集中、金融产业全面高质量发展、金融活动高效进行的统一体现。信息是影响金融市场和金融机构效率的重要因素，其作用机制体现在：金融信息的全面与否决定了金融市场价格、利率乃至汇率的反映效率，进而影响金融产业和金融活动的资金运营效率。因此，西部金融中心的建立就是要实现对金融信息的搜集、储存、传播及处理功能，充分发挥其信息产业发达的相对优势，最大化提高西部地区金融交易与资金运用的效益。

（2）存量资源再配置功能。

金融市场的重要功能之一即资源配置，而资源配置功能又可分为增量资源配置功能和存量资源配置功能。由于存量资源配置功能的可操作空间较小，金融市场的资源配置功能主要侧重于增量资源配置。但随着金融体系适应社会主义市场经济体制的改革，当前经济向“存量经济”转变，且形成与之匹配的“存量金融”，因此也应重视金融市场的存量资源配置功能的发挥。从经济学的角度出发，存量资源是指企业已经拥有的资源，包括固定资产、无形资产和递延资产等，在深化金融供给侧结构性改革发展的提出下，优化资金供给结构、盘活存量金融资源是提高资金效率、平稳金融运行的关键点。因此，西部金融中心的建设应响应政策号召，将其功能定位聚焦存量资源再配置，逐步完善金融体系，助力金融强国建设。

（3）创新与示范功能。

重庆是“一带一路”和长江经济带联结点，成都是我国西部地区金融业发展和金融机构聚集的核心承载区。2021 年，两地共同创建了中欧班列（成渝）号，这是一个由重庆和成都共同创立的全新中欧班列品牌，也是全国首个两地合作开行的中欧班列品牌。它开启了中欧班列发展的新篇章，也为成渝地区双城经济圈建设注入新动力。推进成渝共建西部金融中心，一方面可以有效结合两地经济优势，创新区域联动模式，实现二者协同发展；另一方面可以就我国金融市场现存问题展开试点研究，进一步完善相关政策制定，在金融业务处理、交易规章等方面起到带头示范作用。因此，西部金融中心的建设还应考虑到创新与示范的功能，全方位改善区域金融发展和金融资源分布不平衡等问题，带动各区域经济联动发展，打造促进全国经济发展趋于平衡的重要引擎。

3. 西部金融中心的战略定位

战略定位是建设金融中心的核心，只有正确精准的定位，才能在时代长流中屹立不倒，稳步前进。上海国际金融中心的建设也有其明确的定位，即建立一个符合我国经济发展，同时也能适应我国人民币国际化的金融中心。因此，在西部金融中心建设的前期，应抓紧明确好定位。《规划》指出，要把成渝打造成立足于西部，面向东亚、东南亚和南亚，为“一带一路”国家和地区提供服务的西部金融中心。因此，西部金融中心在“一带一路”地区确立了自己的地位，其作用和影响需要延伸到国内和国际市场。明确西部金融中心战略定位的意义在于指明打造西部金融中心的总体方向，说明成渝西部金融中心的建设应从促进金融机构体系完备、金融市场体系完善、金融开放体系国际化、金融创新体系高效这几方面着重入手。根据历史的经验，像重庆和成都这样的后发城市想要建设有影响力的金融中心，要善于结合自身已有的优势，与国内的大型国际金融中心实现功能差异化的错位发展，才能形成定位独特、具有城市自身特质、能长久稳健发展的金融中心。

4.1.3　西部金融中心的主要任务

2021 年 12 月 24 日，由中国人民银行、国家发展改革委、财政部、中国银行保险监督管理委员会、中国证券监督管理委员会、国家外汇管理局、重庆市人民政府、四川省人民政府联合印发的《成渝共建西部金融中心规划》中明确了建设西部金融中心的主要任务。

1. 加快形成具有竞争力的金融机构组织体系，增强金融创新活力和综合服务能力

（1）加快培育法人金融机构。支持符合条件的主体依法依规发起设立证券公司、理财公司、保险资产管理公司、公募基金管理公司等法人金融机构。支持符合条件的成渝地区法人金融机构利用永续债等方式补充资本。推动农村金融机构改革。

（2）引进境内外金融机构。支持内外资金融控股集团、银行保险机构在成渝地区发展。支持境内外金融机构在成渝地区设立后台服务中心。支持外资金融机构在成渝地区依法有序发起设立、参股控股银行、证券等法人金融机构，依法依规设立分支机构。鼓励国际多边开发金融机构设立服务共建“一带一路”、中欧班列和西部陆海新通道的业务拓展中心和运营管理中心。鼓励国际金融组织、境外交易所和东盟地区中央银行设立驻华代表机构。

（3）规范发展地方金融组织。支持重庆市和四川省完善地方金融组织监管体系，地方金融监管部门按照中央金融管理部门制定的相关规则，加强地方金融组织监管，完善相关监管细则，引导小额贷款公司、商业保理公司、融资租赁公司、融资担保公司等规范发展。支持完善政府性融资担保体系，优化风险分担机制。

（4）健全金融中介服务和专业服务体系。支持发展会计审计、法律咨询、资产评估等中介服务机构。鼓励发展金融数据处理、金融软件开发等服务外包产业。支持金融专业服务机构在符合规定条件下创新经营模式和服务业态，开展多元化经营。支持中外信用评级机构、全国性信用增进公司、资信评估公司等在成渝地区设立分支机构，支持设立市场化征信、信用评级、信用增进等法人机构，推广“信易贷”模式，推动信用融资产品和服务创新，研发适合西部地区的信用产品。

2. 构建具有区域辐射力的金融市场体系，增强金融资源配置能力和影响力

（1）推进金融市场一体化。推动在担保、不良资产处置、创业投资和私募股权投资等领域跨区域合作。在金融基础设施统筹规划建设与监管框架下推进区域金融市场建设。探索建设西部数据资产交易场所，在健全数据资源产权等基础制度和标准规范的基础上，建立大数据产权交易和行业自律机制。探索将现有相关交易场所升级为成渝一体化的知识产权和技术转让交易中心。在依法合规前提下探索建设跨区域政银企信息化平台。开展与上海黄金交易所、上海票据交易所战略合作，在业务落地、产品推广等方面积极探索。

（2）深化境内外金融市场互联互通。在中新互联互通示范项目、中日地方发展合作示范区框架下，研究建立资金互通机制，研究开展与新加坡、日本双向投融资，逐步扩大至共建“一带一路”国家和地区。探索成渝地区与新加坡、日本之间债券、基金、理财、票据等业务合作。支持新加坡、日本等国家符合条件的非金融企业在成渝地区开展股权、债权等融资。支持成渝两地融资路演平台与新加坡交易所、香港交易所等对接，实现跨境投融资信息互通共享。支持开展共建“一带一路”金融服务。

（3）优化区域多层次资本市场服务。支持上海证券交易所、深圳证券交易所和全国中小企业股份转让系统在成渝地区打造面向中西部的综合性服务窗口，发挥其培训、考试、地方政府债券招标、技术开发职能和部分监管职能。支持上海证券交易所、深圳证券交易所西部基地承接中西部地区在上海证券交易所、深圳证券交易所发行证券的路演。支持全国中小企业股份转让系统西南基地发挥市场宣传、企业培育、资源对接、培训交流、信息共享等综合功能，大力推动中西部中小创新企业在新三板挂牌。支持重庆开展区域性股权市场制度和业务创新，同步探索与新三板市场对接机制。支持成渝地区股权交易平台依法开展登记托管、交易品种等业务创新，研究探索创业投资和私募股权投资基金份额转让的可行性。建立辐射西部、共建“一带一路”共建国家的多层次资本市场合作机制，研究支持符合条件的境外投资者投资区域性股权市场。探索建设市场化债转股股权资产交易平台。在有效防范风险前提下，按程序将国际陆海贸易新通道公益性建设项目纳入地方政府专项债券支持范围。探索联合建设成渝银行间债券发行辅导平台，为共建“一带一路”国家和地区、中欧班列和西部陆海新通道相关企业和项目提供融资服务。支持符合要求的地方法人金融机构取得国内债券市场主承销商资格，支持符合条件的基金、证券公司等机构依法申请基金投资顾问资格。支持符合要求的地方法人银行业金融机构依法依规为各类主体参与柜台债券市场提供债券托管和结算服务。

（4）打造西部股权投资基金发展高地。支持开展私募基金管理模式创新试点，待条件成熟时，优先支持打造西部地区私募股权投资基金服务平台。鼓励以市场化方式设立私募股权投资基金，特别是创业投资基金，引导创业投资基金和天使投资人重点支持初创型企业和成长型企业。探索完善创业投资、私募股权投资退出机制，允许合格的资产管理产品在依法合规、商业自愿、风险可控的前提下投资创业投资基金或私募股权投资基金。支持以市场化方式设立服务实体经济的境内外私募平行基金、人民币海外投贷基金、技术并购基金，提升对外投资质量效益。在省市级产业发展投资引导基金框架下，研究设立招商引资子基金集群，定向投资拟引进的重大项目。支持市场化设立西部（国际）陆海新通道（私募）基金，加大对重大基础设施投资力度。在房地产长效机制框架下，支持住房租赁金融业务创新和规范发展。

(5) 促进成渝地区保险业协同发展。建立健全成渝地区保险监管协调机制、保险行业自律协调机制，统筹推进成渝两地保险监管协调、行业协作和市场协同。探索建立成渝地区保险理赔通赔通付制度，完善异地出险理赔流程，优化理赔查勘相互委托和结果互认操作。积极引入商业保险机构等社会力量参与基本医保的经办服务。支持保险机构投资成渝地区医疗和健康产业。支持成渝地区开展社商融合型普惠式健康保险试点，加快发展各类意外险和责任险。

3. 构建支持高质量发展的现代金融服务体系，助推国家重大发展战略实施

(1) 促进金融服务乡村振兴。深入实施金融支持乡村振兴战略。依法拓宽农业农村抵押质押物范围，加大对农业农村基础设施建设等领域的中长期信贷投放力度，鼓励创新开发适应农业农村发展、农民需求的金融产品。围绕建设成渝地区现代高效特色农业带，稳步推广价格指数、气象指数等农业保险产品。支持期货交易所研究上市成渝地区优势特色农产品的期货品种的可行性。加快“农贷通”等涉农金融服务平台在成渝地区的推广应用。完善农村产权交易服务平台，建设统一农村产权交易市场。在有效防范风险前提下，按程序将乡村振兴、农村产业融合领域符合条件的公益性建设项目纳入地方政府专项债券支持范围。

(2) 推进绿色金融改革创新。共同推动开展绿色金融改革创新。深化跨省市环境权益交易合作。依托成渝两地绿色企业（项目）库，打造绿色金融数字化发展平台。支持重庆、成都成为中欧绿色金融标准认定及应用试点城市，在碳排放计量和认证、零碳技术孵化与应用等方面加强与欧盟合作。推动与新加坡绿色金融合作，搭建联结重庆、成都与新加坡的环境权益交易与绿色金融服务有关平台，探索低碳领域跨境合作有效途径。鼓励金融机构将环境、社会和公司治理（ESG）及企事业单位的环保信用等级与环境信用信息纳入投融资决策。推动成熟的碳核算方法和成果在金融系统应用。推动金融机构、上市公司、发债企业按要求做好环境信息强制性披露。推动金融机构支持碳捕获、利用与封存（CCUS）等技术研发和实践应用，打造绿色技术创新高地。支持探索开展跨境绿色项目贷款。在符合政策前提下，支持地方法人金融机构在境外募集资金用于成渝地区绿色企业、绿色项目。鼓励绿色企业通过发行债券、上市等方式融资。鼓励相关企业投保环境污染责任保险。

（3）推进供应链金融和贸易融资创新发展。支持金融机构依法合规开发航运金融产品，开展仓单和应收账款质押贷款等业务。深化铁路运单和铁海联运“一单制”试点，研究探索解决铁路运单物权化凭证问题，扩大铁路运单在贸易结算融资业务中的运用，开展单证融资创新。支持保险机构开展物流相关保险，大力发展出口信用保险、国内贸易信用保险。支持建设跨区域物流金融数据库，与公共信息服务平台、物流贸易信息平台、国际贸易“单一窗口”互联互通。探索建设集境内外货物物联网监管、投融资对接及市场化融资增信服务于一体的“一站式”综合金融服务平台，支持在符合条件情况下，对接人民银行征信中心动产融资统一登记公示系统。对接上海票据交易所供应链票据平台，试点开展应收账款票据化、标准化票据、票据经纪、票付通等业务创新。依托现有交易场所开展跨境商品交易、物流交易及投融资对接，研究探索有关政策创新、规范衔接、模式创新。

（4）探索特色金融服务。规范发展消费金融，完善线上消费信贷场景，发挥好直销银行、消费金融公司、小额贷款公司等机构的功能，开发适应新消费趋势的金融产品和服务。支持消费金融公司在风险可控前提下多渠道融资，依法合规与境外金融机构开展合作。探索非银行支付机构稳妥拓展非现金支付应用领域，便利真实合规的经常项下交易跨境支付。支持成渝地区开展文化与金融相结合的创新试点，加大金融支持巴蜀文化旅游走廊建设力度，探索拓宽文化和旅游企业抵押质押物范围。鼓励金融机构为养老、托育、家政行业发展提供银行保险服务。支持符合条件的境内外金融机构在成渝地区设立普惠金融专营机构，创新普惠金融产品和服务。构建成渝地区普惠金融指标体系，大力发展数字普惠金融。

4. 建设服务高质量发展的金融创新体系，打造创新驱动发展新引擎

（1）深化科创金融产品和服务创新。推动西部（重庆）科学城、西部（成都）科学城、中国（绵阳）科技城开展科创金融先行先试，支持成渝地区符合条件的城市建设科创金融改革试验区。探索创建知识产权金融生态示范区。在成渝地区规范探索知识产权证券化。鼓励成渝地区银行业金融机构设立科技支行或科技金融专营机构。支持保险机构创新科技保险产品和服务，探索建立科技保险奖补机制，推广专利保险试点。支持成都加快建设基于区块链技术的知识产权融资服务平台。建立覆盖西部地区的科创企业信息共享平台，搭建科创项目评审公共服务中心。优化科创金融融资担保服务，适当提高政府性融资担保机构业务损失的风险容忍度，建立尽职免责制度，落实绩效评价指引要求，以政策效益、经营能力、风险控制、体系建设为正向指标，完善科创融资担保业务的正向激励机制。

（2）拓宽科创企业融资渠道。强化区域性股权市场与科创基金联动。探索研究适合科创企业和科技成果转化企业的挂牌交易规则，推动科技成果市场化估值和转化融资。支持成渝地区高新技术企业利用股权、知识产权开展质押融资。鼓励符合条件的金融机构和企业在债券市场发行创业投资基金类债券、双创债务融资工具、双创金融债券和创新创业公司债。探索科技型中小企业定向发行高收益债券。提升科创企业跨境投融资便利化水平。探索提升科技型中小企业外债便利化水平。支持境外私募基金参与成渝地区科创企业融资。支持创业投资基金跨境资本流动，便利科技创新行业收入跨境汇兑。

（3）打造中国（西部）金融科技发展高地。推进政务数据与金融数据融合共享。推动金融科技研究领先发展，开展金融科技领域基础、共性和关键技术研发以及重大应用试点示范，推进人工智能、大数据、云计算、区块链等金融科技领域研究成果在成渝地区率先落地应用。支持成都稳步推进数字人民币试点，开展数字人民币研究及移动支付创新应用，拓展数字人民币应用场景。支持在重庆建设国家金融科技认证中心。探索建设重庆区域性金融科技监管信息平台。规划建设中新金融科技合作示范区，落实国家金融科技应用和金融标准化创新试点。

5. 建设支持全球资本配置的内陆金融开放体系，提高服务国内国际双循环能力

（1）稳步推进人民币跨境使用。鼓励成渝地区在与共建“一带一路”国家和地区的对外贸易合作中使用人民币计价结算。支持成渝地区银行业金融机构按现行政策规定向境外符合条件的企业和项目发放人民币贷款，支持使用境外机构人民币银行结算账户（NRA 账户）办理境外项目人民币贷款。支持成渝地区金融机构与境内外金融机构联动，依法开发并投放面向国际市场的人民币金融产品，探索开展跨国企业集团本外币合一跨境资金池试点。支持境外投资者以人民币进行直接投资和参与境内企业股权、债权、大宗商品交易等。探索更高水平对非居民个人和非居民企业的人民币金融服务。

（2）稳妥创新跨境资本流动管理。在风险可控前提下，探索实施更高水平的贸易投融资便利化试点，积极推进川渝自贸试验区金融先行先试。在跨境直接投资交易环节，按照准入前国民待遇加负面清单模式简化管理，提升兑换环节登记和兑换的便利性。探索适应市场需求新形态的跨境投资管理，开展合格境内有限合伙人（QDLP）、合格境外有限合伙人（QFLP）业务试点。支持成渝地区符合条件的机构申请合格境内机构投资者（QDII）、人民币合格境内机构投资者（RQDII）业务资格，将合格境内机构投资者主体资格范围扩大至境内外机构在成渝地区发起设立的投资管理机构，包括境内证券公司、基金管理公司等。在符合监管规定条件下，推动在成渝地区取消企业异地开立外债账户事前核准。试点企业境外上市外汇登记直接到银行办理。支持跨国企业在成渝地区设立全球资金管理中心或服务国际陆海贸易新通道的资金管理中心并依法成立财务公司，鼓励相关机构经批准进入银行间外汇市场交易。支持符合条件的财务公司、证券公司等非银行金融机构获得结售汇业务资格，依法合规开展外汇即期及衍生品交易。放宽外商投资设立投资性公司的要求。

（3）有序推进跨境金融业务创新。探索开展跨境资产管理业务试点，提升跨境证券投融资汇兑便利水平。支持符合条件的证券期货经营机构开展跨境业务。支持符合条件的金融机构依法开展跨境贷款、跨境发行债券、跨境投资并购、跨境证券投资、跨境资金集中运营等跨境金融服务。允许符合要求的金融机构成为合格境外投资者投资境内证券期货市场的托管人。在符合条件情况下，探索成渝地区征信评级产品与境外实现互认，支持境外评级机构的境内全资或控股子公司依法依规开展境内评级业务，鼓励境内评级机构积极拓展国际业务。支持符合条件的融资租赁企业通过境外借款、境外发行债券、资产证券化等方式拓宽融资渠道。支持成渝地区法人金融机构按监管规定在东盟国家争取境外保荐上市、发行债券等业务牌照资格。支持外国人才个人外汇收支便利化，便利境外赴成渝地区的游客境内小额支付。扩大跨境金融区块链服务平台试点，在依法合规、风险可控前提下，结合实际需求，研究探索在区块链服务平台上推出更多改善中小企业金融服务、支持国际陆海贸易新通道建设的应用场景。探索建立统一的跨境电商金融服务平台。

6. 建设法治透明高效的金融生态体系，营造安全、稳定的金融发展环境

（1）加快推进金融法治建设。结合地方金融监管实际和防范处置金融风险需要，完善地方金融监管法规制度。健全金融审判体系，研究设立金融法庭、破产法庭和金融法院。完善网络司法维权，探索建立在线审判机制，实现互联网金融纠纷批量线上审理，提高司法效率。建立与国际接轨的跨境金融法律服务体系，探索通过司法裁判妥善解决国际贸易中新类型金融纠纷。建立跨地区金融纠纷非诉调解机制（ADR），探索建立成渝地区调解与仲裁、诉讼的对接机制以及集体诉讼制度，健全金融消费者和投资者合法权益保护制度。建立成渝地区司法安全联动合作会议，构建联合惩戒制度，加大对恶意逃废金融债权、违法违规金融活动的惩罚力度。发展行业自律组织，加强行业协会等自律组织建设，提升行业自律管理水平。

（2）持续优化金融发展环境。探索在国际金融业务拓展、动产权益抵押、投资者合法权益保护、金融人才流动等方面，合理借鉴国际规则和风险管理政策。支持川渝自贸试验区内的交易场所在会员、交易、清算、交割、反洗钱等方面，在符合我国法律法规政策规定基础上，探索建立与国际惯例接轨的规则和制度。切实推动成渝地区金融“放管服”改革，进一步落实公平竞争审查制度，加快清理废除妨碍统一市场和公平竞争的各种规定和做法，持续深入开展不正当竞争行为治理，优化营商环境。

（3）有效防范化解金融风险。构建适应成渝地区的金融监管协调机制，加强中央金融管理部门驻成渝机构与地方金融监管部门在信息共享、风险处置和消费者权益保护等领域的协调配合。加强跨区域、跨行业、跨市场的金融监管合作。完善成渝地区金融风险监测体系，建立金融稳定信息共享合作机制，搭建金融风险信息共享平台，强化金融风险联防联控。加强对重点金融风险摸底排查，防范局部金融风险跨区域、跨行业、跨市场蔓延。完善金融风险突发事件应急管理处置机制和协同处置机制，确保地方政府风险可控、不变相新设地方融资平台公司、不新增地方政府隐性债务，坚决守住风险底线。建立成渝地区反洗钱监管信息交流机制和风险评估机制。探索建立川渝自贸试验区本外币一体化跨境资金流动预警监测和协调联系机制。积极创建防范非法集资示范区。

（4）加强清廉金融文化建设。发挥成渝地区高校密集的优势，建设全国清廉金融教育基地，试点开展清廉金融文化进校园活动。督促金融机构开展清廉金融文化建设。依托重点院校建立清廉金融文化研究平台。金融监管部门、金融机构、社团组织和研究院校四方联动，深入开展清廉金融文化建设。

7. 推动金融基础设施互联互通，夯实西部金融中心建设基础

（1）建立适应改革创新的多功能开放账户体系。开展本外币合一银行结算账户体系试点，探索开展与川渝自贸试验区建设相适应的本外币合一银行结算账户业务。推动账户制度改革和创新工作在成渝地区先行先试。研究境外投资者用一个境外机构人民币银行结算账户处理境内证券投资事宜。

（2）协同推进支付体系一体化建设。探索移动支付跨区域协同发展路径，推动移动支付在成渝地区公共服务领域互联互通。拓展移动支付使用范围，提升境外人员在境内使用移动支付便利化水平。建立联合打击支付领域违法犯罪联防机制，服务实体经济发展和群众高品质生活。

（3）加强信用体系基础设施互联互通。大力发展征信、信用评级市场，推动成渝地区信用体系一体化、市场化建设，在行业政策制度体系框架下，逐步形成统一的区域信用政策制度和标准体系。推动成渝地区地方征信平台互联互通，建立信用信息共享机制，依法加大信用信息归集、共享和开发利用力度。推动地方资产管理公司等地方法人金融机构接入人民银行征信系统。

（4）安全有序推进金融统计数据共建共享共用。加大成渝地区金融统计基础设施建设投入，推动成渝地区金融综合统计数据共享，提升成渝地区金融统计数据处理能力。

（5）支持全国性交易所和金融机构在成渝地区设立交易系统和数据备份中心。支持有条件的期货交易所在成渝地区设立交易系统备份中心、研发中心和业务分中心。支持上海票据交易所在成渝地区设立分中心或灾备中心，辐射西南地区票据业务。鼓励和支持境内外金融机构在成渝地区建设信息化平台、信息服务中心和数据备份中心。

4.2 成渝金融生态现状分析

4.2.1 金融产值

金融业的增加值是衡量一个地区金融活动规模和活跃性的一个重要指标。通过分析金融业的增加值，可以直观地了解到该地区的金融资源配置和经济发展水平。增加值越高，通常意味着金融机构在该地区的投资与服务越多，反映出金融市场的成熟度和竞争力。同时，金融业务的活跃程度也能直接体现在增加值的变化上，活跃的金融市场能够吸引更多的投资和业务交易，从而推动区域经济的进一步发展。因此，金融业增加值不仅是金融行业自身发展的重要体现，也是区域经济健康和活跃度的重要标志。

由表4.1中的数据可知，截至2022年底，重庆和成都的金融业增加值都约为2500亿元，且在2017～2022年均在逐步提高。但是，从表4.2中分析可以得出，2022年底北京和上海的金融增加值分别约为8061亿元和8434亿元，成渝两地在金融产值方面与北京、上海等地区还存在不小的差距。其次，金融业的增加值占GDP的值可以反映金融业对经济的贡献。由比值来看，成都的金融业对经济的贡献度均大于重庆，说明成都的金融业对经济的促进作用更加明显，但相较于北京、上海而言还有所差距。具体来看，重庆的金融业增加值虽在逐步提升，但是在2019～2022年增加的速度跟不上地区生产总值的增长速度，导致金融业的增加值占GDP的比值年均低于2017年的水平，成都部分年限也有同样的结果。最后，金融业从业人数为金融市场奠定坚实的人才基础。由以上数据可知，重庆的金融业从业人数较多，可能是由于重庆的常住人口数量基数较大，且重庆在2020年出现了较大的数量增长，为重庆的金融发展带来了更丰富的人才资源；而成都的金融业从业人数变化就较为平均。但成渝地区和北京、上海的金融业从业人员相比还有一定差距，这可能是因为北京、上海地区的金融发展更早、程度更深、从事金融方面人员更多。

表 4.1 重庆、成都金融产值与从业人数①

项目	重庆			成都		
	金融业增加值/亿元	金融业增加值占 GDP 的比重/%	金融业从业人数/万人	金融业增加值/亿元	金融业增加值占 GDP 的比重/%	金融业从业人数/人
2017	1642.6	9.35	16.91	1415.6	11.63	12.23
2018	1938.9	9.5	14.4	1729	11.3	12.7
2019	2088	8.8	18.2	1893.7	11.1	12.5
2020	2212.8	8.9	34	2114.8	11.9	14
2021	2459.8	8.8	28.9	2271.6	11.4	15
2022	2491	8.55	34.92	2445.2	11.75	15.64

表 4.2 北京、上海金融产值与从业人数

项目	北京			上海		
	金融业增加值/亿元	金融业增加值占 GDP 的比重/%	金融业从业人数/万人	金融业增加值/亿元	金融业增加值占 GDP 的比重/%	金融业从业人数/人
2017	5299.6	17.73	54.4	5334.5	16.2	34.2
2018	5951.3	17.98	54.7	5901.9	16.39	33.4
2019	6544.2	18.46	64.5	6535.2	17.2	37.9
2020	7057.1	19.63	62.8	7216.2	18.52	29.7
2021	7683.1	18.72	61.1	8025.2	18.38	32.4
2022	8061.6	19.41	58.6	8434.3	18.82	34.8

① 银行法人机构主要包括大型商业银行、国家开发银行和政策性银行、股份制商业银行、城市商业银行、城市信用社、小型农村金融机构、财务公司、信托公司、邮政储蓄、外资银行、新型农村机构以及其他。

数据来源于《重庆统计年鉴》《成都统计年鉴》《上海统计年鉴》《北京统计年鉴》，以及各市的年度金融运行报告、国民经济和社会发展统计公报。

4.2.2 金融机构

截至2022年12月底，成渝地区共有126家法人银行，9家法人保险机构，5家法人证券机构，5家金融租赁公司，4家信托公司，4家消费金融公司，1家汽车金融公司（见表4.3）；北京、上海地区的法人银行机构数分别有124家和205家，法人保险机构分别有22和59家，法人证券机构分别有18和31家（见表4.4），均远多于成渝地区的数量，可以看出成渝地区的银行业、保险业和证券业均与北京、上海还有一定差距。总体来看，成渝地区金融机构门类齐全，数量也位于西部地区前列。逐步形成了以银行机构为主，证券、保险机构为辅，消费金融公司、信托公司等金融相关机构为一体的金融机构体系，为成渝金融业务的开展奠定了坚实的基础。但对比可以发现成都和重庆本地的法人金融机构数量发展不太均衡，证券法人机构分别为4家和1家，银行和保险的法人机构数量大大超过了证券行业，说明证券业和保险业体量较小，发展较慢，金融机构种类发展不均衡。

表4.3 重庆、成都法人金融机构数量

项目	重庆			成都		
	银行法人机构数量/家	保险法人机构数量/家	证券法人机构数量/家	银行法人机构数量/家	保险法人机构数量/家	证券法人机构数量/家
2017	56	5	1	67	3	4
2018	55	5	1	68	3	4
2019	55	5	1	67	4	4
2020	57	5	1	67	4	4
2021	58	5	1	70	4	4
2022	56	5	1	70	4	4

表4.4 北京、上海法人金融机构数量

项目	北京			上海		
	银行法人机构数量/家	保险法人机构数量/家	证券法人机构数量/家	银行法人机构数量/家	保险法人机构数量/家	证券法人机构数量/家
2017	118	68	18	207	55	20
2018	120	45	18	212	53	25

续表

项目	北京			上海		
	银行法人机构数量/家	保险法人机构数量/家	证券法人机构数量/家	银行法人机构数量/家	保险法人机构数量/家	证券法人机构数量/家
2019	121	45	18	211	57	27
2020	226	45	17	212	57	30
2021	124	44	18	207	58	31
2022	124	22	18	205	59	31

4.2.3　金融市场

银行业是金融市场发展水平的重要标志，是西部金融中心建设的中坚力量，为经济金融发展提供坚实的资金保障。截至 2022 年底，成渝共有 198 家银行机构，32 家外资分行。其中，重庆有银行机构 114 家，外资分行 15 家，数量位居中西部第一。成都有银行机构 84 家，外资分行 17 家，位于西部地区前列。重庆与成都已形成以国有银行为主体，股份制银行、本地银行和外资银行为补充的多元化银行分布格局。由表 4.5 中的数据可知，重庆和成都的存贷款规模相差不大，且存贷款余额均在逐步递增，2022 年底，成渝的存贷款规模总体上均已超出 2017 年近 15000 亿元，说明成渝的银行业实力得到增强，信贷规模不断增大。由表 4.6 中的数据可知，北京和上海地区的存贷款规模是成渝地区的 3 倍及以上，说明成渝地区和北京、上海的银行业发展还存在较大差距。

表 4.5　　重庆、成都银行业存贷款余额

项目	重庆存贷款余额		成都存贷款余额	
	存款余额/亿元	贷款余额/亿元	存款余额/亿元	贷款余额/亿元
2017	34853	28417	34423	28359
2018	36887	32248	37826	32637
2019	39483	37105	39828	36464
2020	42854	41909	43655	41148
2021	45908	46928	47968	46425
2022	49567	50052	53189	53053

表 4.6　北京、上海银行业存贷款余额

项目	北京存贷款余额		上海存贷款余额	
	存款余额/亿元	贷款余额/亿元	存款余额/亿元	贷款余额/亿元
2017	144086	69556	112462	67182
2018	157092	70484	121112	73272
2019	171062	76876	132820	79843
2020	188082	84309	155865	84643
2021	192104	86076	163819	88260
2022	212447	95497	180628	96493

作为西部城市的领头羊，重庆和成都保险市场规模也发展迅速。首先，保费收入是保险公司为履行保险义务而收取的保险收入，用于衡量一个地区保险业务的开展程度。重庆在 2017～2022 年的保费收入总体呈向上增长的趋势，截至 2022 年底，重庆保费收入约 981 亿元，其中 227 亿元来自财险，754 亿元来自寿险（见表 4.7）。由于 2017 年保监会发布《关于规范人身保险公司产品开发设计行为的通知》，迫使成都保险机构对寿险进行快速调整，这无疑影响了寿险的保费收入，因此 2018 年和 2021 年成都的保费收入略有下降。到 2022 年底，成都的原保险保费收入约为 1061 亿元，其中 348 亿元来自财险，713 亿元来自寿险。在全国来看，成都的保费收入在近年来仅次于北京、上海等一线城市（见表 4.8）。其次，保险深度可以衡量区域内保险业对经济影响程度的一项重要标志。由此可见，成都的保险业占国民经济的份额较重庆而言更大，对经济的推动作用越明显。最后，保险密度被定义为一个区域内的人均保费收入，它能够客观地体现区域内保险渗透率的高低。由数据可知，重庆的保险密度在逐年递增，说明重庆地区的保险意识有所提升，人均可支配收入的提高也刺激了保险业的发展。成都的保险密度从 2019 年到往后三年开始逐年递减，可能与成都 2016 年开始的先后下调失业保险费率、工伤保险行业基准费率等三项费率的措施有关。

表 4.7　重庆、成都保险业概况

项目	重庆保险业概况			成都保险业概况		
	保费收入/亿元	保险深度/%	保险密度/元每人	保费收入/亿元	保险深度/%	保险密度/元每人
2017	745	3.8	2422	952	6.9	5935
2018	806	3.9	2599	927	6	5677

续表

项目	重庆保险业概况			成都保险业概况		
	保费收入/亿元	保险深度/%	保险密度/元每人	保费收入/亿元	保险深度/%	保险密度/元每人
2019	916	4	2933	1037	6.1	6257
2020	988	3.5	3081	1045	5.9	4990
2021	970	4	3018	1005	5	4740
2022	981	3.4	3053	1061	5.1	4989

表 4.8　　北京、上海保险业概况

项目	北京保险业概况			上海保险业概况		
	保费收入/亿元	保险深度/%	保险密度/元每人	保费收入/亿元	保险深度/%	保险密度/元每人
2017	1972.96	6.6	8993	1587.19	4.82	6436
2018	1793.2	5.42	8181	1406.25	3.9	5682
2019	2076.45	5.86	9482	1720.01	4.53	6933
2020	2302.91	6.41	10520	1864.99	4.79	7496
2021	2526.93	6.16	11544	1970.9	4.51	7918
2022	2758.49	6.64	12630	2095.01	4.68	8465

证券业是现代金融体系的重要组成部分，也是建设西部金融中心的关键。截至 2022 年底，重庆市共有 254 家证券经营机构，包括 1 家总部证券公司、200 家证券营业部和 53 家证券分公司；境内上市公司 70 家，其中本地 A 股上市公司为 68 家，总股本 1010.08 亿股，股票总市值 9347.16 亿元。成都的证券期货机构共计 305 家，其中包括证券总部公司 4 家、分公司及营业部 279 家，期货公司及期货营业部 29 家，基金公司分公司 16 家，证券投资咨询公司 3 家。本地 A 股上市公司数量 114 家，新增 16 家。

2022 年全年，股票市场上市融资额为 367.8 亿元，证券交易额为 17.1 万亿元，比前一年增长 9.6%。由上述数据可知，重庆和成都的本地 A 股市场累计融资额在 2017 ~ 2022 年均逐步增长，截至 2022 年底，已分别累计达 2323 亿元和 2375 亿元（见表 4.9），说明重庆和成都资本市场活跃程度稳步提升。但是相比于北京、上海的 12798 亿元和 28694 亿元（见表 4.10）累计融资额来看仍存在非常明显的差距，说明成渝两地的直接融资市场发展还有很大空间。

表 4.9　　重庆、成都证券业概况

项目	重庆证券业概况		成都证券业概况	
	本地 A 股市场累计融资额/亿元	本地 A 股上市公司数/家	本地 A 股市场累计融资额/亿元	本地 A 股上市公司数/家
2017	1385	46	1375	70
2018	1407	54	1617	99
2019	1556	57	1660	87
2020	1807	62	1867	97
2021	2092	63	2007	101
2022	2323	68	2375	114

表 4.10　　北京、上海证券业概况

项目	北京证券业概况		上海证券业概况	
	本地 A 股市场累计融资额/亿元	本地 A 股上市公司数/家	本地 A 股市场累计融资额/亿元	本地 A 股上市公司数/家
2017	8592	306	15274	204
2018	8719	316	16139	287
2019	9406	334	17983	308
2020	10375	381	21460	343
2021	11363	424	25105	390
2022	12798	460	28694	422

4.2.4　经济环境

对于经济环境而言，成都、重庆两地的经济总量在 2021 年分别为 1.99 万亿元和 2.81 万亿元，实际增速高达 8.6% 和 8.3%，在全国分别排名第七名和第五名，具有强劲的势头。在 2022 年成渝两地的生产总值分别高达 2.08 万亿元和 2.91 万亿元，但出现了增速放缓的趋势，分别为 2.8% 和 2.6%。具体来看，人均地区生产总值在某种程度上更能反映一个地区的富裕程度和经济发展水平。由表 4.11 中的数据可知，重庆和成都人均 GDP 在 2017 ~ 2022 年均呈上升趋势，且均高于西部地区的其他城市，说明近年来成渝的经济状况在逐步向好发展。然而横向对比来看，成都人均 GDP 的水平较重庆而言较高，但与

表 4. 12 中北京、上海两个城市的数据相比还较低，说明成都与具备全国性金融中心的发达城市还存在一定差距；重庆的经济总量较高，但人均 GDP 较低，可能跟重庆拥有更高数量的人口有着一定的关系。地区 GDP 增速能客观地反映地区的经济增长水平。由表 4. 11 中数据可知，成都和重庆的地区 GDP 增速都维持在 10% 以内的水平。在 2020 年间两地都出现了相对明显的低增长速度，可能是受 2019 年底全国大规模疫情的影响，对经济造成了一定的抑制。每年的进出口总额可用于估计该地区的对外贸易活跃情况。由此可见，成都和重庆在 2017～2021 年的进出口总额数量稳步增长，2022 年略微下降，截至 2022 年底，重庆进出口总额以美元计算为 1142. 15 亿美元，其中，进出口额分别为 407. 83 亿美元和 734. 32 亿美元；成都进出口总额高达 1168. 47 亿美元，其中进出口额分别为 467. 75 亿美元和 700. 72 亿美元，说明近年来成渝的对外贸易发展强劲。从表 4. 12 中可知北京、上海地区 2022 年底的进出口总额分别高达 5460. 9 亿美元和 6258. 1 亿美元，因此成渝地区相较于北京、上海两地的对外贸易发展情况差距还较大。

表 4. 11　成渝经济环境现状

项目	重庆			成都		
	人均地区生产总值/元	地区生产总值增速/%	当年进出口总额/亿美元	人均地区生产总值/元	地区生产总值增速/%	当年进出口总额/亿美元
2017	63412	9. 3	627. 71	73770	8. 1	409. 85
2018	65650	6	789. 9	80503	8	753. 7
2019	75555	6. 3	839. 6	84584	7. 8	830. 6
2020	78002	3. 9	941. 8	85679	4	1037. 2
2021	86832	8. 3	1238. 3	94622	8. 6	1274. 5
2022	90663	2. 6	1142. 15	98149	2. 8	1168. 47

表 4. 12　北京、上海经济环境现状

项目	北京			上海		
	人均地区生产总值/元	地区生产总值增速/%	当年进出口总额/亿美元	人均地区生产总值/元	地区生产总值增速/%	当年进出口总额/亿美元
2017	136172	10. 51	3240. 17	133489	10. 16	4761. 97
2018	150962	10. 79	4124. 88	145767	9. 38	5156. 8

续表

项目	北京			上海		
	人均地区生产总值/元	地区生产总值增速/%	当年进出口总额/亿美元	人均地区生产总值/元	地区生产总值增速/%	当年进出口总额/亿美元
2019	161776	7.07	4164.57	153299	5.49	4939.05
2020	164158	1.41	3364.78	156803	2.57	5038.31
2021	187526	14.2	4709.9	175420	12.04	6285.2
2022	189988	1.21	5460.9	180536	2.65	6258.1

4.2.5 社会环境

社会环境代表地区的社会竞争力，会影响该地区的资源吸引力度。近年来，重庆和成都纷纷加强社会环境的治理和基础设施的建设，为西部金融中心的建设添砖加瓦。首先，在医疗事业方面，成渝加强对执业医师数的培养和吸引，使得2017~2022年，成渝的每万人拥有的执业医师数逐年增长。截至2022年末，重庆共有医疗卫生机构22261个，每万人拥有的执业医师数约29人；成都共有各级各类医疗卫生机构12415个，每万人拥有的执业医师数约38人；北京共有医疗卫生机构10897个，每万人拥有的执业医师数约53人；上海共有医疗卫生机构6404个，每万人拥有的执业医师数约35人。其次，高校在校生人数越多，该地区聚集的人才资源也就越多。成渝两地有着天然的地理位置优势以及国家的政策支持，大力加强高等学校资源的建设，提供了良好的人才培育环境。截至2022年底，重庆共有普通高等教育学校70所，在校生人数117.2万人；成都有65所高校，在校学生116.4万人，其中，本科专科生共103.5万人，研究生10.9万人，博士生2.0万人；北京共有普通高等教育学校92所，在校生人数62.66万人；上海共有普通高等教育学校64所，在校生人数55.48万人。从医疗和教育方面的对比来看，成渝地区较北京、上海的差距并不大，甚至在数量上超过该金融较发达两个地区，说明成渝地区的社会环境较为良好，有助于促进西部金融中心的构建。在交通基础设施建设方面，成渝近年来大力修建新地铁线路、高铁线路，不仅有效促进了成渝区域内的交通一体化发展，也积极开拓了和周边城市的交通互联，特别是成都地区，在2022年底其每百万人城市轨道交通里程公里数基本与北京、上海大致相当（见表 4.13、表 4.14）。

表 4.13　　成渝社会环境现状

项目	重庆			成都		
	每万人拥有的执业医师数/人	普通高等学校在校学生数/万人	每百万人城市轨道交通里程/公里	每万人拥有的执业医师数/人	普通高等学校在校学生数/万人	每百万人城市轨道交通里程/公里
2017	21.23	78.5	11.16	34.36	79.2	8.62
2018	22.2	86.4	10.4	36.3	81.7	13.8
2019	24.6	82.8	10.5	37.7	84	18.2
2020	27.7	99.9	10.7	32.7	103.9	31.1
2021	28.5	110	12	37.8	110.2	30.8
2022	29.44	117.2	14.41	37.9	116.4	26.24

表 4.14　　北京、上海社会环境现状

项目	北京			上海		
	每万人拥有的执业医师数/人	普通高等学校在校学生数/万人	每百万人城市轨道交通里程/公里	每万人拥有的执业医师数/人	普通高等学校在校学生数/万人	每百万人城市轨道交通里程/公里
2017	43	59.29	27.71	28	51.49	27.01
2018	46	59.49	29.06	30	51.78	28.48
2019	49	60.15	31.78	31	52.66	28.42
2020	49	60.89	33.21	32	54.07	29.30
2021	51	61.7	35.77	34	54.87	33.39
2022	53	62.66	36.49	35	55.48	33.58

4.2.6　政策与管理环境

政策支持力度是促进金融发展的强大动力，政府的主导能力和支持力度就是政策环境最直观的展现。对于成渝地区而言，2022 年底政府一般公共预算支出分别约为 2435 亿元和 4893 亿元，分别增长 8.8% 和增长 1.2%。由此可见，成都在 2022 年虽然一般公共预算支出数量较少，但是具有正向的增长趋势，重庆也是如此，但增长速度较成都更为缓慢；北京上海地区 2022 年底政府一般公共预算支出分别约为 5714 亿元和 7068 亿元，约是成渝地区的两倍，意味着成渝地区的政府支持力度还有待加强。对于政府对金融产业的支持力度来看，成渝近年来都具有明显的政策倾斜。2017 ~ 2022 年，成都市出台了 110 多项与金融有关的政策，例如 2020 年提出的《成都市金融科技发展规划（2020 ~ 2022 年）》，指明了成都金融科技发展道路的前进方向；2021 年颁布的《成都市国民经济和社会发展第十四个五年规划和二〇三五年远景目标纲要》为成都 2025 年和 2050 年在经济、科技、金融、文创、对外交往等方面列出了详细的指引；2022 年成都市正式印发《成都市“十四五”金融业发展规划》，提出到 2025 年，基本形成规模优势突出、支柱地位稳固、经济贡献度高、与高质量发展要求相适应的现代金融体系。又如 2020 年重庆市财政局印发的《重庆市普惠金融发展专项资金管理办法》，明确了加快建立普惠金融服务和保障体系，加强普惠金融发展专项资金管理，提高财政资金使用效益等制定了系列规定；2022 年印发的《重庆市金融支持稳住经济大盘若干措施》，对重庆市提出要加大对基础设施建设和重大项目的支持力度、维护区域良好金融生态、加大普惠小微和涉农贷款支持力度等要求来稳住经济，促进发展。与此同时，成都市在普惠金融和中小微企业方面的政策支持力度较强。通过建立金融服务平台，提高融资便利性和金融服务水平，推动金融服务向实体经济倾斜；而重庆市在这方面的政策支持力度略有欠缺，政策更侧重于金融创新和科技应用，提出支持互联网金融、金融科技企业的发展，大力鼓励机构进行科技金融以及人民币数字化的积极试点，利用互联网技术开展业务。综上所述，虽然两市在具体政策措施上有些许差异，但政策支持力度在整个西部地区相比都较为明显。

4.2.7 法制与中介服务

金融中介服务环境包括法律、会计、评估等领域的人员和机构，在金融业的发展过程中起着重要的媒介作用。近年来，成渝的金融业发展迅速，位于西部地区的前列。与金融相关的中介服务体系如会计师事务所、注册会计师执业人数、律师事务所以及执业律师数量也在缓慢发展，截至2022年底，成都共计拥有律师18424人、注册会计师4738人，重庆共有律师16069人，注册会计师5908人，给金融活动的调解、诉讼以及金融咨询提供了强有力中介服务。而截至2022年底，北京共拥有律师46971人、注册会计师11448人，上海共有律师38348人、注册会计师38404人，足以看出成渝地区的中介服务能力较北京、上海还有一定差距。专业保险中介机构是介于保险经营机构与投保人之间，专门从事保险业务咨询与招揽，价值衡量与评估、风险管理与安排等中介服务而收取佣金和服务费的单位，主要包括保险代理机构、保险经纪机构和保险公估机构。截至2022年，成都和重庆分别有专业保险中介机构144家和31家，北京和上海分别有专业保险中介机构283家和386家。由此可见，成都的保险业务发展态势比重庆更好，但重庆和成都的保险业务均不及北京和上海，可能正是由于北京、上海在专业保险中介机构数量上更胜一筹。

4.3 西部金融中心建设的问题与挑战

金融中心是金融机构和金融服务的集聚地，其具有通过资本资源来配置实物资源的重要作用，与金融生态之间存在着相互依存的关系，二者可为区域经济的蓬勃发展提供金融支撑，打造西部地区经济增长的新引擎，进而改善我国经济水平区域性失衡的问题，推动区域协调发展。在新发展格局之下，西部金融中心的建设，不仅事关我国西部经济发展，事关双循环新发展格局构建，而且事关“一带一路”经济增长新空间开辟，甚至世界经济复苏、世界经济循环重塑，以及中国参与国际治理的能力，因此具有重要的战略意义和实践意义。然而，金融中心的建立必须具备三要素，即地理位置优越、金融集聚能力强和金融功能独特。通过对重庆和成都的金融生态现状的分析，并与上海金融发展比较，再结合金融中心建立的三要素，发现西部金融中心的建设仍面临着一些现实问题：一是成渝地区的金融业发展水平较低；二是重庆和成都的法人金融机构发展失衡；三是资金总量不足及效益不佳；四是直接融资市场发展水平较低；五是保险业务发展不均；六是经济证券化水平偏低。

4.3.1 金融业发展水平较低

金融被称为现代经济的核心，有着“万业之首”的说法，金融能够流通资金、维持各行各业经济的平衡以及能抵御经济冲击。从金融业现状来看（见表 4.15），作为国家经济中心的上海在 2022 年底的金融业增加值高达 8434 亿元，虽然成渝的金融业增加值均在显著提升，且比江浙的经济强市苏杭发达，但两地区的金融业增加值之和都不及上海，可见其金融业发展水平距上海还有很大差距，这可能是因为很多金融行业大央企、大国企总部以及金融重要交易所、协会在上海，如上海证券交易所等，导致其金融业增加值呈现断崖式领先。并且成渝地区的生产总值速度更快，出现了金融业增加值与地区生产总值速度不匹配的情况。此外，金融专业人才缺乏也是金融业发展的瓶颈之一，在成都地区尤为明显，金融业从业人数并未出现大幅变化，而重庆地区在 2022 年的金融业从业人数甚至超过了上海，这意味着成都地区应当加大人才引进策略，为金融业的发展助力。

表 4.15　　重庆、成都和上海的金融产值

项目	重庆			成都			上海		
	金融业增加值/亿元	金融业增加值占 GDP 的比重/%	金融业从业人数/万人	金融业增加值/亿元	金融业增加值占 GDP 的比重/%	金融业从业人数/人	金融业增加值/亿元	金融业增加值占 GDP 的比重/%	金融业从业人数/人
2017	1642.6	9.35	16.91	1415.6	11.63	12.23	5334.5	16.2	34.2
2018	1938.9	9.5	14.4	1729	11.3	12.7	5901.9	16.39	33.4
2019	2088	8.8	18.2	1893.7	11.1	12.5	6535.2	17.2	37.9
2020	2212.8	8.9	34	2114.8	11.9	14	7216.2	18.52	29.7
2021	2459.8	8.8	28.9	2271.6	11.4	15	8025.2	18.38	32.4
2022	2491	8.55	34.92	2445.2	11.75	15.64	8434.3	18.82	34.8

4.3.2 法人金融机构发展失衡

新华网指出加快建设金融强国是发展的必然选择，因此解决金融体系

“大而不强”的问题是当务之急，而金融机构作为链接资金需求者和资金供给者的重要中介，在促进资金融通、资产合理利用、优化资源配置中发挥着关键作用。因此，金融体系的健全、金融机构的完善是构建金融中心的重要基础。然而，从金融机构数量来看，相较于上海，我国成渝地区的法人金融机构数量较少；而且，两地的法人金融机构数量发展失衡，均呈现出银行保险机构多、证券机构少的局面。因此，重庆和成都应当注重保险和证券业的发展，不能仅发展银行业使金融机构出现失衡状态（见表4.16）。

表4.16　　重庆、成都法人金融机构数量

项目	重庆			成都		
	银行法人机构数量/家	保险法人机构数量/家	证券法人机构数量/家	银行法人机构数量/家	保险法人机构数量/家	证券法人机构数量/家
2017	56	5	1	67	3	4
2018	55	5	1	68	3	4
2019	55	5	1	67	4	4
2020	57	5	1	67	4	4
2021	58	5	1	70	4	4
2022	56	5	1	70	4	4

4.3.3 资金总量不足及效益不佳

存贷款余额是金融市场组织为经济发展提供资金支持最重要的来源和方式。一般认为，金融市场的基本功能就在于积聚存款、投放贷款，以优化资金配置，积极动员各经济部门对区域经济发展的参与贡献。通过比对成渝与上海的存贷款余额，从表4.17中可以发现，近几年成渝两地的存款余额仅占上海的1/3左右，贷款余额仅占上海的1/2左右，相距甚远。根据2022年的人口普查统计，重庆市、成都市、上海市的常住人口分别为3213.34万人、2126.80万人、2475.89万人，由此可见成渝两地的人均存贷款余额与上海地区也存在较大差距。综上所述，成渝地区存在金融资源欠缺、资金流失相对严重的现实问题。

表 4.17　　重庆、成都和上海的存贷款余额

项目	重庆存贷款余额		成都存贷款余额		上海存贷款余额	
	存款余额/亿元	贷款余额/亿元	存款余额/亿元	贷款余额/亿元	存款余额/亿元	贷款余额/亿元
2017	34853	33719	34423	28359	112462	67182
2018	36887	32248	37826	32637	121112	73272
2019	42854	37105	39828	36464	132820	79843
2020	42854	41909	43655	41148	155865	84643
2021	45908	46928	47968	46425	163819	88260
2022	49567	50052	53189	53053	180628	96493

4.3.4　商业银行不良贷款率较高

银行作为资金流动性极强的机构，面临不良贷款的风险会显著增加其债务负担。这种情况不仅降低了银行吸收存款的能力，还会削弱其经营效益，从而引发财政问题。当不良贷款率过高时，最严重的后果是削弱银行对经济的支持能力，增加财政风险并可能引发社会危机。根据表 4.18 的数据分析，近年来，成渝地区的不良贷款率普遍高于上海，并且上海地区已经连续六年将不良贷款率控制在 1% 以下。通过数据对比，可以清晰地看出成渝地区在贷款回收风险方面大于上海，而其金融资源的运作效率和质量也相对较低。由于金融资源的不足及其运作效果不佳，成渝地区在金融辐射能力和经济发展质量等方面，与长三角、环渤海和珠三角地区仍然存在明显差距。以上的数据表明成渝地区的资产质量及资金使用效率还有待提升，还须加强风险管理、优化信贷结构、提升金融服务水平以及吸引优质投资。

表 4.18　　重庆、成都和上海的不良贷款率

项目	重庆不良贷款率（%）	成都不良贷款率（%）	上海不良贷款率（%）
2017	1.16	1.69	0.57
2018	1.36	1.54	0.78

续表

项目	重庆不良贷款率（%）	成都不良贷款率（%）	上海不良贷款率（%）
2019	1.12	1.43	0.74
2020	1.48	2.10	0.79
2021	1.01	0.98	0.81
2022	1.42	0.78	0.79

4.3.5 保险业务发展水平相对落后

保费收入是保险公司获得收入的主要来源之一，从表 4.19 中的数据发现重庆地区在 2022 年的保费收入为 981 亿元，而成都地区在 2017 年的保费收入就达到了 952 亿元，足以见得重庆地区的保险业发展相对滞后。其次，保险深度是指某地保费收入占该地国内生产总值（GDP）之比，这一指标可以衡量区域内保险业在整个国民经济中的地位。根据上表数据不难发现，重庆保险业深度处于波动状态，成都保险业深度更是在 2019 年开始逐年递减。此外，保险密度是指按限定的统计区域内保费收入与常住人口数量的比值，这一指标可以反映该地区保险业务的发展程度，也可用于反映该地区经济发展的状况和该区域内人们保险意识的强弱。从表格数据来看，成都的保险密度比重庆更高，其原因可能是重庆常住人口数量更高，但是成都的保险密度从 2019 年开始逐年递减，意味着成都人民的可支配收入减少或是人们保险意识有所降低。上海作为我国重要的国际经济中心和金融中心，2022 年上海市的保费收入是成都地区的近两倍，保险密度更是达到了 8462 元/每人，可见上海市的保险业务发展更加完善，其在国民经济中的重要性也更凸显。重庆和成都的保险市场在迅速成长，但仍明显落后于上海。上海的保险业不仅在保费收入、保险深度方面居于领先地位，其保险密度也表明了更高的市场渗透率和消费者接受度。为了提高重庆和成都的保险业水平，建议加强保险产品的创新和市场推广，改善消费者的保险意识与需求，从而提升整体保险市场的发展质量和效益。

表 4.19 重庆、成都和上海的保险业现状

项目	重庆保险业概况			成都保险业概况			上海保险业概况		
	保费收入/亿元	保险深度/%	保险密度/元每人	保费收入/亿元	保险深度/%	保险密度/元每人	保费收入/亿元	保险深度/%	保险密度/元每人
2017	745	3.8	2422	952	6.9	5935	1587	5.3	6562
2018	806	3.9	2599	927	6	5677	1406	4.3	5801
2019	916	4	2933	1037	6.1	6257	1720	4.5	7084
2020	988	3.5	3081	1045	5.9	4990	1865	4.8	7499
2021	970	4	3018	1005	5	4740	1971	4.6	7917
2022	981	3.4	3053	1061	5.1	4989	2095	4.7	8462

4.3.6 经济证券化水平相对偏低

经济证券化是指将具有经济价值的资产或权益转化为证券，以便于交易和流通的过程，这一过程使企业或个人能够通过证券市场进行融资、转让风险或实现资产增值。经济证券化的核心在于将传统的银行贷款和其他资产转化为可在金融市场上出售和流通的有价证券，从而增加了资本市场的深度和广度。这种转变不仅增强了资本市场的效率，还使投资者和借款者能够更直接地进行商业交易，在一定程度上削弱了银行体系的中介作用。从表 4.20 可以看出，2017～2022 年重庆和成都的 A 股市场累计融资额未达上海的 1/10，说明与发展起步早、作为国际金融中心的上海相比，成渝地区的证券业开展得较晚，发展有所滞后。从 A 股上市公司数量来看，虽然重庆和成都的 A 股上市公司数逐年递增，但重庆和成都的总和数都不及上海，因此成渝两地的经济证券化水平偏低，与上海还有不小的差距，可能是因为上海地区充分利用多层次资本市场，不断增加上市公司数量，提升上市公司质量，提高资本市场服务实体经济能力，从而促进经济证券化水平提高。

表 4.20 重庆、成都和上海的证券业概况

项目	重庆证券业概况		成都证券业概况		上海证券业概况	
	本地 A 股市场累计融资额/亿元	本地 A 股上市公司数/家	本地 A 股市场累计融资额/亿元	本地 A 股上市公司数/家	本地 A 股市场累计融资额/亿元	本地 A 股上市公司数/家
2017	1385	46	1375	70	15274	204
2018	1407	54	1617	99	16139	287
2019	1556	57	1660	87	17983	308
2020	1807	62	1867	97	21460	343
2021	2092	63	2007	101	25105	390
2022	2323	68	2375	114	28694	422

第 5 章

金融生态、经济发展与西部金融中心构建

5.1 金融生态、经济发展与金融中心的关系

5.1.1 金融生态与经济发展的理论分析

良好的金融生态能够促进经济发展，可持续增长的经济可以优化金融生态系统。一是金融是经济的“血液”，服务于经济，支撑经济发展。良好的金融生态能够集聚资金，促进资本良性循环，有助于经济发展。金融生态体系越完善，其金融市场越发达，社会、法律环境状态越良好，金融主体就能够发挥出自身的优势特点，资本配置功能与效率就能得到充分发挥，资金流向收益与风险匹配合理的领域，使投资效益能够实现最大化，有助于经济可持续增长。二是可持续增长的经济能够促进金融市场完善，优化金融生态体系，促进良好的金融生态形成。经济发展是金融生态发展的前提条件，经济发展能够提高企业的盈利水平，从而提高了金融机构贷款的收回概率和贷款收益率，推动金融机构的盈利水平提升。经济的持续增长，增加市场对金融产品的需求，有利于促进金融机构推出更多、更丰富的金融产品，从而推动金融产品的创新。

金融生态对经济发展的影响具体体现在资金供给和配置方面，金融生态提供了资金供给和配置的渠道和机制。通过金融机构和市场，企业、个人和政府可以获得融资并将资金投向各种经济活动。金融机构的投融资决策和资金配置能力会直接影响到不同行业和项目的发展。良好的金融生态可以促进资源的优

化配置，提高经济效率；风险管理和资本运作方面，金融生态为经济体提供了风险管理和资本运作的工具和机制。金融机构通过提供保险、衍生品和风险管理产品等服务，帮助企业和个人降低风险并稳定经济运行。同时，金融市场也为企业和投资者提供了融资和投资机会，推动资本的流动和配置，促进经济增长和创新；经济稳定和金融稳定方面，金融生态和经济发展之间存在着双向关系。良好的金融生态有助于经济稳定，通过提供稳定的融资渠道、风险管理工具和稳定的市场环境，减少经济波动和金融风险对实体经济的冲击；创新和发展动力方面，金融生态为经济发展提供了创新和发展的动力。金融科技和创新金融产品的发展，推动了金融业的转型升级，提高了金融服务的效率和质量。这些创新对经济发展具有重要的支撑作用，促进了新兴产业的兴起和传统产业的升级。

一个健康、稳定和创新的金融生态有利于促进资源的有效配置、风险的管理、经济的稳定和创新的推动，进而推动经济的发展和增长。同时，良好的经济发展也为金融生态提供了坚实的基础和广阔的市场空间，实现金融业的可持续发展。若深入研究经济发展对金融生态的影响，可从以下4个方面分析：

一是金融需求的变化：经济的发展水平和结构变化会影响金融产品和服务的需求。随着经济的发展，个人和企业对金融服务的需求可能会发生变化。例如，在经济增长阶段，企业可能会需要更多的融资支持来扩大业务规模；而在经济转型升级阶段，可能需要更多的投资和风险管理工具。因此，经济发展对金融机构和金融产品的需求进行了引导和驱动。二是金融体系的发展和改革：经济发展对金融体系的发展和改革起着重要作用。随着经济的不断发展，金融体系需要不断调整和改革以适应新的经济环境和需求。例如，金融市场的建设和完善、金融监管的加强、金融创新的推动等都是经济发展对金融体系的影响。这些改革和发展措施可以提高金融体系的效率、稳定性和可持续性。三是金融机构的业务模式和运营方式：经济的发展对金融机构的业务模式和运营方式也有一定的影响。在不同的经济发展阶段，金融机构可能需要调整其业务重点、产品组合和服务模式。例如，在经济增长阶段，金融机构可能更加注重融资支持和投资业务；而在经济下行阶段，可能需要更加关注风险管理和财务稳定。经济发展也会推动金融机构的创新和变革，以满足不断变化的经济需求。

四是金融稳定和风险管理：经济的发展对金融稳定和风险管理也有重要影响。在经济繁荣期，可能伴随着金融风险的积累，如资产价格泡沫、信贷过度扩张等。这时候，金融机构和监管部门需要加强风险管理和监控，以维护金融稳定。另外，在经济下行期，金融机构可能面临信用风险增加和资产质量恶化的挑战，需要采取适当的风险管理措施。

总之，经济发展和金融生态之间存在着相互影响和相互作用。经济的发展推动金融需求的变化和金融体系的发展与改革，引导金融机构的业务模式和运营方式的调整，同时也对金融稳定和风险管理提出了挑战和要求。因此，为了实现健康和可持续的金融生态，需要充分考虑经济发展的因素，并在金融政策和监管方面进行相应的调整和引导。

5.1.2 金融生态与金融中心的理论分析

金融生态是指金融市场中各种参与者、机构和交易活动之间的相互依存和互动关系的总和，而金融中心则是指在全球范围内享有较高地位和影响力、集聚了大量金融机构和市场的国际金融枢纽。金融生态和金融中心之间存在紧密的双向关系：一是金融中心的吸引力和发展促进金融生态的健康发展。金融中心作为一个国际金融枢纽，通常拥有完善的金融市场、先进的金融基础设施和丰富的金融人才等优势，因此往往具有很强的吸引力。金融中心的发展吸引了大量的金融机构、投资者和资金流入，促进了金融市场的活跃度和创新能力的提升。这进一步构建了更加健康和繁荣的金融生态。二是金融生态的健康发展提升金融中心的竞争力。一个健康、活跃和创新的金融生态可以增强金融中心的竞争力。良好的金融生态意味着金融机构之间的相互合作和互补，金融产品和服务的多样化，金融市场的透明度和稳定性等方面的优势，这为金融中心吸引更多的国际金融机构、投资者和项目提供了优势。同时，一个健康的金融生态也有利于提升金融中心的国际声誉和信誉，增加国际资金流动和投资。三是金融中心的推动促进金融生态的创新：金融中心通常具有较高的金融创新能力。作为国际金融枢纽，金融中心吸引了众多的金融科技公司、创新机构和投资者，推动了金融科技和创新金融产品的发展。这些创新和技术进步对金融生态的创新和改革起到重要推动作用，提高了金融服务的效率和质量，满足了不断变化的金融需求。四是金融生态的繁荣有助于金融中心的发展和巩固：一个蓬勃发展的金融生态为金融中心的发展和巩固提供了良好的支持。丰富的金融机构、稳定的金融市场、充足的资金流动等都是金融中心的重要特征。这些特征与一个繁荣的金融生态紧密相关，相互依赖。金融中心通过吸引和支持金融生态的发展，进一步巩固了其地位和影响力。

金融中心的发展促进了金融生态的健康发展，而金融生态的健康发展则反过来提升了金融中心的竞争力。双方相辅相成，共同推动着金融行业的繁荣和经济的发展。

5.1.3 金融中心与经济发展的理论分析

金融中心对经济发展具有促进作用，可持续的经济增长又能助推金融中心形成与发展。一是金融中心促进金融资源集聚，增加金融要素资源的总量，通过提高资本生产效率和融资效率促进经济增长。金融中心的形成能提高金融服务质量和能力，有助于提高经济运行的效率和竞争力。金融中心的金融机构和市场具有较高的技术水平、完善的金融基础设施和服务体系，能够为经济主体提供全方位、多层次和高效的金融服务，使得经济活动更加便利和优化。二是经济发展能助推金融中心形成和发展。第一，经济发展促进金融业发展，加快金融资源的集聚。随着经济的增长，人们的收入和消费水平也会增加，这就需要金融机构提供更多的金融产品和服务来满足人们的需求。经济发展也会增加企业的融资需求，金融机构可以通过提供贷款、债券发行等方式来帮助企业实现融资。第二，经济发展有助于提高金融市场活力和稳定性。当经济增长较快时，通常会有较多的资金流入金融市场，这有助于缓解金融市场的资金紧张状况，减少金融风险。反之，当经济增长放缓时，金融市场的资金流出可能加剧，这就可能导致金融市场的不稳定。总之，金融中心与经济发展相互促进，彼此密不可分。金融中心通过吸引资金、促进创新和提供风险管理等支持，推动了经济的发展和增长。同时，经济的发展也促使金融中心的兴起和发展，扩大了其影响力和功能，构建了更加健康和繁荣的金融体系。

5.2 金融生态与西部金融中心建设

5.2.1 良好的金融生态是西部金融中心形成与发展的保障

金融生态系统是指各类金融活动主体之间、金融活动主体与内外部金融环境的相互依赖的动态平衡系统。完整的金融生态系统至少包括三个部分：即金融生态主体、金融生态环境和金融生态调节机制。西部金融中心同其他区域性金融中心一样，是金融机构集中、金融市场发达、金融信息灵敏、金融设施先进、金融服务高效的融资枢纽，西部金融中心的建设也是构建双循环新发展格局的有力措施。金融中心的形成大致有三种模式：实体经济需求拉动型、虚拟经济引导推动型和金融生态系统延伸发展型（刘国宏，2011），无论是哪种形成模式，金融生态系统都与金融中心的形成和发展是相辅相成的。

一方面，良好的生态环境保障了金融机构的良性运作，维持了金融市场的交易秩序，这是西部金融中心形成的必要条件。第一，良好的金融生态环境才能吸引大量资金和金融资源的进入与聚集，其金融市场的流动性和规模性扩大的同时也使得金融信息发布畅通，从而降低交易成本，提高交易效率，扩大交易量，形成发达、活跃的金融市场。第二，良好的金融生态系统能够提供创新与创业环境，吸引有才华和创造力的企业家和创业者。这包括提供良好的法律、监管和政策框架，以及创新的金融产品和服务。在这样的环境中，人们会更倾向于在西部金融中心开展商业活动，有助于推动经济增长和就业机会的增加。第三，一个良好的金融生态系统拥有高素质的金融人才，包括金融专业人士、分析师、顾问等。一个西部金融中心需要有这样高素质的员工来支持其各种金融活动，包括风险评估、投资管理、项目咨询等。良好的金融生态系统能够提供必要的培训和教育机会，吸引并培养出高素质的金融人才，从而推动西部金融中心的形成与发展。第四，良好的金融生态系统需要具备完善的金融基础设施，包括安全高效的支付系统、先进的信息技术和通信网络、完善的市场监管机制等。这些基础设施的存在，可以提高金融交易和业务的效率，并为投资者和市场参与者提供更可靠、透明的环境。这些要素的存在是西部金融中心形成和发展的基本保障，也有助于吸引更多的投资者和金融机构。另外，西部金融中心的发展和演进和其他金融中心一样有内在的规律性，城市金融业是一个生命系统，成渝双城金融主体之间分工协作，与周边社会体系不断通过物质、能量和信息的交换形成了功能协调、优势互补的关系，使其自身通过“适应、利用、改善”的过程实现了金融中心的形成、成长与发展。

总的来说，一个良好的金融生态系统是西部金融中心形成与发展的必要保障。它能为企业和个人提供充足的资金支持，创造有利于创新与创业的环境，吸引高素质的金融人才，并提供完善的金融基础设施。这些要素共同构成了支持西部金融中心发展的重要条件，促进经济的繁荣和可持续发展。

5.2.2　基于金融生态视角西部金融中心构建取得的实效

2021年12月24日《成渝共建西部金融中心规划》（以下简称《规划》）正式印发，标志着共建西部金融中心成为国家区域发展战略的重要组成部分，其建设进入高层级、系统性推进的全新阶段。自《规划》印发以来，人民银行成都分行、重庆营管部进一步加强工作协同联动力度，加快推进成渝金融一体化发展，构建成渝地区双城经济圈高质量金融服务体系。在2022年12月发布的第14期中国金融中心指数（CFCI）排名中，重庆和成都双双进入前7名。成渝共建西部金融中心，实现了良好开局。截至2023年4月末，成渝地区双城经济圈各项贷款余额14.3万亿元，同比增长12.9%，高于全国2.0个百分点。川渝两地金融机构累计对川渝合作共建重大项目授信9953亿元，年初以来累计发放贷款765亿元。成渝地区小微企业贷款、制造业贷款、涉农贷款余额同比分别增长29.4%、17.6%、18.7%，高于2022年同期8.3个、8.1个和4.8个百分点。7家金融机构总部出台支持双城经济圈建设的专项意见或金融服务方案，8家川渝法人金融机构签署战略合作协议。另在诸多方面，采取措施取得成效。

强化顶层设计，构建政策协同体系。川渝两地首先聚焦顶层设计“出招”——联合建立成渝共建西部金融中心合作机制，成立两省市政府主要领导共同担任组长的领导小组。同时，两地共同形成《成渝共建西部金融中心规划联合实施细则》，从引进境内外金融机构、推进金融市场一体化、深化境内外金融市场互联互通、稳妥创新跨境资本流动管理等方面，提出了 58 项成渝共建西部金融中心的具体措施。而在顶层设计之外，川渝两地金融监管部门还在政策措施方面协同发力，推动两地金融业为成渝地区双城经济圈建设赋能。2020 年 6 月，川渝地方金融监管局签订合作备忘录，重点围绕支持成渝共建西部金融中心、推动金融机构跨区域协作、创新发展特色金融产业、推进区域市场互联互通、完善金融政策协调机制 5 个方面加强协同、开展合作，引导两地重点市区县、金融机构、金融市场等形成全方位合作态势；当年 7 月，两地签署打击非法金融活动合作备忘录，建立全国首个省际打非合作机制。目前，川渝两地初步构建起了覆盖银行、保险、投资、证券、融资担保等多个金融领域的政策协同体系，为推进川渝金融一体化发展奠定了良好基础。

发展壮大金融机构体系，推进川渝金融一体化发展。目前，重庆拥有各类金融机构 1935 家，其中“银证保”金融机构 478 家、地方金融组织 609 家，实现金融牌照全覆盖。同时，重庆的消费金融公司数量和规模、网络小贷规模位居全国第一；外资银行、保险法人机构、“A + H”股上市银行数量名列西部第一。川渝两地深化金融机构互通平台共建，推动重庆银行、成都银行等地方法人金融机构签订战略合作协议，推动两地融资担保、财险公司互设机构，协同开展同业合作。目前，融资担保业务合作金额已超过 120 亿元。同时，联合设立科技创投协同发展联盟，推动两地投资机构互投项目 76 个。川渝毗邻地区也得到了两地金融机构大力支持。2021 年，川渝金融监管部门、金融机构深入川渝高竹新区等川渝毗邻地区开展联合考察调研，签署金融支持合作协议，为装备制造、电子信息、康养旅游、生态保护等领域提供意向授信超 1000 亿元。近年来，川渝两地还加快推动金融公共服务互联互通项目落地，为两地居民和企业带来了更多便利。如，在全国首推税款跨省电子缴库业务，率先实现税款缴库“同城化、电子化、标准化”；创新推动川渝储蓄国债市场一体化，推进储蓄国债“通售、通兑、通存”；积极开展异地取转款手续费减免、保险通赔通付、异地不动产抵押贷款、法人机构柜面业务互通等同城化便捷金融服务。

金融改革创新亮点频出，川渝经济发展增添活力。2022年3月，国家外汇管理局重庆外汇管理部（以下简称“重庆外汇管理部”）联合国家外汇管理局四川省分局，正式启动成渝外债便利化试点。这也是全国实施的首个跨区域外债便利化试点。此项试点共有四项内容：同意符合条件的成渝地区非金融企业开展一次性外债登记管理改革试点，允许符合条件的成渝地区注册企业在成渝异地办理外债签约、变更及注销登记等。截至2022年末，成渝企业一次性外债登记金额已突破200亿美元。此外，重庆和成都同时开展本外币合一银行结算账户体系试点，两地企业均可开立本外币合一银行结算账户，有利于其统一资金管理、降低财务成本；川渝两地联合打造“川渝共同产权市场互联网平台”，目前，平台线上成交金额1449.9亿元；川渝两地金融业探索共建共享货币信贷大数据系统，联合推进征信服务一体化、创建省级现金服务示范区、金融风险联防联控；重庆搭建了中西部首个金融综合服务网“金渝网”，实现了川渝跨省市应用；推动设立了成渝银行业保险业消保中心（重庆），探索打造一站式纠纷解决平台。此外，截至2022年末，重庆、成都共有10家银行、43家企业参与贸易收支便利化试点，进口付汇支付由2天缩短至2分钟。

金融服务体系不断健全，金融基础设施一体化建设取得新进展。两地基于四川省省级征信平台“天府信用通”共同打造“川渝金融信用信息综合服务专区”，构建“信用+信贷+政策”的全流程金融服务生态圈，实现川渝小微企业信用信息异地共享。积极探索支付、结算、国库等一体化同城服务方式，税款跨省电子缴库模式经验被推广至全国，成都主城区与重庆中心城区已实现公共交通手机扫码支付互通，川渝公积金互认互贷、异地就医直接结算、储蓄国债跨省兑付等业务相继落地。两地还联合争取到在成渝地区开展异地办理外债登记、外债非资金划转类外债提款和还本付息备案、异地选择跨境资金集中运营业务合作银行、一次性外债登记管理改革4项外债便利化试点，成为全国首个跨地区开展外债便利化试点的地区。

5.2.3 基于金融生态视角西部金融中心构建存在的问题

随着中国经济持续增长和金融市场不断开放，西部金融中心的建设成为推动成渝双城经济圈发展的重要战略举措。然而，在西部金融中心发展过程中，出现了诸多问题，这些问题在一定程度上对其发展和区域经济的提升构成了障碍。西部金融中心的发展路径面临着诸多挑战，如金融体系的完善与创新、金融监管的加强、人才培养与引进等方面存在不足之处，这些问题需要得到有效解决，以确保西部金融中心建设能够顺利推进并为区域经济发展注入新的活力。因此，加强政策协调，优化发展环境，完善金融体系和服务，以及加强监管与规范，都是实现西部金融中心发展目标的关键措施。

一是金融机构的聚集辐射强度与西部金融中心的战略定位差距较大。成渝地区缺少全国性法人银行等金融机构和金融基础设施，地方法人银行等金融机构和小贷等地方金融组织跨省域开展经营业务受到了一定程度的限制，跨境资本配置能力还不强，难以形成聚集辐射效应。成渝两地虽然涵盖了全国主要的金融机构，但以分支机构为主，业务范围覆盖全国的总部金融机构缺乏，远落后于北京、上海等地区，特别是全国性总部银行在成渝两地尚未实现“零”的突破。

二是金融市场发展不完善，资金供给不足。缺乏全国性的股权交易场所意味着成渝地区的企业在资本市场上融资渠道较为狭窄，难以获得更广泛的资金支持。此外，直接融资占比较低的情况也反映出成渝地区资本市场发展不够成熟，企业往往更倾向于通过银行等传统融资渠道融资，而这种方式在一定程度上限制了企业的融资效率和质量。同时，相对高的融资成本也使得成渝地区的企业面临着更大的经营压力，影响了其发展和竞争力。不同于上海和深圳等具有成熟金融生态的城市，成渝两地在金融法规、监管体系和金融市场化水平方面存在一定差距，仍有较大的提升空间。健全完善的金融法规和监管体系是金融市场稳健运行的基础，同时也是保障投资者权益和维护市场秩序的关键。

三是金融人才缺乏，尤其是高端金融人才。成渝作为新兴的金融中心，无法像上海、深圳等一线城市那样，凭借发达的经济基础和良好的职业发展路径吸引大量高端金融人才。此外，成渝地区缺乏跨国公司管理经验，这进一步削弱了其吸引国际金融机构入驻的能力和垂直拓展金融服务的潜力。这种人才短缺直接影响了成渝金融中心建设的质量和速度，使其难以达到预期的建设需求和发展目标。因此，成渝地区需要采取一系列措施，重点引进和培养高端金融人才，积累和借鉴跨国公司管理经验，以增强其国际竞争力和发展潜力。

四是区域内的金融服务仍主要停留在传统金融服务层面，且服务范围集中在成都和重庆这两座特大城市，并主要面向国有企业和大型企业。这就导致成渝双城之间的广大中小微企业以及农村地区的金融服务相对不足，供需矛盾尤为突出。这种不平衡的金融服务布局，造成了成渝两地之间的“塌陷地带”，特别是在金融服务覆盖和资源分配方面存在明显的短板。这不仅限制了金融市场发展的广度和深度，也使得金融产业的集聚效应不明显，协同效应匮乏。为解决这一问题，需要加大对中小微企业和农村地区的金融支持，优化金融服务布局，推动金融服务多样化和创新，加强区域间的金融协同合作，以全面提升金融服务的效能和覆盖面。

五是全球竞争力仍然较弱。国家高端智库中国（深圳）综合开发研究院与英国智库 Z/Yen 集团最新发布的“第 34 期全球金融中心指数报告（GFCI34）”，前十名里中国有香港、上海两个城市入列，成都 2017 年首次入选该榜单，2022 年排名 34 名，且今年重庆首次入榜，排名 58 位，是我国内地新兴的金融中心。与全球排名分别为第 7、第 12 和第 13 的上海、深圳、北京差距还较大。且中国已形成上海和深圳两个国际金融中心，这些城市已经在金融领域具有较大影响力和品牌效应，成渝想要建成西部金融中心势必要与现有金融中心激烈竞争、错位发展，争取金融资源。

第 6 章

金融生态评价模型构建及评价

6.1 指标选取原则及数据来源

6.1.1 指标选取原则

1. 科学性原则

建立评价指标体系应遵循科学性原则，确保其结构层次分明，逻辑清晰。所选取的指标应有明确的科学内涵，能够通过定量的数据表现出来，或者基于科学分析直观展现。每一个指标都应能够从某一侧面科学地反映出所评价内容的本质和特征，确保评价结果的客观性和准确性。此外，所有指标的设定应符合相关科学理论和实践的要求，确保体系的整体科学性和有效性。这样，评价指标体系才能为评估提供可靠的依据和指导，达到科学、准确、可行的目的。

2. 准确性原则

为了确保评价结果的真实可信和客观，评价体系中所选取的指标必须有可靠的数据来源，并且数据处理过程必须精准严谨。只有在数据来源可靠和处理精准的前提下，金融生态评估体系的评估结果才能与客观实际相符，反映出真实的状况。同时，评价标准和方法要严格遵循科学规范，确保每一数据环节都经过细致考量和验证，从而增强评估结果的准确性和公信力。这不仅保证了评价的有效性，也为相关决策提供了坚实的依据。

3. 系统性原则

评价体系应遵循系统性原则，不仅要涵盖相关的各个方面，还需从整体视角进行全面评估。这样，评价体系才能准确、客观地反映出内部和外部各要素之间的相互联系。此外，系统性评估应关注各个因素的相互作用和综合影响，确保评价结果具备整体性和协调性。这种全方位的评估方法可以揭示复杂系统内部的动态关系，从而提供更全面、更深入的分析和洞见，提升评价结果的科学性和可靠性。

4. 可行性原则

在建立评价体系时，应优先选择最具代表性的指标，确保指标体系的相对完备性，同时注重资料搜集的可行性。首先，要确保所选指标能够全面而准确地反映评价内容的各个方面，以避免遗漏重要信息。其次，应避免指标过于复杂和繁冗，以免增加处理难度和影响评价效率。最后，也要防止指标过于简单，无法全面反映实际情况。因此，在保证数据收集和处理可行性的前提下，精心挑选和设置指标，以实现评价体系的科学性、简洁性和可操作性的平衡，确保最终的评价结果既全面详实，又简明易行。

5. 可比性原则

在设计评价指标体系时，必须遵循可比性原则，确保指标具备横向和纵向的可比性。横向可比性意味着评价指标应能够与其他城市或地区进行比较，因此所选取的指标应涵盖 80% 以上的省或县所具备的项目，以保证数据的广泛适用性和可比性。纵向可比性则要求评价指标能够与自身历年的历史数据进行对比，这意味着指标应具有一定的稳定性，确保在不同时间点之间保持一致性和连续性。通过遵循可比性原则，评价体系不仅能够提供跨区域的对比分析，还能有效追踪和评估自身的变化和发展趋势，从而为全面、准确的评估提供坚实基础。

6.1.2　数据来源

本研究的数据主要来源于各种统计年鉴和统计信息网，即各地区的官方的统计年鉴，包括但不限于重庆统计年鉴、成都统计年鉴、成都年鉴，以及中国统计年鉴、中国城市统计年鉴等；也有部分经中经数据和中国金融中心信息网查询所得，其中极少部分数据存在缺失，本研究报告利用插值法进行了合理的估计，数据来源和处理均科学合理。

6.2 变量的选取与编制方法

6.2.1 变量的选取及数据处理

1. 变量选取

本研究将金融生态分为金融生态主体和金融生态环境两层面，运用 AHP 方法构建三级金融生态评价指标体系，分别选取 12 个和 14 个指标组建金融生态评价体系。在选择研究变量时，对数据的可靠性、可得性以及数据所代表的意义等因素进行了综合考虑。上海是我国的金融中心，本研究把上海金融生态作为标的，对成都、重庆和成渝的金融生态进行对比分析。研究数据全部来源于 2011～2022 年成都、重庆和上海的统计年鉴和金融运行报告，经收集与整理所得，变量数据具体见表 6.1。

表 6.1　金融生态评价指标体系

一级（目标层）	二级（准则层）	三级（因子层）	正/负影响	标号
金融生态主体 STZT	金融产值 JRCZ	金融业增加值	+	X_1
		金融业增加值占 GDP 的比重	+	X_2
	金融机构 JRJG	银行法人金融机构数	+	X_3
		证券法人数	+	X_4
		证券公司营业部数	+	X_5
		期货法人数	+	X_6
		保险公司法人数	+	X_7
		金融从业人员数量	+	X_8
	金融市场 JRSC	金融机构本外币存款余额	+	X_9
		金融机构本外币贷款余额	+	X_{10}
		保费收入	+	X_{11}
		境内上市公司数	+	X_{12}

续表

一级（目标层）	二级（准则层）	三级（因子层）	正/负影响	标号
金融生态环境 STHJ	经济基础 JJJC	城镇居民人均可支配收入	+	X_{13}
		农村居民人均可支配收入	+	X_{14}
		第三产业占 GDP 的比重	+	X_{15}
		人均固定资产投资	+	X_{16}
	社会环境 SHHJ	高等院校在校生数	+	X_{17}
		财政教育支出	+	X_{18}
		城镇登记失业率	−	X_{19}
		城镇化率	+	X_{20}
	法制与政府管理 FZGL	律师事务所数	+	X_{21}
		公证处数	+	X_{22}
		司法所数	+	X_{23}
		基层法律服务所	+	X_{24}
		金融案件发生数量	−	X_{25}
		财政支出占 GDP 的比重	+	X_{26}

2. 变量阐释

金融生态主体由金融产值、金融机构和金融市场 3 大指标组成。金融产值综合衡量的是金融业发展对经济增长的贡献度，可以直接衡量本地区金融业发展的水平；金融机构是金融要素集聚和金融资源辐射的载体，对金融生态良性循环起到主导作用，金融机构数量是衡量金融资源聚集和金融运行水平的重要指标；金融市场是衡量金融交易活跃程度的重要指标，完善的金融市场是金融生态体系实现内在循环与自我修复的前提，金融生态也是影响金融市场运行的基础条件和外部环境。金融生态环境由经济基础、社会环境、法制与政府管理 3 个方面指标组成。经济基础是金融业发展的先决条件，社会环境是市场经济有序运行的前提，教育和人才能为地区经济金融发展提供强有力的支撑，城镇化率和就业水平代表着一个城市的发展水平，完善的金融法律法规、法律基础设施以及良好的金融法律环境可以有效保护主体的利益，有利于提高金融资产利用效率和风险管理。

3. 数据的标准化处理

由于变量指标存在量纲不一致、数量级差异等问题，为了消除数据的差异性，使面板数据具有可比性，在进行分析时，采用极差法对原始数据进行规范处理。在数据的标准化处理过程中，需要区分变量的正负方向，正向的指标值越大对系统越有利，负向的指标值越大对系统越不利。变量共 24 个正向指标，2 个负向指标。

$$正向指标标准化: x'_{ij} = \frac{x_{ij} - \min x_j}{\max x_j - \min x_j} \quad (6-1)$$

$$负向指标标准化: x'_{ij} = \frac{\max x_j - x_{ij}}{\max x_j - \min x_j} \quad (6-2)$$

其中，x_{ij} 表示第 i 年第 j 个指标上的原始统计值，x'_{ij} 表示各指标消除单位之后的标准值，$\max x_j$ 表示指标最大值，$\min x_j$ 表示指标最小值。

6.2.2 编制方法与指标赋权的设计

1. 因子分析法

因子分析法是一种多元统计方法，把多个具有联系的变量归纳为少数几个代表性因子，用以反映对可观测变量的影响程度，从而根据方差贡献率确定相应权重计算综合得分的方法。

$$\begin{cases} X_1 = a_{11}F_1 + a_{12}F_2 + \cdots a_{1n}F_n + \varepsilon_1 \\ X_2 = a_{21}F_1 + a_{22}F_2 + \cdots a_{2n}F_n + \varepsilon_2 \\ X_m = a_{m1}F_1 + a_{m2}F_2 + \cdots a_{mn}F_n + \varepsilon_m \end{cases} \quad (6-3)$$

其中，X_1、X_2、…、X_m 为 m 个原始变量，F_1、F_2、…、F_n 为 n 个独立且不能够观测的公共因子，ε_1、$\varepsilon_2 \cdots \varepsilon_3$ 彼此不相关，是X_i的特殊因子，用来解释不能被 F_i 因子解释的部分。

可得因子总得分 $F_i = b_{i1}X_1 + b_{i2}X_2 + \cdots + b_{in}X_n (i = 1, 2, 3, \cdots, m)$。

因子分析法的使用具有一定的条件限制，要求各个变量之间需要存在一定的相关性，即需进行 *KMO* 值检验，一般来说，*KMO* 值在 0 至 1 区间，*KMO* 值小于 0.5 则不适合做因子分析。其次在做因子分析时，累计贡献值大于 85%，则反映的结果更显著。

2. 熵权法

熵权法依据不同指标的离散程度来划分权重，某项指标的数据离散程度越大，那么该指标的信息熵就越小，被赋予的权重也就越大；相反指标数据离散程度越小，该指标的信息熵就越大，那么被赋予的权重也就越小。因此，可利用熵权法计算出各项指标的权重，为多指标的综合评价提供合理的依据。

第 j 项指标下第 i 个城市指标值所占比重为：

$$P_{ij} = \frac{X_{ij}}{\sum_{i=1}^{n} X_{ij}}, i=1,2,3,\cdots,n; j=1,2,3\cdots,m \tag{6-4}$$

P_{ij}为第 i 个城市在第 j 项指标下所占的比重。第 j 项指标的熵值：$e_j = -\left(\frac{1}{\ln(n)}\right)\sum_{i=1}^{n} P_{ij}\ln(P_{ij})$

第 j 项指标的差异系数：

$$h_j = 1 - e_j \tag{6-5}$$

第 j 项指标的权重系数：

$$W_j = \frac{h_j}{\sum_{j=1}^{m} h_j} \tag{6-6}$$

3. 指标赋权的设计

（1）金融生态主体指标的赋权。

本研究对金融生态主体指标的赋权采用主成分分析法，最后根据得分采取向量归一化得出金融生态主体的综合得分方程式。对金融机构下设的 6 个三级指标进行主成分分析，通过计算得出指标对应的主成分得分，进而得到三级指标的权重占比，结果详见表 6.2。

表 6.2　　金融机构主成分分析结果

金融机构		主成分 1	主成分 2	主成分 3	主成分 4	主成分 5	主成分 6	得分
特征向量	银行机构数	0.1738	0.6685	-0.6809	0.1777	-0.1581	0.0526	0.3219
	证券法人数	0.4938	-0.0786	-0.1204	0.1264	0.8443	-0.0810	0.3225
	证券营业部	0.4815	0.1739	0.1011	-0.8431	-0.1273	-0.0259	0.3894
	期货法人数	0.4933	-0.0799	0.1821	0.3658	-0.3878	-0.6579	0.3217
	保险公司法人	0.4909	-0.1055	0.2126	0.2973	-0.2396	0.7462	0.3124
	金融从业人员	-0.0989	0.7065	0.6583	0.1392	0.1952	-0.0153	0.1422

续表

金融机构	主成分 1	主成分 2	主成分 3	主成分 4	主成分 5	主成分 6	得分
特征值	3.99921	1.70840	0.24717	0.02610	0.01410	0.00501	
贡献率	0.6665	0.2847	0.0412	0.0044	0.0024	0.0008	
累计贡献率	0.6665	0.9513	0.9925	0.9968	0.9992	1.0000	

第一、第二主成分的累积方差贡献率分别为 66.65%、95.13%，因此可以计算各指标变量的主成分得分，计算模型为：$F = \frac{\lambda_1}{\lambda_1 + \lambda_2} F_1 + \frac{\lambda_2}{\lambda_1 + \lambda_2} F_2$，通过计算可得到表 6.2 中得分项，再经归一化处理：指标权重 = 指标主成分得分/所有指标主成分得分总合，最后得到金融机构的综合得分表达式。

$JRJG = 0.1778X_3 + 0.1782X_4 + 0.2151X_5 + 0.1777X_6 + 0.1726X_7 + 0.785X_8$

采取相同方法对金融市场的 4 个三级指标进行主成分分析，计算结果见表 6.3。

表 6.3　　金融市场主成分分析结果

金融市场		主成分 1	主成分 2	主成分 3	主成分 4	得分
特征向量	本外币存款余额	0.5168	0.2767	-0.6674	0.4593	0.4432
	本外币贷款余额	0.5167	-0.2875	-0.2473	-0.7676	0.4912
	保费收入	0.4837	-0.6412	0.4077	0.4344	0.4969
	境内上市公司数	0.4816	0.6555	0.5721	-0.1056	0.3776
特征值		3.58774	0.37394	0.07724	0.01934	
贡献率		0.8969	0.0935	0.0053	0.0043	
累计贡献率		0.8969	0.9904	0.9957	1.0000	

第一、第二主成分的累积方差贡献率分别为 89.69%、99.04%，根据主成分得分采取向量归一化得出金融市场的综合得分表达式：$JRSC = 0.2729X_9 + 0.2435X_{10} + 0.2085X_{11} + 0.2751X_{12}$。

运用熵权法估算金融业增加值和金融业增加值占 GDP 比重的权重，可以得到金融行业发展贡献度，分别赋予权重 50%，即金融行业发展贡献度表达式：$JRCZ = 0.5X_1 + 0.5X_2$。

本研究采用熵权法计算金融产值、金融机构和金融市场在金融生态体系中的权重，再用 Winsorize 进行缩尾处理，分别得到权重为 15%、20%、20%。最后，用三级指标表示金融生态主体，得到得分方程式：$STZT = 0.0750X_1 + 0.0750X_2 + 0.0356X_3 + 0.0356X_4 + 0.0430X_5 + 0.0355X_6 + 0.0345X_7 + 0.0157X_8 + 0.0546X_9 + 0.0487X_{10} + 0.0417X_{11} + 0.0550X_{12}$。

（2）金融生态环境指标的赋权。

从经济基础、社会环境和法制与政府管理 3 个方面，对金融生态环境的评价进行衡量，设计 14 个指标，用熵权法对金融生态环境进行赋权。

经济基础指标共设三级指标 4 个，分析结果详见表 6.4。

表 6.4　　经济基础熵权法赋权结果

指标	信息熵值 e	信息效用值 d	权重（%）
城镇居民人均可支配收入	0.935	0.065	23.508
农村居民人均可支配收入	0.937	0.063	22.544
第三产业占 GDP 比重	0.912	0.088	31.932
人均固定资产投资	0.939	0.061	21.916

使用熵权法与向量归一化得出权重，最后得到经济基础的生态表达式：$JJJC = 0.2351X_{13} + 0.2264X_{14} + 0.3192X_{15} + 0.2192X_{16}$

社会环境评价指标共设三级指标 4 个，分析结果祥见表 6.5。

表 6.5　　社会环境熵权法赋权结果

指标	信息熵值 e	信息效用值 d	权重（%）
高等院校在校生数	0.872	0.128	29.79
财政教育支出	0.946	0.054	21.104
城镇登记失业率	0.952	0.048	28.72
城镇化率	0.973	0.027	20.386

采用熵权法与向量归一化得出权重，得到社会环境的生态表达式：

$SHHJ = 0.2979X_{17} + 0.2110X_{18} + 0.2872X_{19} + 0.2039X_{20}$

法制与政府管理评价指标下共设三级指标 6 个，分析结果见表 6.6。

表 6.6　　法制与政府管理熵权法赋权结果

指标	信息熵值 e	信息效用值 d	权重（%）
律师事务所数	0.828	0.172	27.989
公证处数	0.948	0.052	8.419
司法所数	0.941	0.059	9.624
基层法律服务所数	0.904	0.096	15.705
每万人金融案件发生数量	0.857	0.143	23.374
财政支出 GDP 占比	0.909	0.091	14.891

采用熵权法与向量归一化得出权重，得到法制与政府管理的生态表达式：

$$FZGL = 0.2799X_{21} + 0.0842X_{22} + 0.0962X_{23} + 0.1571X_{24} + 0.2337X_{25} + 0.1489X_{26}$$

本研究采用熵权法计算指标占比，再用均值法进行调整，得到经济基础、社会环境和法制与政府管理在金融生态中的权重占比分别为 15%、15%、15%。得到金融生态环境指标的得分方程式：

$$STHJ = 0.0353X_{13} + 0.0340X_{14} + 0.0479X_{15} + 0.0329X_{16} + 0.0447X_{17} + 0.0317X_{18} + 0.0431X_{19} + 0.0306X_{20} + 0.0420X_{21} + 0.0126X_{22} + 0.0144X_{23} + 0.0236X_{24} + 0.0351X_{25} + 0.0223X_{26}$$

6.3　金融生态评价模型与评价结果分析

6.3.1　金融生态评价模型

为使所构建的金融生态评价指标体系更为合理，运用熵权法计算二级指标占比，计算结果再用 Winsorize 缩尾处理，结合三级指标的权重，计算得到表 6.7 金融生态评价体系。

表 6.7 金融生态评价体系

一级（目标层）	二级（准则层）	三级（因子层）	子权重	整体权重
金融生态主体 STZT	金融产值 JRCZ15%	金融业增加值	50%	7.50%
		金融业增加值占 GDP 比重	50%	7.50%
	金融机构 JRJG20%	银行业金融机构数	17.78%	3.56%
		证券法人数	17.82%	3.56%
		证券公司营业部数	21.51%	4.30%
		期货法人数	17.77%	3.55%
		保险公司法人数	17.26%	3.45%
		金融从业人员数量	7.85%	1.57%
	金融市场 JRSC20%	金融机构本外币存款余额	27.29%	5.46%
		金融机构本外币贷款余额	24.35%	4.87%
		保费收入	20.85%	4.17%
		境内上市公司数	27.51%	5.50%
金融生态环境 STHJ	经济基础 JJJC15%	城镇居民人均可支配收入	23.51%	3.53%
		农村居民人均可支配收入	22.64%	3.40%
		第三产业占 GDP 比重	31.93%	4.79%
		人均固定资产投资	21.92%	3.29%
	社会环境 SHHJ15%	高等院校在校生数	29.79%	4.47%
		财政教育支出	21.10%	3.17%
		城镇登记失业率	28.72%	4.31%
		城镇化率	20.39%	3.06%
	法制与政府管理 FZGL 15%	律师事务所数	27.99%	4.20%
		公证处数	8.42%	1.26%
		司法所数	9.62%	1.44%
		基层法律服务所	15.71%	2.36%
		金融案件发生数量	23.37%	3.51%
		财政支出 GDP 占比	14.89%	2.23%

金融生态评价模型：

$$H_i^n = \sum_{j=1}^{26} w_j \cdot x'_{ij} \tag{6-7}$$

H_i^n 是 i 市第 n 年金融生态综合指数，x_{ij} 是 i 市的 j 项指标值，w_j 是 j 项的权

重，n 是时期。

6.3.2 成渝金融生态得分

表 6.8　　成渝 2011～2022 年金融生态评价得分

	年份	重庆	成都	成渝	上海
金融生态主体 STZT	2011	0.0160	0.0306	0.2359	0.4063
	2012	0.0346	0.0560	0.2822	0.4488
	2013	0.0546	0.0792	0.3253	0.4732
	2014	0.0722	0.1064	0.3701	0.5249
	2015	0.0965	0.1369	0.4249	0.6149
	2016	0.1222	0.1726	0.4863	0.6927
	2017	0.1447	0.1942	0.5305	0.7448
	2018	0.1605	0.2007	0.5527	0.7782
	2019	0.1838	0.2163	0.5917	0.8530
	2020	0.2040	0.2438	0.6393	0.9259
	2021	0.2106	0.2498	0.6435	0.9292
	2022	0.3973	0.4148	0.4488	0.5495
金融生态环境 STHJ	2011	0.3138	0.1694	0.3981	0.4495
	2012	0.3324	0.1912	0.4278	0.5043
	2013	0.3659	0.2591	0.4907	0.5087
	2014	0.3771	0.2789	0.5142	0.4982
	2015	0.4067	0.2993	0.5480	0.5423
	2016	0.4108	0.3297	0.5687	0.5747
	2017	0.4271	0.3598	0.6008	0.5984
	2018	0.4291	0.3781	0.6158	0.6030
	2019	0.4476	0.4069	0.6504	0.6332
	2020	0.5183	0.4351	0.7048	0.6598
	2021	0.5265	0.4430	0.7094	0.6639
	2022	0.3796	0.3231	0.3578	0.3761

续表

	年份	重庆	成都	成渝	上海
金融生态综合得分 JRST	2011	0. 1500	0. 0930	0. 3089	0. 4257
	2012	0. 1686	0. 1169	0. 3477	0. 4737
	2013	0. 1947	0. 1602	0. 3997	0. 4892
	2014	0. 2094	0. 1840	0. 4350	0. 5129
	2015	0. 2361	0. 2100	0. 4803	0. 5822
	2016	0. 2521	0. 2433	0. 5234	0. 6396
	2017	0. 2718	0. 2687	0. 5621	0. 6789
	2018	0. 2814	0. 2806	0. 5811	0. 6993
	2019	0. 3025	0. 3021	0. 6181	0. 7541
	2020	0. 3455	0. 3298	0. 6688	0. 8061
	2021	0. 3586	0. 3430	0. 7011	0. 8356
	2022	0. 3893	0. 3735	0. 4079	0. 4715

从金融生态主体角度分析，成都略高于重庆得分，但均远低于上海分值。2022 年，重庆和成都分别是上海的 72. 33%、75. 52%，且成渝两地的总分值与上海也有不小的差距，成渝是上海的 81. 68%。主要原因：一是成都和重庆在银行、证券、期货和保险法人机构数量相比于上海有较大差距，详见表 6. 9。说明重庆、成都的法人金融机构数量相对较少，金融聚集能力较弱。从数据分析来看，金融机构总部在成渝设立较少，特别是全国性总部银行在成渝两地尚未实现“零”的突破，这与西部金融中心的国家金融战略不相匹配。二是金融市场的本外币存款余额、本外币贷款余额、保费收入、境内上市公司数量都与上海相差甚远。

表 6. 9　　2022 年金融机构法人数

	商业银行业	证券公司	期货公司	保险公司
上海	106	30	34	57
成都	67	4	3	6
重庆	57	1	4	4
成渝	124	5	7	10

从金融生态环境角度分析，重庆略高于上海得分，但成都低于上海分值。2022 年，重庆和成都分别是上海的 100.93%、85.93%。但是成渝共计得分略低于上海，是上海的 95.12%。主要原因：一是经济基础指标与上海差距较大，特别是居民人均可支配收入和第三产业 GDP 占比差距比较明显。二是财政教育支出、城镇化率等指标也与上海有一定差距，详见表 6.10。成渝的金融生态环境合计在总量上略低于上海，其原因是文化教育和法制基础设施是总量指标，数值高于上海，说明“重庆 + 成都”的金融生态环境在总量指标上与上海相当。

表 6.10　　2022 年金融生态环境部分指标

	城镇居民人均可支配收入（万元）	农村居民人均可支配收入（万元）	第三产业 GDP 占比	财政教育支出（亿元）	城镇化率（%）
上海	8.40	3.97	0.7412	1122.6	89.30
成都	5.49	3.09	0.6641	400.31	79.90
重庆	4.55	1.93	0.5295	822.17	71
成渝	5.02	2.51	0.5968	1222.48	75.45

从金融生态综合角度分析，重庆得分略高于成都，但与上海仍有不小差距。2022 年重庆和成都得分分别是上海的 82.58%、79.23%，成渝两地总得分是上海的 86.53%。与上海差距主要体现在金融生态主体的金融产值、金融机构和金融市场上，详见表 6.11。

表 6.11　　2022 年金融生态指标得分

	金融产值	金融机构	金融市场	金融生态主体	经济基础	社会环境	法制与管理	金融生态环境	金融生态综合
上海	0.1500	0.1995	0.2000	0.5495	0.1354	0.1387	0.1020	0.3761	0.4715
成都	0.1316	0.0832	0.2000	0.4148	0.1501	0.1268	0.0462	0.3231	0.3735
重庆	0.1318	0.0659	0.1996	0.3973	0.1454	0.1430	0.0912	0.3796	0.3893
成渝	0.1307	0.1181	0.2000	0.4488	0.1491	0.1501	0.0586	0.3578	0.4079

第 7 章

金融生态、经济发展与金融中心的实证分析

7.1 金融生态与经济发展的实证分析

7.1.1 计量模型设定

本研究采用 GDP 作为衡量经济发展的指标，选取成都、重庆、成渝和上海 2011 ~ 2022 年的年度 GDP 数据，运用面板向量自回归模型（PVAR）实证检验经济发展与金融生态主体、金融生态环境和金融生态综合指数之间的相互关系。PVAR 模型可用于考察多个变量之间的动态互动关系，且利用面板数据能够有效解决个体异质性问题，在充分考虑个体效应和时间效应情况下，由此构建本研究 PVAR 的模型：

$$Y_{it} = \alpha_0 + \sum_{j=1}^{p} \alpha_j Y_{t-j} + \chi_i + \eta_t + \mu_{it} \tag{7-1}$$

式中，Y_{it} 是被解释变量，可为经济产值（GDP）、金融生态主体（STZT）、金融生态环境（STHJ）和金融生态（JRST），χ_i 为样本个体效应，反映各样本在截面上的个体异质性，i 是各样本，t 是年份，α_0 是截距项向量，α_j 是参数矩阵，p 为滞后阶数，η_t 为反映各变量的时间趋势变化的时间效应，μ_{it} 为服从正态分布的随机干扰项。

7.1.2 描述性统计

为防止数据大幅波动影响估计精确度，对 GDP 数据做对数处理。表 7.1 为原始数据变量描述性统计情况。

表 7.1 面板数据描述性统计结果

变量	观测值	均值	标准差	最小值	最大值
LNGDP	40	9.901360	0.470460	8.901819	10.66331
STZT	40	0.335686	0.253833	0.015990	0.925855
STHJ	40	0.455694	0.130120	0.169353	0.704820
JRST	40	0.389690	0.193165	0.093031	0.806123

7.1.3 面板数据的平稳性检验和协整检验

本研究采用 LLC 检验、IPS 检验、Fisher ADF 检验和 Fisher PP 检验四种单位根检验方法对各变量进行数据平稳性面板单位根检验。各变量二阶差分后均能通过单位根检验，见表 7.2 检验结果，可进一步开展协整检验。

表 7.2 面板单位根检验结果

变量/P 值	LLC 检验	IPS 检验	Fisher ADF	Fisher PP	结论
LNGDP	0.0000	0.7905	0.0396	0.0110	不平稳
dLNGDP（1）	0.0011	0.6961	0.0320	0.0145	不平稳
dLNGDP（2）	0.0000	0.0155	0.0086	0.0002	平稳
STZT	0.0000	0.1107	0.0120	0.8786	不平稳
dSTZT（1）	0.0000	0.0099	0.0058	0.2894	不平稳
dSTZT（2）	0.0000	0.0203	0.0090	0.0260	平稳
STHJ	0.0000	0.0036	0.0005	0.6099	不平稳
dSTHJ（1）	0.0000	0.0000	0.0001	0.0128	不平稳
dSTHJ（2）	0.0000	0.0144	0.0003	0.0000	平稳
JRST	0.0000	0.2719	0.1023	0.9638	不平稳

续表

变量/P 值	LLC 检验	IPS 检验	Fisher ADF	Fisher PP	结论
dJRST（1）	0.0001	0.0436	0.0321	0.1724	不平稳
dJRST（2）	0.0000	0.0181	0.0087	0.0002	平稳

在单位根检验基础上，对两组变量分别采取 Kao 协整检验方法，LNGDP 与 STZT、STHJ 变量组检验结果显示，ADF 的 t 值为 -2.912349，相伴概率为 0.0018；LNGDP 与 JRST 变量组检验结果显示，ADF 的 t 值为 2.399174，相伴概率为 0.0228。可以得出所有变量均在 5% 以内显著性水平上拒绝不存在协整关系的原假设，各变量存在协整关系，可建立 PVAR 模型。

7.1.4 最优滞后阶数的确定

根据 AIC、SC 和 HQIC 准则确定模型最优滞后阶数，一般认为应选择各准则下显著量最多的滞后阶数。由表 7.3 结果可知：对于 LNGDP 与 STZT、STHJ 变量组选择的最优滞后阶数为 3 阶，LNGDP 与 JRST 变量组选择的最优滞后阶数为 4 阶，因此分别建立 PVAR（3）和 PVAR（4）模型。

表 7.3　滞后阶数

	Lag	LogL	LR	FPE	AIC	SC	HQ
LNGDP 与 STZT、STHJ	1	184.5389	NA	8.94e-11	-14.62824	-14.18647	-14.51104
	2	198.1780	20.45868	6.25e-11	-15.01483	-14.13129	-14.78043
	3	215.9048	22.15848*	3.28e-11*	-15.74207*	-14.41676*	-15.39046*
	4	223.0138	7.109031	4.60e-11	-15.58449	-13.81740	-15.11568
LNGDP 与 JRST	1	120.6219	NA	2.06e-07	-9.718489	-9.522147*	-9.666399
	2	126.7061	10.14031*	1.74e-07	-9.892171	-9.499487	-9.787992
	3	130.0908	5.077174	1.86e-07	-9.840903	-9.251876	-9.684634
	4	136.1503	8.079334	1.62e-07*	-10.01253*	-9.227159	-9.804169*

7.1.5 实证结果分析

PVAR 模型的脉冲响应函数能够在其他变量不变时，获得两变量间比较纯粹的动态关系。为了刻画各变量之间的长期动态交互过程和效应，本研究对变量组数据进行 Monte - Carlo200 次模拟实验，得到在 95% 置信区间和滞后 10 期的脉冲响应图。

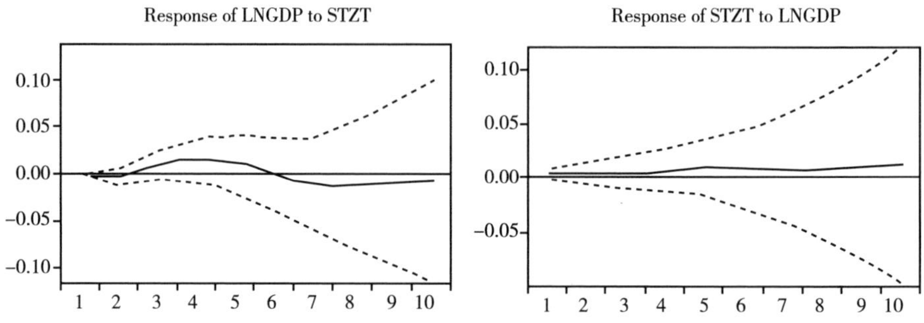

图 7.1 GDP 对金融生态主体响应（左图）和金融生态主体对 GDP 响应（右图）

从图 7.1（左）可以看出，GDP 对来自金融生态主体的冲击，前两期内并无显著反应，但在 3～5 期内表现出正向反应且在第 4 期达到峰值 0.016，从 6 期后为负向反应于 7 期到最低值 -0.011，而后逐渐收敛；从图 7.1（右）可以看出，GDP 的增长对金融主体的发展整体呈现正向促进效果，但在整个周期内，金融生态主体在面对 GDP 的冲击时波动性很小。

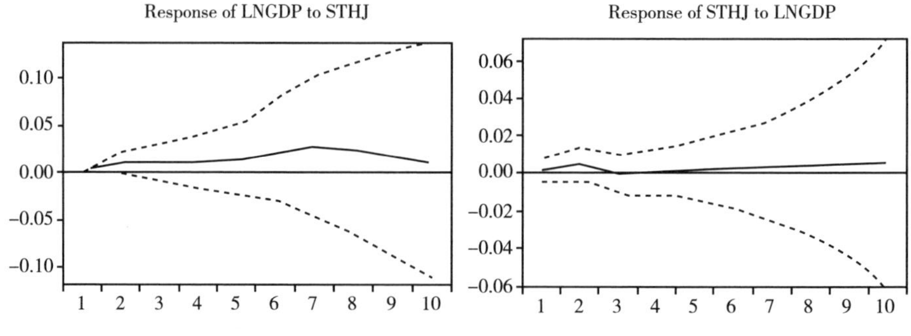

图 7.2 GDP 对金融生态环境响应（左图）和金融生态环境对 GDP 响应（右图）

从图 7.2（左）可以看出，金融生态环境对 GDP 产生正向影响，在第 7 期达到最大值 0.028，而后逐渐收敛，表明金融生态环境的改善在一定程度上有助于 GDP 的增长；从图 7.2（右）可以看出，金融生态环境面对 GDP 的冲击开始表现出显著的正向反应，并在第2期达到第一个峰值0.005，但在3~4期迅速收敛在0处波动，随时间推进后又逐渐缓慢发散，总体呈现正向反应，表明GDP的增长有助于生态环境的改善且时间越长作用越明显。

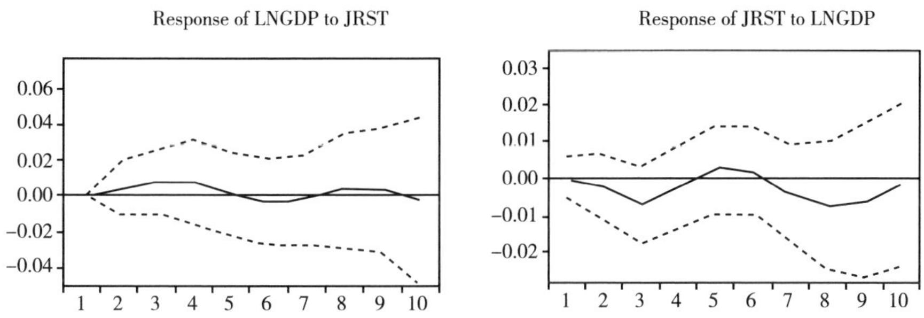

图7.3　GDP对金融生态响应（左图）和金融生态对GDP响应（右图）

从图7.3（左）可以看出，GDP对来自金融生态的冲击，在第1~5期表现出正向反应且在第3期达到峰值0.009，长期来看冲击反应围绕0值正负波动，可见金融生态整体的发展和改善是有助于经济产值的增长的，短期更为明显；从图7.3（右）可以看出，金融生态指标面对GDP的冲击，在1~4期内表现出负向反应，在5~6期转为正向反应，又在7期转向负的反应，且在第8期达到最低值-0.008后收敛，表明金融生态会受到经济产值波动而波动。

综上分析得出结论：（1）经济发展对金融生态主体和金融生态环境具有助推作用。近年来，成渝地区经济持续增长并高于全国平均水平，金融业也得到持续发展，金融产值不断增加，金融生态环境持续得到改善。（2）金融生态指数的波动与经济发展的变化密切相关，金融服务于经济发展，又是经济的核心。一是随着成渝地区经济的增长，人们收入和消费水平的增加，对金融机构提供的金融产品和服务的需求更加广泛。二是成渝地区经济发展增加了企业的融资需求，金融机构又通过提供贷款、债券发行等方式来帮助企业实现融资，促进企业发展。（3）金融中心的建设能够促进金融生态主体的壮大与发展，从而助推经济发展，经济发展又能促进金融生态环境的改善，有助于金融中心的构建。一是金融机构经营业务通过提高资源配置效率来推助经济发展。二是金融业自身的产值的增加直接为经济发展做贡献。三是经济发展促进经济基础、社会环境和法律基础设施的改善，从而优化金融生态环境。

7.2 金融生态与金融中心建设的实证分析

金融生态从生态学研究视角出发，通过参考生态学研究思维与方法对地区金融发展水平进行评价，能够较为全面与客观的体现地区金融发展程度，是当前研究的热点话题；而金融中心是各类金融资源、金融人才、金融机构的集聚地，对于促进区域经济的高质量发展和金融业的快速发展都具有十分重要的作用。因此研究金融生态状况与金融中心建设的关系具有重要的理论意义与实践价值。本章节从实证角度着手，根据中国综合开发研究院（CDI）所编制的中国金融中心指数样本的选择，同时参考金融中心建设样本，选取包含成渝的30个城市为本研究样本。首先，在全国层面上研究金融生态对金融中心建设的影响，检验金融生态优化对金融中心建设的促进作用；其次，采用模糊集定性比较分析（fsQCA 模型），研究金融生态优化与金融中心建设的多元路径。

7.2.1 金融中心指数的测度

以往研究中常采用金融相关率（FIR）来衡量金融中心水平，金融相关率又称金融规模，即用一国或地区金融工具的市场总值或金融活动总量与国民生产总值的比值来衡量。研究中常采用 M2 与区域国民生产总值的比值来衡量，由于我国货币发行量是由央行统一调控，因此，本研究采用了狭义的金融关联率测度方法，以存贷款余额的总和来表示金融资产总额，金融关联率则是用存贷款余额与国民总产值的比值来衡量。在此基础上进一步完善金融中心指数的测算方法，如果简单地使用金融相关比率，只能衡量区域内金融资产的相对数量，而无法衡量有效资产的实际比例。因此，参考周天芸（2014）的研究，在金融规模的基础上加上金融效率来衡量区域金融中心指数更为科学和合理。

在测算金融效率过程中，常从投入产出角度采用数据包络分析（DEA）进行效率测度，但在实际操作过程中，传统的 DEA 模型没有考虑松弛变量对环境效率的影响，因此决策单位效率值可能会存在被高估的情况，而且可能会存在多个 DEA 有效案例，这不利于对 DEA 有效单位的进一步比较分析。另外，超效率 SBM 模型不仅可以避免因径向和角度选择而产生的偏差，而且还有利于进一步评价有效单位。因此，本研究采用超效率 SBM 模型来测算金融效率，超效率 SBM 模型表示为：

$$\begin{cases} \min\rho_f = \dfrac{1 + \dfrac{1}{m}\sum\limits_{i=1}^{n} s_i^- / x_{ik}}{1 - \dfrac{1}{s}\sum\limits_{r=1}^{s} s_r^+ / x_{ik}} \\ s.t. \\ \sum\limits_{j=1, j\neq k}^{n} x_i j r_j - s_i^- \leqslant x_i k \\ \sum\limits_{j=1, j\neq k}^{n} y_r j r_j + s_i^+ \geqslant y_r k \\ r, s^-, s^+ \geqslant 0 \\ i = 1,2,\cdots,q j = 1,2,\cdots,n(j \neq k) \end{cases} \quad (7-2)$$

式中，ρ_f 代表金融效率值，x 和 y 代表投入和产出要素，m 和 s 代表投入和产出指标的个数，k 代表研究期间，i 和 r 代表投入变量和产出变量的决策单元，s^+ 和 s^- 分别代表投入和产出的松弛量，γ 为向量权重。

基于以上事实与理论基础，本课题投入指标选用金融机构本外币存款余额、金融从业人员总数，产出指标则选用金融业增加值数额、金融机构本外币贷款余额，采用超效率 SBM 模型测度金融效率，并以金融规模与金融效率的乘积来表示金融中心指数，以此来衡量金融中心的发展程度。

7.2.2　金融生态与金融中心的回归分析

1. 变量选择与数据处理

为在全国层面研究金融生态（FB）与金融中心（FCE）的关系，本课题拟采用面板数据回归的方法得出金融生态优化对金融中心发展程度的平均因果效应，故参考已有关于金融生态与金融中心关系的文献，分别从生存压力（Pre）、居住环境（Air）、人口数量（lnPeo）、国际化水平（lnInt）4 个角度选择控制变量。具体而言，生存压力采用房价收入比衡量；居住环境采用空气质量优良率衡量；人口数量选择地区常住人口数量的对数衡量；国际化水平采用国际旅游外汇收入的对数衡量。

为确保数据的稳健可靠，展示数据结构，提升数据可信水平，首先对各数据进行描述性统计分析，如表 7.4 所示，由表可知：各变量标准差数值均较低，说明数据波动较小，适用于后续的一系列检验，可用于回归分析与组态分析。

表 7.4　描述性统计分析

VAR	N	mean	sd	min	max
FCE	150	4.194	1.476	1.653	8.070
FB	150	0.883	0.223	0.447	1.462
Pre	150	5.744	3.135	2.640	19.85
Air	150	0.797	0.141	0.414	1
lnPeo	150	6.961	0.490	5.858	8.581
lnInt	150	1.201	1.825	-2.303	4.300

为避免变量间信息重合对回归结果的影响，对研究中涉及的变量进行相关性分析，如表 7.5 所示，由表可知：各个变量间相关性均低于 0.8，且金融生态与金融中心间相关性显著为正，初步说明金融生态与金融中心之间存在潜在的正向关系，且其余控制变量对于金融中心的影响也均显著，说明本研究变量选取是较为合理且有效的。

表 7.5　相关性分析

	FCE	FB	lnInt	Pre	Air	lnPeo
FCE	1					
FB	0.521***	1				
lnInt	0.233***	0.331***	1			
Pre	0.387***	0.285***	0.380***	1		
Air	0.108	-0.0400	-0.0190	0.352***	1	
lnPeo	0.331***	0.202**	0.396***	0.216***	-0.131	1

在相关性分析的基础上，为进一步避免严重的多重共线性问题对实证回归

分析结果产生的干扰，参考时间序列数据的处理模式，先采用混合回归模型对数据进行回归分析，之后计算各变量的方差膨胀因子（vif），若各变量方差膨胀因子小于10，说明此模型不存在严重的多重共线性问题，模型设定是有效的，由表7.6可知：各个变量的vif值均小于10，且平均vif值为1.30，远小于10，进一步说明模型设定及变量选取的合理性。

表7.6　　方差膨胀因子分析

VAR	(1) FCE	(2) VIF
FB	2.938*** (6.23)	1.18
lnInt	-0.072 (-1.14)	1.40
Pre	0.101*** (2.70)	1.47
Air	0.838 (1.10)	1.23
lnPeo	0.725*** (3.31)	1.24
Constant	-4.607*** (-2.69)	
Mean		1.30
Observations	150	
R^2	0.382	

注：t-statistics in parentheses，*** $p<0.01$，** $p<0.05$，* $p<0.1$。

在进行面板回归分析之前，为确保参与回归的各个序列是平稳的，常进行单位根检验，而根据面板数据特征不同，长面板数据一般采用Fisher检验、LLC检验等，短面板数据则可采用HT检验、IPS检验等手段进行单位根检验。为保证单位根检验的正确性，本研究同时采用HT检验与Fisher-PP检验对数据单位根进行检验，以此验证数据的平稳性。检验结果如表7.7所示，由表可知：除lnPeo与lnInt为一阶平稳外，其他各变量均为零阶平稳，数据平稳性优良。

表 7.7　　变量单位根检验结果

VAR		HT	PP	结论
FCE	Statistic	0.4425	158.7186	平稳
	p - value	0.2589	0.00	
d. FCE	Statistic	-0.3816	286.8009	平稳
	p - value	0.00	0.00	
FB	Statistic	0.5435	243.5652	平稳
	p - value	0.6877	0.00	
d. FB	Statistic	-0.259	336.8263	平稳
	p - value	0.00	0.00	
lnInt	Statistic	-0.0013	10.1061	不平稳
	p - value	0.00	1.00	
d. lnInt	Statistic	-0.505	69.0321	平稳
	p - value	0.00	0.068	
Pre	Statistic	-0.2	188.5563	平稳
	p - value	0.00	0.00	
d. Pre	Statistic	-0.3622	517.5609	平稳
	p - value	0.00	0.00	
Air	Statistic	0.1296	167.3468	平稳
	p - value	0.00	0.00	
d. Air	Statistic	-0.4678	505.8216	平稳
	p - value	0.00	0.00	
lnPeo	Statistic	0.6149	236.6344	不平稳
	p - value	0.9017	0.00	
d. lnPeo	Statistic	-0.4161	130.0193	平稳
	p - value	0.00	0.00	

在单位根检验的基础上，为确保变量间具有长期的均衡关系，同时为了避免伪回归产生的错误实证结论，故采用 KAO 检验对面板数据的平稳性进行检验，检验结果如表 7.8 所示，由表可知：在 KAO 检验中提供的协整性统计量中，p 值均小于 0.1 且在 10% 的显著性水平上显著，故可在 10% 的显著性水平上强烈拒绝“不存在协整关系”的原假设，认为其存在协整关系，说明本研究变量具有长期均衡关系，因此可以进一步进行回归分析。

表 7.8 协整性检验

统计量	Statistic	p - value
Modified Dickey - Fuller t	1.7977	0.0361
Dickey - Fuller t	-5.9535	0.0000
Augmented Dickey - Fuller t	1.4648	0.0715
Unadjusted Dickey - Fuller t	-7.9573	0.0000

2. 面板回归分析

在分析前对回归分析模型进行选择，常用回归分析模型有混合回归模型（OLS）、固定效应模型、随机效应模型，首先利用F检验对是否采用混合回归模型进行检验，如表7.9第一行所示，F检验 p 统计量小于0.01，在1%的显著性水平上拒绝使用混合回归的原假设，因此应使用固定效应模型或随机效应模型进行分析，在此基础上采用豪斯曼检验（hausman - test）对是否采用固定效应模型回归进行判断，回归结果如表7.9第二行所示，由表可知，检验结果P统计量大于0.1，不能拒绝固定效应模型与随机效应模型回归系数差异具有系统性差异的原假设，基于上述分析，本研究采用随机效应模型对金融生态与金融中心的关系进行分析。

表 7.9 回归模型选择检验

	Statistic	p - value
F - test	28.580	0.000
hausman - test	7.250	0.611

基于随机效应模型对金融生态与金融中心的关系进行分析，为确保研究结论稳健可靠，稳健性检验结果一并附上，基准回归结果如表7.10第一列至第三列所示：第一列展示在不加入控制变量情况下金融生态优化对金融中心水平的影响，第二列展示在加入控制变量情况下金融生态优化对金融中心水平的影响，第三列展示基于固定效应模型下金融生态优化对金融中心水平的影响，由此可知，金融生态优化能够显著提升区域金融中心水平（$p<0.01$），且金融生态每优化1个单位，金融中心水平平均提升1.918个单位，金融生态优化对金融中心建设发挥重要作用；表7.10第四列与第五列为稳健性检验结果，其中第四列采用双侧1%缩尾方法，避免了离群值对回归结果的潜在影响，第五

列则将所有控制变量做滞后一期处理，避免了由控制变量内生性问题而使回归结果产生误差，稳健性检验结果均在 1% 的显著性水平上显著，说明本研究金融生态优化促进金融中心建设的结论是稳健的。

表 7.10　　　　基准回归与稳健性检验结果

	(1)	(2)	(3)	(4)	(5)
FB	2.032*** (5.51)	1.918*** (5.04)	1.768*** (4.38)	1.982*** (5.27)	2.381*** (5.34)
lnInt		−0.029 (−0.48)	−0.075 (−1.15)	−0.031 (−0.52)	
Pre		0.025 (0.57)	−0.033 (−0.65)	0.027 (0.64)	
Air		0.363 (0.39)	0.136 (0.12)	0.342 (0.37)	
lnPeo		0.659 (1.53)	−0.784 (−0.66)	0.651 (1.53)	
Constant	2.163*** (5.29)	−2.636 (−0.86)	8.065 (0.97)	−2.621 (−0.86)	−2.381 (−0.79)
Observations	150	150	150	150	120
Number of id	30	30	30	30	30
R^2			0.266		

注：z − statistics in parentheses，*** $p<0.01$，** $p<0.05$，* $p<0.1$。

综上所述，本研究从实证角度证明：在全国层面金融生态优化能显著促进金融中心的建设。上述研究分析了在控制生存压力、居住环境、人口数量、国际化水平后，金融生态优化对金融中心建设的平均因果效应。

回归分析中不可避免地会出现因控制变量选取不足而产生的遗漏变量问题，抑或因残差与解释变量相关的内生性问题，常用的各类稳健性、内生性问题分析方法只能缓解此类问题对实证分析的影响，如何从根本上解决此类问题？金融生态优化虽然能显著促进金融中心的建设，但是该影响的路径尚不明晰，金融生态优化究竟以何种方式促进金融中心建设？本研究将基于模糊集定性分析方法，对上述问题进一步展开讨论。

7.2.3 金融生态与金融中心建设的组态分析

模糊集定性比较分析（fsQCA）是一类基于布尔代数运算逻辑的分析方法，以集合思想与组态思想分析前因条件与结果变量之间的复杂因果关系，作为一种面向案例的分析方法，fsQCA 从根本上避免了传统回归分析中无法避免的内生性、遗漏变量等问题，同时还能厘清导致同一种结果的多种渠道或路径，该方法的上述优势使其在人文社科领域得以广泛应用，与模糊集定性比较分析相对应的还有多值集定性比较分析（mvQCA）与清晰集定性比较分析（csQCA），基于本研究连续变量的数据特征，用 fsQCA 方法，以 2022 年 30 个样本城市为研究案例进行分析。

1. 变量选取与校准

本研究基于前文金融生态评价指标体系与金融中心指数的测度，选择金融机构、金融市场、经济环境、社会环境、政策环境、中介服务共 6 个前因条件，同时以金融中心指数作为本研究的结果变量进行分析。在分析开始前，首先采用直接校准法将各前因条件与结果变量数值校准至 0 ~ 1，参考前人研究，设定完全隶属锚点为 95% 分位数、交叉点为 50% 分位数、完全不隶属锚点为 5% 分位数，各变量各锚点取值情况如表 7.11 所示，同时汇报各个变量的描述性统计结果。

表 7.11　　变量校准与描述性统计

变量	模糊集校准			描述性统计			
	完全隶属	交叉点	完全不隶属	均值	标准差	最小值	最大值
金融中心	6.778	4.085	2.691	4.339	1.465	2.556	7.821
金融机构	0.255	0.021	0.012	0.054	0.095	0.007	0.442
金融市场	0.099	0.020	0.007	0.031	0.033	0.006	0.150
经济环境	0.069	0.020	0.006	0.027	0.020	0.005	0.089
社会环境	0.017	0.008	0.004	0.009	0.004	0.004	0.019
政策环境	0.015	0.008	0.003	0.009	0.004	0.000	0.016
中介服务	0.058	0.013	0.004	0.018	0.017	0.003	0.073

2. 必要条件分析

为确定是否有结果变量的因果关系所必需的前提条件，首先对各个前因条件的必要性进行分析，若某一前因条件一致性水平高于0.9，则该前因条件为必要条件，分析结果如表7.12所示：各前因条件在两种结果变量下的一致性水平均低于0.9，均不是结果变量产生的必要条件。

表7.12　　必要条件分析

前因条件	高金融中心水平		非高金融中心水平	
	一致性	覆盖度	一致性	覆盖度
高金融机构	0.633	0.742	0.444	0.602
非高金融机构	0.660	0.507	0.809	0.719
高金融市场	0.689	0.732	0.480	0.589
非高金融市场	0.613	0.505	0.782	0.744
高经济环境	0.702	0.690	0.541	0.616
非高经济环境	0.609	0.534	0.728	0.739
高社会环境	0.746	0.678	0.570	0.599
非高社会环境	0.559	0.529	0.694	0.760
高政策环境	0.690	0.633	0.557	0.591
非高政策环境	0.554	0.520	0.654	0.710
高中介服务	0.674	0.722	0.456	0.566
非高中介服务	0.595	0.486	0.776	0.733

3. 组态分析

基于上述分析，进一步对金融生态与金融中心水平提升的组态效应进行分析，组态分析中能得到三种形式的解，三种解的主要区别于对逻辑余项的处理方式不同，中间解能防止必要条件被简化，所以在分析中得到广泛应用，本研究也遵循这一模式，选择以中间解的分析方法，探讨金融生态与金融中心建设的多元路径，具体而言，在结果变量为高水平时，若一个前因条件同时出现在中间解与简约解中，则该条件视为该路径出现的核心条件，若某前因条件只出现在中间解而不出现在简约解中，则该条件视为该路径出现的边缘条件；在结果变量为非高水平时，若某前因条件在中间解与简约解中同时缺失，则该条件视为核心条件，若某前因条件只在简约解中缺失，则该条件视为边缘条件。由于组态分析中因果效应的非对称性，将结果变量分为高与非高组同时进行分析。参数设置则参考现有 QCA 分析惯例，将案例频数阈值设置为 1，案例原始一致性阈值设置为 0.8，原始 PRI 阈值设置为 0.7。

fsQCA 分析分析结果如表 7.13 所示：得到 1 个产生高金融中心水平的金融生态组态，4 个产生非高金融中心水平的金融生态组态。其中高金融中心水平解的总体一致性水平为 0.858，即在满足高金融中心水平路径的情况下，有 85.8% 的样本表现出高金融中心水平；总体覆盖度为 0.482，即这三条路径可以解释 45.6% 的个体，总体一致性水平高于阈值 0.8，说明组态分析结果有效。

（1）产生高金融中心水平的金融生态组态分析。

组态 H1 显示：以高金融机构水平、社会环境为核心条件，以高金融市场水平，优良经济环境、高政策环境、高中介服务水平为边缘条件的金融生态能够有效促进金融中心的建立，该组态唯一覆盖度水平为 0.482，说明有 48.2% 的城市的高金融中心水平仅能通过组态 H1 解释。该组态说明当拥有良好的经济环境与政策环境，且中介服务水平较高时，金融机构可依托各类金融市场实现金融生态的优化，以此提升金融中心的建设水平。组态 H1 的代表有北京、广州、上海、杭州、成渝等地区。

（2）产生非高金融中心水平的金融生态组态分析。

经组态分析，共有 4 个产生非高金融中心水平的金融生态组态。组态 N1 显示：当金融机构发展不完善，社会环境、政策环境较差且中介服务水平较低的情况下，即使金融市场发展程度好也将产生非高金融中心水平；组态 N2 显示：当社会经济环境较差，且中介服务水平低，即使存在成熟的金融机构，没有金融市场的支撑也将产生非高金融中心水平；组态 N3 与 N4 显示：即经济环境、社会环境、政策环境发展良好，较低水平的中介服务与发展不良的金融机构在脱离金融市场的支撑后仍将产生非高金融中心水平见表 7.13。

表 7.13　　产生高或非高金融中心水平的金融生态组态

前因条件	高解	非高解			
	H1	N1	N2	N3	N4
金融机构	(√)	×	√	(×)	×
金融市场	√	√	×	×	(×)

续表

前因条件	高解	非高解			
	H1	N1	N2	N3	N4
经济环境	√		×	√	×
社会环境	(√)	×	×	×	√
政策环境	(√)	(×)	(×)	√	√
中介服务	√	(×)	(×)	(×)	×
原始覆盖度	0.482	0.332	0.295	0.329	0.385
唯一覆盖度	0.482	0.060	0.035	0.008	0.090
一致性水平	0.858	0.930	0.942	0.969	0.888
总体覆盖度	0.482		0.558		
总体一致性水平	0.858		0.889		

注：(√) 表示核心条件存在；√表示边缘条件存在；(×) 表示核心条件缺失；×表示边缘条件缺失；空白代表该条件可有可无。

本章结合传统的实证回归分析与模糊集定性比较分析，首先，探究了金融生态优化对于建设金融中心的影响，基于研究对象的地理位置，探讨了该影响的区域差异，分析了差异出现可能的原因；其次，根据2022年31个样本城市数据，从真实案例分析角度出发，采用定性比较分析方法，对全国范围内现有的金融生态优化促进金融中心建设的典型模式进行分析，同时也对列举了产生非高金融中心水平的组态结果，以期为成渝共建西部金融中心提供路径与模式参考。

第 8 章

西部金融中心建设路径与协同性

8.1 西部金融中心建设的现实路径

8.1.1 打造成渝地区法人金融机构集聚基地

打造成渝地区法人金融机构集聚基地，提升金融创新活力和多元化服务能力，为成渝地区经济发展和金融行业的健康发展注入新的活力，为西部地区经济高质量发展增添新的动力源，为“一带一路”沿线的东南亚国家的基础设施建设提供资金扶持，为“渝新欧”、西部陆海新通道提供贸易结算服务。在此过程中，通过汇聚优质金融资源和提升服务水平，进一步增强成渝地区在金融领域的竞争力和辐射力，助力西部经济实现稳定和可持续发展。

第一，加快培育与壮大法人金融机构，提升成渝头部金融机构引领作用。一是提升法人商业银行的规模和实力。支持具备条件的重庆和成都地区的法人商业银行向全国性商业银行发展壮大。为实现这一目标，应加强监管，确保银行在业务拓展和资产规模扩大过程中遵循法律法规和风险管理要求。同时，推动商业银行不断提升金融服务水平和竞争力，以适应全国市场的需求和挑战。二是促进非银行法人金融机构发展。支持非银行法人金融机构在成渝地区设立证券公司、保险公司、基金公司、理财公司、消费金融公司、金融租赁公司等金融机构。鼓励这些机构创新产品和服务，满足市场需求，促进金融多元化发展。三是支持金融控股集团的设立。鼓励符合条件的大型金融机构、企业财团等申请设立金融控股集团。设立金融控股集团可以整合资源、优势互补，提升整体服务水平和综合竞争力，同时能够实现更高效的风险分散和管理。四是强化监管与风险控制。在支持金融机构发展的同时，必须加强监管力度，有效控制风险，保障金融市场的稳定和健康发展。建立健全的金融监管体系，加强对金融机构的风险评估和监管，确保金融体系的稳健运行。

第二，积极争取政策性金融支持力度，提升政策性金融机构的金融辐射能力。一是“一带一路”的东南亚国家大多数是发展中国家或欠发达国家，缺少基础设施建设资金。因此，成渝地区应积极争取政策性银行在成渝分行的基础上设立西南总行，有助于简化审批程序、提高资金利用效率，并能更快、更便捷地为东南亚国家的基础设施建设项目提供资金支持。二是积极争取设立“中国—东盟开发银行”和“中国—东盟投资基金”，专门为东南亚国家的重大产业项目提供开发性金融支持。这不仅可以推动东南亚国家经济的发展，也能为成渝地区金融资源的集聚与辐射提供有力支撑。三是与东南亚国家的金融机构加强合作，开展联合融资、投资、融资租赁等形式，促进双方金融资源的共享与交流，实现互利共赢的局面。通过不断加强与东南亚国家的金融合作，成渝地区可以更好地发挥其地缘优势，提升政策性金融机构的金融辐射能力，为地区经济的蓬勃发展注入新的活力。

第三，积极争取设立专业化金融机构，提高成渝地区专业化金融服务能力。一是吸引全国性融资租赁、商业保理等金融机构落地成渝地区，为企业提供更加多样化和专业化的金融服务，满足企业在融资、资金流动等方面的需要，促进企业的发展壮大。二是积极发展新型专业化金融服务公司，针对跨境电商、国际物流等行业提供定制化金融支持，有助于优化产业链、供应链金融服务，提高企业融资运营效率。三是积极发展国际多式联运保险业务，为“渝新欧”、西部陆海新通道货物运输提供保险和再保险服务，降低企业物流运输风险，促进国际贸易发展。四是完善金融中介服务，支持在成渝地区设立分支机构，培育具有影响力和竞争力的机构品牌。例如，引入国内外知名的会计师事务所、律师事务所、税务师事务所、资产评估机构、资信评估机构等，可以为当地企业或“一带一路”跨国企业提供更加专业化的金融中介服务，进一步提升服务水平和市场竞争力。

8.1.2 构建多层次资本市场体系

构建多层次资本市场体系，以提升成渝地区金融要素的辐射能力。为此，应在中国西部地区和“一带一路”沿线的东南亚国家建设多元化的西部投资理财平台，提供丰富的金融产品和服务，满足不同层次的投资需求。同时，应加强成渝地区与东南亚国家间多层次资本市场合作机制，通过平等互利的金融合作，为东南亚国家的经济社会发展注入市场活力，促进区域经济共同繁荣。这不仅将强化成渝地区在西部的金融中心地位，还将推动“一带一路”倡议的实施，形成优势互补、合作共赢的良好局面。

第一，创新发展多层次金融市场，提高西部金融中心资本要素配置能力。一是加强重庆与新加坡金融“点对点”合作，利用“中新互联互通项目”，带动中国西部与东南亚国家“面对面”互联互通合作格局，有助于促进西部地区金融市场与东南亚金融市场的互动与合作。通过搭建更加便捷高效的金融合作通道，可以推动资本、技术等要素的跨境流动，提高资源配置效率，促进跨境金融合作的深化。二是加强金融要素服务东南亚国家基础设施建设的力度，探索设立东南亚国家基础设施领域不动产投资信托基金（REITs），成立专门交易所为东南亚国家的 REITs 提供交易市场。通过设立 REITs，可以为东南亚国家基础设施建设项目提供多元化、创新性的融资渠道，吸引更多资金参与基础设施领域投资，为东南亚国家的经济发展和基础设施建设提供可持续的资金支持。三是建立专门交易市场为东南亚国家的 REITs 提供交易平台，可以提高资产流动性，促进资本的有效配置和市场的健康发展。通过以上措施的实施，将有助于提升西部金融中心资本要素配置能力，促进地区金融市场的繁荣发展，推动经济的可持续增长。

第二，促进创业投资基金发展，建设多元化的西部投资理财平台。一是稳步开展合格境内有限合伙人（QDLP）、合格境外有限合伙人（QFLP）试点业务，推动成渝地方法人金融机构投资者（QDII）、人民币合格境内机构投资者（RQDII）申请设立人民币“一带一路”投资基金。通过这样的试点业务，可以为成渝地区吸引更多国内外资金进入创业投资领域提供便利和渠道，推动地区的创业创新活动。二是设立东南亚国家基础设施专项基金，依托政策性银行和开发性金融机构，将部分建设项目债权资金转为股权资金，以资本金方式注入基建项目，有利于将项目债务转化为股权形式，降低项目融资成本，增加项目的资本金，提高项目融资的灵活性和可持续性。同时，将债务存量金融资产转化为项目股权资金，有助于盘活资金，促进资金的有效配置和运用。三是通过创业投资基金的发展和建设多元化的投资理财平台，成渝地区可以为创业者和投资者提供更多元化、更具吸引力的投资选择，促进地区经济的创新发展，加快经济结构调整和产业转型升级。

第三，为东南亚国家提供投融资市场，适时推进国际资本市场建设。一是建立服务东南亚国家的多层次资本市场合作机制，开展境外合格投资者投资区域性股权市场挂牌企业试点。可以吸引更多境外资本参与到地区股权市场中来，促进资金的流动和项目的实施。同时，能为东南亚国家企业在地区内寻找融资渠道提供更多选择，促进投融资的互利共赢。二是稳步推进国际板证券交易所设立，为东南亚国家的基础设施项目资产证券化提供交易平台。国际板的建立将为各国项目提供更大的融资渠道，并能带动基础设施项目的资产证券化进程，为地区基础设施建设提供更多的资金支持。三是积极争取境内外主要证券交易所来成渝地区设立服务基地，承接交易所上市路演、资源对接等综合功能，加快重点企业上市进程。引入主要证券交易所的服务基地有利于加快地区企业上市进程，提高企业融资能力和影响力，进一步促进地区经济的健康发展。通过以上措施的实施，可以为东南亚国家提供更加便捷多样化的投融资市场，推动地区间经济合作的深入发展，促进金融业的创新和市场的繁荣。

8.1.3 构建成渝地区良好的金融生态环境

构建成渝地区良好的金融生态环境，提升西部经济增长的内在动力源。通过提升成渝地区金融生态环境的良性循环与自身修复能力，不断加强金融治理体系的现代化水平，可以打造成渝地区良好的社会发展环境，为西部地区经济高质量发展提供坚实的支撑和强劲动力。其过程将具体体现在金融市场的稳健运行、金融政策的科学实施以及金融服务的全面优化上，从而为整个西部区域的繁荣与发展注入强劲活力。

第一，夯实成渝经济发展动力基础，提高金融生态环境良性循环与自身修复能力。一是围绕建设国家重要先进制造业中心的战略，推动产业与金融深度融合，构建支撑产业高质量发展的金融服务体系。通过更深入的产业和金融合作，可以为地区创新型企业提供更多融资渠道和金融服务，促进产业升级和技术创新，推动地区经济的发展。二是夯实经济基础、提升社会环境、优化法律机制与政府管理，提高金融生态环境良性循环与自身修复能力。通过完善经济基础设施建设，改善民生环境，健全法律法规体系，提高政府决策和管理水平，可以增强金融生态环境的稳定性和自我修复能力，为金融业的持续健康发展提供良好环境。三是优化金融生态环境，促进产业资本集聚成渝，推动成渝地区双城经济圈建设，打造产业经济高质量发展的动力源。通过吸引更多产业资本进入成渝地区，加强产业链的延伸和完善，推动双城经济圈的建设，地区的产业经济将能够得到更快速的发展，并成为引领地区经济增长的重要动力源。

第二，构建成渝地区良好的社会发展环境，加大金融高级人才吸引与内在培养的力度。一是要完善金融人才集聚政策和激励机制，加强跨境高层次金融人才引进与交流，建立高标准的成渝金融人才库和具有国际水准的专家智库。通过吸引和培养更多高级金融人才，可以提高地区金融从业人员的素质和水平，推动地区金融行业的发展。二是要大力推进成渝地区金融普惠知识教育和培训，提升居民普惠金融水平与金融素养，支持有条件的高校打造西部金融科技研究与教育平台。加强金融知识普及和培训，可以提高居民金融素养水平，促进金融普惠发展，实现金融服务的全民化。三是要提高金融支持数字经济发展力度，加快产业结构升级，创造良好就业环境，增加就业机会。通过加大对数字经济的支持，可以促进地区产业升级，为就业提供更多机会，推动地区经济的可持续发展。四是要以绿色、智慧、安全和舒适为主要目标，补足城镇地区基础设施短板，健全城镇互联互通基础设施体系，美化成渝地区宜居环境，进一步提升城镇化率水平。通过改善城镇化水平和生活环境，可以吸引更多优秀人才来到成渝地区发展，为地区社会发展和经济增长注入新的活力。通过以上措施的实施，可以促进成渝地区的人才培养和引进工作，打造良好的金融人才生态环境，为地区经济社会的全面发展提供更强有力的支撑。

第三，构建良好法律制度环境，提高金融治理体系现代化水平。一是提高金融生态主体的法律治理能力，包括完善金融业务运作的法律法规，提高企业现代金融治理水平，为金融生态环境创造良好条件。通过加强金融法规的制定和执行，可以有效规范金融市场秩序，保护金融市场的稳定和健康发展。二是协同成渝两地立法和执法主体，推动成渝一体化的框架性、优惠性、监管性法律实施。加强成渝地区法律体系的统一和衔接，推动法律实施的协同，有利于构建更加稳健和可持续的金融治理体系。三是提高执法效率，充分发挥金融法院、金融法庭、破产法庭的作用，建设具有西部金融中心功能的特色法院，完善金融司法研究机制，建立中国西部金融司法智库。加强金融司法机构建设和司法研究工作，可以提高金融司法效能，保障金融市场的公平和透明。四是加强社会信用环境建设，加大对失信行为的打击力度，惩治市场失信主体的行为，着力构建成渝地区诚信体系，降低市场的交易风险。通过完善社会信用体系，可以促进市场主体守法经营，提高金融市场的信誉度，为金融治理体系的现代化提供坚实基础。

8.1.4 推动成渝地区经济高质量发展

构建完善的金融服务实体经济体系，推动成渝地区经济高质量发展。成渝通过协同发展，可以整合资源，加强产业协同合作，构建具有竞争力的现代产业体系，实现产业结构优化和升级。同时，吸引更多企业投资和引进外资，可以加快经济发展步伐，提高产业发展水平，促进当地就业增长，为居民提供更多高品质的就业机会，从而稳步提升居民的生活水平。

第一，成渝共同打造的优势产业体系。成渝地区已经具备了相对完善的产业结构，特别是制造业和信息业作为成渝最大的优势产业，已经形成了电子信息和汽车两大万亿级产业集群。然而，目前成渝地区在创新能力和同质化竞争方面面临诸多挑战，这为金融服务实体经济的有效发展提出了新的要求。一是成渝地区应该充分利用自身的产业优势，尤其是制造业和信息业领域，通过强化研发、提升制造技术水平和设计创新能力，加快构建具有特色的区域产业链和供应链体系。金融机构可以通过提供融资支持和金融创新产品，帮助企业加强技术研发、更新设备、引进先进生产技术，从而提高产业的竞争力和创新能力。同时，金融机构还可以开展产业链金融服务，促进企业间合作，促进产业集群的协同发展，推动成渝地区优势产业向更高端、更智能化发展。二是在传统产业方面，金融机构可以通过多种金融工具和风险管理等，协助企业补齐产业链、强化产业链接，推进传统产业的升级转型。金融支持传统产业的深度融合与融入新技术、新产业，促进产业互补融合发展，实现各产业间的良性互动，提高整个地区产业体系的效益和竞争力。金融机构可以根据各产业的特点，量身定制金融服务方案，为成渝地区经济的快速发展提供更强有力的金融支持。

第二，提升成渝地区的外资吸引力能力。目前成渝地区对外资的吸引程度相对不足，与上海等地存在明显差距，然而外资的投入不仅可以促进企业规模的扩大和业务的拓展，还有助于引进先进管理经验和技术，推动整个地区经济的升级和发展。一是成渝地区可以采取一系列税收政策优惠和适度的金融支持措施，吸引世界500强企业在成渝地区设立分支机构。通过税收优惠和适度的金融支持等激励措施，可以降低外资企业的成本压力，增加其在成渝地区的投资意愿，从而扩大外资在当地的影响力和投资规模。与此同时，吸引大型企业进驻成渝地区不仅可以带来资金投入，还能带动相关产业链和就业市场的发展，推动整个地区经济的稳步增长。二是成渝地区可以充分利用“一带一路”倡议的地理优势和政府支持政策，积极扩大对外经济活动的业务往来。通过开展对外贸易、加强合作交流，实现业务的跨境延伸，吸引更多外商投资进入成渝地区，同时赢得先进管理经验和技术经验的引进，推动地区产业的升级和转型。这种跨境合作和业务拓展不仅可以增加地区企业的国际竞争力，还可以促进资金的流动和优化配置，提高企业的经济效益和盈利能力。

第三，稳步提升居民的生活水平。近年来，成渝地区的城镇居民人均消费支出与发达国家金融中心城市之间存在较大差距，主要源于居民的可支配收入水平相对较低。因此，为了提高居民生活水平，需要通过一系列政策措施和金融服务的支持，进一步增加居民的收入，减轻居民的负担，并促进消费水平的提高。一是成渝地区可以适时制定并实施相关政策，以提高居民的收入水平为重点。包括提升工资待遇、改善就业环境、加强收入分配制度改革等措施。金融机构可以通过提供融资支持、发放小额信贷、支持创业和就业等方式，促进居民收入的增加，帮助居民改善生活水平。此外，减轻居民的负担也是重要的一环，可以通过税收调节、社会保障政策的完善等措施，降低居民生活中的负担，使得居民享受更多实惠，提高生活质量。二是建立有利于居民消费的制度体系也至关重要。成渝地区可以规范消费信用体系，完善多元化的消费者权益保护机制，加强市场信用监管，维护市场秩序。金融机构可以通过引入消费金融产品、优化消费金融服务，降低消费者的融资成本，提高消费者的消费能力。此外，加强消费品质量和安全监督，确保消费者在购买商品和服务时享有更高的安全保障和权益保护，为消费者营造一个公平、安全的消费环境，增强消费者信心，促进消费市场的繁荣。

8.1.5 构建高水平的金融中介服务体系

提高金融中介服务质量，进一步完善良好的金融生态体系。成渝地区通过加强有保障的法律基础设施建设，大力提升成渝金融中介服务水平，可以进一步完善良好的金融生态体系，从而实现金融服务实体经济的有效支持和促进经济的可持续增长。最终，这一系列措施将确保金融体系能够为实体经济提供有效支持，推动成渝地区以及整个西部地区实现更加稳健和持续的经济发展。

第一，加强有保障的法律基础设施建设。根据司法数据库 2022 年的数据，成渝地区的法律机构数量和每万人拥有的律师数量相较于上海较少，但金融案件纠纷却更为频繁。这表明目前的法律基础设施条件和人才资源在支持地区金融活动方面存在一定不足。为了解决这一问题，成渝两地政府应该依托成渝金融法院联合起来，构建立足于成渝地区的法律分支机构，实现对成渝区域内金融案件的集中化管辖和专业化审理。一是成渝地区法律机构数量较少的问题可以通过建立更多具有保障的法律分支机构得到解决。这些法律机构可以专门负责金融案件的审理和解决，为金融领域提供更为专业化的法律服务。此举有助于提高对金融案件的快速处理能力，同时增加法律资源的投入，为地区金融活动提供更为完善的法律支持。二是成渝地区应该大力培育法律专业人才和吸引专业权威的律师来该地入职。通过加大对法律从业人员的培训和引进力度，提升法律人才的水平和质量，以应对日益复杂的金融案件需要。同时，政府可以采取激励政策来吸引专业律师加入成渝法律机构，增强地区法律服务的专业性和效率性。

第二，大力提升成渝金融中介服务水平。目前成渝的金融中介服务机构体量较小，聚集程度不够，并且法律、会计等领域的高级专业人才数量也有待扩充。为了大力提升成渝地区的金融中介服务水平，应该采取以下措施：一是成渝地区应大力发展金融数据处理、金融软件开发和金融外包等业务。这可以提升金融中介服务机构的信息化水平，加强对金融业务的监管和风险控制能力，提高服务效率和质量。同时，吸引国内外资信评估公司入驻成渝地区并建立分支机构，可以为西部地区的金融活动提供更专业和全面的评估服务，推动成渝地区金融中介服务的国际化水平。二是通过政策支持加快构建业务成熟的会计审计、法律咨询、资产评估和其他金融中介服务。政府可以出台激励政策，鼓励金融中介服务机构提升服务水平，完善服务范围，提高服务质量，以满足客户需求，并加强对金融市场的监管，确保金融中介服务的规范运作。三是联合地方专业高校加大对评估、法律、审计会计等领域的培育力度，为金融服务储备人才。通过协同培养高素质金融专业人才，提高金融中介服务机构在专业能力和服务水平上的竞争力。同时，与高校合作开展金融相关课程、项目和实习，培养学生对金融行业的认知和兴趣，为未来金融中介服务业的发展提供持续的人才支持。

8.1.6 打造成渝数字金融综合服务体系

在当今全球数字化浪潮的推动下，金融科技已成为推动金融行业变革的重要引擎。重庆和成都，作为国家级中心城市，中国西部地区的重要经济中心，在推进数字金融建设方面具备得天独厚的地理和经济优势。按照“智融惠畅”工程和建设数字成渝的要求，重庆和成都应强化金融科技运用、引导机构数字化转型、建立健全治理体系、深化线上金融服务实践、改善金融供给结构等方面，打造成渝数字金融综合服务体系，以实现安全、高效、普惠的金融生态。

第一，采用先进的金融科技手段，引导金融机构数字化转型。一是鼓励金融机构制定独特的数字化转型战略，推动经营理念的转变，构建以数字化为核心的企业文化。在数据治理和数据应用方面要进行深入的探索，加强对数据的有效利用。同时，加大对人才的培养力度，建立健全的考核机制，确保数字化转型的各项工作顺利推进并取得实际成效。二是从内部和外部两方面推动数字化转型，实现客户运营、场景生态、产品创新、组织管理、系统架构和风险控制等各个维度的全面数字化。通过这一转型，实现线上线下渠道的移动化建设，产品和服务平台化，以及管理和决策的智能化。三是支持金融机构在重庆建立科技研发中心，并以此作为吸引高层次科技人才的依托，成渝通过人力资本的引入和培养，进一步推动数据价值在信贷业务场景中的深度应用。四是金融机构在全面利用金融科技赋能的过程中，需要认清技术存在的缺陷及其可能引发的风险，如流动性风险、道德风险和突然挤兑风险等，以便更好地推动数字化转型。

第二，持续强化金融科技应用能力，提升现代制造业科技创新水平。一是围绕新一代电子信息制造业、新型显示、传感器及仪器仪表、先进材料等“33618”现代制造业集群体系，与金融科技公司展开合作，积极运用区块链、人工智能、大数据等技术强链补链，整合物流、商流、资金流和信息流等信息，综合运用信贷、债券等金融工具，构建“核心企业 + 协同企业 + 链网式金融”综合金融服务，为供应链优化升级提供多跨场景应用的系统性数字金融解决方案。二是强化“区块链 + 供应链”应用，通过平台建设，重庆和成都可以实现链上企业的交易、经营、融资、信用等软硬数据资源同步获取，解决传统供应链金融存在的核心企业配合难、贸易背景核实难等问题，实现基于核心企业的“主体信用”向基于交易的“数据信用”转变。三是以产业大脑建设为着力点，以数据供应链为纽带，大力推进产业大脑数据中心数字技术的迭代升级和扩展，以此提高产业链、供应链上企业间数据资源的融合、分析和应用能力，加速推进企业端的数字产业化与产业数字化。

第三，建立健全数字金融服务治理体系，提高数字金融生态运行效率。一是打造“航母级”数字金融服务平台。推动重庆市和四川省委金融办、中国人民银行重庆市分行、中国人民银行四川省分行、国家金融监管总局重庆监管局和四川监管局等金融管理部门等打造的线上融资平台整合成为金融综合服务平台，发挥其“一站式”接入全面需求的基本功能，区级平台依据特色优势、政策优势开展“分流式”对接，实现“一张网”覆盖全市融资需求，“一套体系”统筹服务供给。积极引导融资租赁、金融租赁、信托、担保等金融机构入驻金融综合服务平台，探索纳入证券、基金、PE/VC 等机构和发布各生命周期的项目信息。二是建立面向全生命周期的数据管理体系。在数据获取方面，应扩展数据来源，包括税务、工商、经信、法院等信贷相关数据，涵盖电力、海关以及市场高频数据等非公开财务数据，实现主体数据共享的广度和深度。在数据处理方面，需要统一数据标准和处理口径，与相关部门合作建立常态化公共数据错误修正机制，确保数据管理的闭环，包括数据获取、清洗、应用和修正。在数据安全方面，应推动地方法规和规范性文件的制定，强调数据权属和信息安全等问题，为合法、平等、有序的数据共享、交易和应用提供法律支持。这样的全面数据管理体系将有助于规范数据管理流程，保障数据安全和合规性，促进数据的有效利用和价值最大化。三是创建一个融合“金融 + 司法”元素的平台生态闭环。加快区域金融治理的转变，突出防范化解金融风险的前瞻性和主动性，实现对金融风险的早期识别、预警、发现、遏制和处置，确保区域金融系统不发生系统性风险。在完善金融综合服务平台的法律模块建设方面，推动法律制度的完善，使司法解决机制与平台生态融为一体。同时建立流程迅速、标准化程度高、成本较低的在线金融纠纷调解机制，以提高金融纠纷解决效率，促进金融市场秩序的规范和稳定发展。这样的平台生态闭环将有助于金融系统的风险管理和法律服务的优化，推动金融领域的可持续发展。

第四，不断深化线上金融服务实践，助力消费经济可持续发展。一是要充分利用现有的消费信贷资源，并发挥蚂蚁消费金融、马上消费金融、小米消费金融等专业消费金融公司的优势。通过推动消费金融在出行、医疗、线下快消等行业的深入发展，加强用户交易量的增长和保留，从而促进消费的持续增长。这种持续深化线上金融服务的实践将有助于提升消费金融行业的专业水平和服务质量，推动金融科技在消费领域的创新和发展。二是以消费信贷为起点向外延展，利用现有的数据、技术和客户基础拓展至生产性数字信贷领域。通过提供纯线上、无需抵押的生产贷款，为小微经营者解决资金难题，为其创业创新提供支持。这种扩展不仅与传统普惠金融相辅相成，还能帮助缓解流动性压力，提升小微经营者的生产经营能力，推动经济发展。三是深入推动数字人民币试点工作。一方面，通过开发双侧离线数字人民币，将智能合约应用于信号不佳的特定场景，如山区和地下隧道，提高支付效率，拓展普惠金融服务范围。另一方面，政府和金融机构可以通过数字钱包直接向居民和企业发放资金，减少对移动互联网的依赖，提升政府的资金转移支付效率。这样的推动将为数字人民币的应用提供更广泛的场景和更便捷的金融服务，进一步促进金融科技的创新和发展。

8.2 成渝共建西部金融中心的协同性

作为国家级中心城市的重庆和成都，扮演着西部地区经济社会发展、生态文明建设、改革创新和对外开放的关键角色。两地在促进西部经济高质量发展方面发挥着重要作用。随着成渝协同发展的逐步深化，将会加速推动金融资源、金融监管、金融产业和金融人才等金融要素的一体化发展。一是重庆和成都作为协同发展的重要支柱城市，其金融资源丰富、金融产业比较完善。双城在金融业的发展过程中，可以共享金融资源，互相借鉴经验，共同推动金融业务向更高水平发展。此举有助于提升整个地区的金融实力，促进金融服务能力的提升，为地区经济社会发展提供更强劲的支持。二是随着成渝协同发展的深化，金融监管将更加有效和统一。由于市场辐射面的扩大，需要统一的金融监管框架来保障市场的规范和稳定。重庆和成都可以共同制定金融监管政策，加强监管合作，有效监督金融市场的运行，防范风险，确保金融体系的稳定和可持续发展。三是通过金融产业的一体化发展，重庆和成都可以共同打造金融中心、金融科技中心等，形成产业集群效应。同时，吸引更多金融机构和企业入驻，加速金融创新，提升金融服务水平，促进金融产业的深度融合和协同发展。四是金融要素的一体化发展还需要加强金融人才的培养和引进。重庆和成都可以共同设立金融人才培训项目，加大对金融领域人才的吸引力和培养力度，为金融中心的建设和发展提供强有力的人才支持。

8.2.1 建设成渝金融资源配置协同机制

区域金融资源配置的协同发展对区域经济发展具有重要意义，可以为区域经济注入新思路和新活力，成为区域经济协同发展的主要动力。特别是在成渝地区的金融资源协同发展方面，可以充分发挥金融要素的优势，促进金融信息的互联互通，从而提升金融效率，实现资源要素配置效益最大化。

第一，成渝地区双城经济圈各市的金融发展水平存在明显差距，不同城市在金融总量和运营效率上表现出多层次和差异性的特征。因此，重庆和成都需要协同努力，共同推动法人金融机构的培育和壮大，提升成渝地区头部金融机构的引领作用，确保区域金融发展的协调性和整体性。

具体而言，重庆和成都应该支持条件成熟的成渝法人商业银行逐步发展成为全国性商业银行。这不仅有助于提高区域银行业的竞争力和服务能力，还能够带动其他金融机构的成长，形成强大的金融服务网络。同时，鼓励非银行法人金融机构在成渝地区设立各类金融机构，如证券公司、保险公司、基金公司和财务公司等，丰富金融服务种类，满足不同市场和客户的多样化需求。

此外，还应支持符合条件的大型金融机构和企业财团申请设立金融控股集团。通过设立金融控股集团，可以实现对各类金融业务的综合管理和协同运作，提升资源整合和风险管理能力，从而增强金融市场的稳定性和抗风险性。这些措施将为成渝地区的金融产业注入新的活力，促进金融服务的多元化和专业化发展。

通过这些举措，成渝地区不仅可以增强自身的金融实力，扩大其影响力，还能吸引更多的金融资源和人才，推动金融产业的创新和发展。这将有助于形成一个更加灵活、开放、富有竞争力的金融环境，为成渝地区的经济发展提供坚实的金融支撑。同时，双城协作也将进一步提升成渝地区在全国金融体系中的地位，推动区域经济高质量发展，最终实现真正的互利共赢。

第二，金融中心作为金融机构和金融服务的集聚地，扮演着至关重要的角色。通过加快发展金融中心，成渝地区可以实现更加高效的资本资源配置，促进金融生态系统的协同发展和改善区域经济的整体活力。

重庆和成都应联手推动金融中心的建设，形成强有力的双核驱动优势。首先，通过引进和集聚各类全国性和国际性的金融机构，可以扩大成渝两地金融服务的覆盖范围，提升服务的深度与专业性。其次，通过提供政策支持和优化营商环境，成渝地区可以吸引更多高质量的金融机构入驻，包括商业银行、投资银行、保险公司、基金管理公司和金融科技企业等。这不仅有助于丰富金融产品和服务，也能带动相关产业链的发展及提升区域内的金融创新能力。

此外，重庆和成都还可以共同开展具有战略意义的金融项目和合作，推动跨区域资本流动和资源整合，真正实现区域内外金融资源的高效对接。通过设立联合金融研究机构、举办国际金融论坛和金融博览会等活动，成渝地区可以提升自身在全国乃至世界范围内的知名度和影响力，进一步巩固其作为西部金融中心的地位。

因此，加快成渝地区金融中心的建设，不仅可以优化资本资源配置，还能增强区域金融生态的协同发展能力。双城联动的战略合作，将为成渝地区提升金融中心的核心竞争力和影响力，带来更广阔的发展前景。

第三，推进金融资源的协同发展对成渝地区具有举足轻重的意义，有助于实现金融要素的统一配置，尤其在促进信贷资金自由流动方面具有显著优势。这种统一配置不仅能够拓宽金融业务的覆盖范围，还能够为区域内各类产业的发展提供更为充足的资本支持。

通过增强金融资源的流动性，可以有效带动产业结构的调整和优化。例如，灵活配置的信贷资金能够快速投入高潜力的成长型企业和项目中，促进技术创新和产业升级。同时，金融资源的高效配置也可以提升整体金融运行的效率，使各类金融机构能够更好地服务于区域经济的发展需求。

此外，金融资源的自由流动还可以增加区域金融总量，提升成渝地区的总体经济实力和市场活力。通过加强金融服务的深度和广度，不仅可以引进更多投资和吸引金融机构入驻，还能够为区域企业提供更多的融资选择，打造更为多样化和成熟的金融生态系统。

更为重要的是，这种协同发展的金融资源配置方式有助于实现区域内外的互利共赢。不同区域的金融机构在资本、技术和市场方面进行深度合作，有望在提升资源利用效率的同时，推动整个成渝地区金融服务水平的整体提升，从而实现更为广泛的区域金融协同发展。

因此，推进金融资源的协同发展，通过统一配置金融要素和促进信贷资金的自由流动，不仅能够为区域产业提供强有力的资本支持，还能优化产业结构，提升金融运行效率，增加区域金融总量，实现真正的互利共赢和协同发展。

8.2.2　建设成渝金融监督管理协同机制

成渝金融监督管理协同落实专项小组的成立将加强金融监管的合作与协调，推动金融市场的一体化发展，提高金融市场的监管和服务水平，进一步增强成渝地区金融市场的活力和稳定性。通过加强监管、合作机制、司法环境和信用体系建设，成渝地区的金融市场将更加规范、健康地发展，为经济社会发展提供更加坚实的支撑。

第一，成渝地区的监管部门应积极引导金融机构建立起跨区域合作机制，推进多层次业务协作，通过资源要素的共建共享，全面提升区域金融市场的一体化水平。这一举措不仅能够优化金融资源配置，还能促进两地金融服务的均衡发展和综合实力的提升。

具体来说，监管部门可以联合开展金融统计监测，及时掌握区域内金融市场的动态变化，确保金融政策的有效执行和市场运行的平稳有序。在此基础上，引导成渝两地的银行、保险机构建立合作机制，推动在资产管理、风险控制、客户服务等方面的深度合作。这种合作机制的建立，将有助于各金融机构在跨地区业务发展中实现互利共赢。

此外，通过促进行业自律合作机制的形成，两地金融机构可以在业务标准、信息共享、风险防范等方面达成共识。这不仅有助于提高行业的整体自律水平，还能增强金融市场的透明度和稳定性。信息共享机制的建立，将使各金融机构能够及时获取市场和客户的关键数据，准确评估风险，提高决策的科学性和有效性。

与此同时，通过加强跨区域的协作和资源共享，能够提升金融市场的协同活力和综合服务能力。两地金融机构不仅可以共同开发和推广新金融产品和服务，还可以联合开展市场推广活动和客户关系管理，扩大市场影响力。

因此，成渝地区监管部门通过引导金融机构建立跨区域合作机制，推动资源要素的共建共享和多层次业务协作，将有助于全面提升区域金融市场的一体化水平。这不仅能够优化金融资源的配置和利用，还能增强金融机构的风险防范能力和市场竞争力，为成渝地区的经济高质量发展提供坚实的金融支撑。

第二，应协同成渝地区的立法和执法主体，积极推动成渝一体化的框架性、优惠性和监管性法律实施，从而创建一致、高效的法治环境。这一过程不仅包括立法内容的一致性，还需要在实际执法层面上做到协同，确保法律法规在成渝两地得到一致和有效地执行。

具体而言，可以通过提高执法效率，充分发挥金融法院、金融法庭和破产法庭等专业司法机构的作用。这些机构应在处理金融纠纷、破产案件和其他金融法律事务中采取高效、公正的裁决，减少金融市场的法律风险和不确定性。此外，完善金融司法研究机制，推动金融法律的理论研究和实践应用，能够为法院和其他司法机构提供重要的参考和支持。

同时，通过建立中国西部金融司法智库，可以集结区域内外的法律专家、金融学者及相关从业人员，共同探讨和解决成渝地区在金融法律领域面临的挑战。这种智库还可以为成渝地区的立法和执法提供智力支持，推动法律法规的不断完善，以适应快速变化的金融市场需求。

此外，成渝两地的司法机构还应加强合作，开展联合执法行动和跨区域法律援助，确保法律法规在两地之间的无缝衔接和统一实施。这不仅能够提高法律的执行力，还可以增强金融监管的针对性和严密性，保障金融市场的稳健运行。

因此，通过协同立法和执法主体，积极推动成渝一体化的法律实施，并提高执法效率，成渝地区将能够创建一个健全、高效的法治环境。这将不仅为金融市场的稳健运行提供保障，还可以增强金融监管的针对性和严密性，从而为区域经济的可持续发展提供坚实的法治保障。

第三，应进一步加强成渝地区社会信用协同机制建设，全面提高对失信行为的打击力度，系统治理市场中失信主体的行为，从而着力构建成渝地区完善的诚信体系，降低市场的交易风险。从根本上来说，社会信用体系的建立与完善，是提升市场交易效率和激发市场经济活力的重要举措。

首先，建立以信息共享为基础的信用评价体系，通过多渠道、全方位地收集市场主体的信用信息，确保这些信息的真实性、准确性和及时性。在此基础上，运用大数据和人工智能技术对信用信息进行科学评估，为金融机构、企业、消费者以及政府部门提供权威的信用评级。这不仅有助于降低违约和交易风险，还能够为市场参与者提供明确的信用参考，促进合法合规的市场行为。

其次，需要设立严密的信用惩戒机制，对于信用评价不佳或存在失信行为的市场主体，施以相应的惩戒措施。例如，可以限制其在金融市场的融资能力，公开披露失信信息，甚至列入“黑名单”，使其在各类市场交易中受到限制和监督。同时，通过建立失信惩戒的法律法规和指导意见，确保这些惩戒措施具有法律效力和执行力，真正起到威慑作用。

此外，加强对失信行为的多部门联合打击力度至关重要。政府应建立跨部门合作机制，与金融机构、行业协会、信用服务机构等形成联动，共同监控和惩戒失信行为。这种合作机制不仅能够提高打击失信行为的效率，还可以增强整个社会对守法诚信经营的重视，为营造公平、透明的市场环境奠定基础。

通过以上举措，不仅能够显著提升市场的信任度和稳定性，提高整体运行效率，还将进一步优化成渝地区的营商环境和市场秩序。诚信体系的构建，将为区域经济的可持续发展提供坚实的基础，吸引更多的投资和高质量项目，促进成渝地区经济的全面繁荣。因此，加强成渝社会信用协同机制建设，对实现成渝双城经济圈的高质量一体化发展，具有重要的战略意义和推动作用。

8.2.3 建设成渝金融产业发展协同机制

成渝地区金融产业一体化的发展需要遵循金融产业的发展规律，并充分发挥政府推动和市场导向的双重作用。统一谋划金融发展格局、制定金融产业发展政策、调配金融发展资源、规划金融产业布局以及营造金融产业发展生态是实现金融产业一体化的重要举措。而集约化发展原则则是推动金融产业一体化的关键。

第一，重庆市和成都市作为成渝城市群的金融核心区，应当致力于深化金融产业链各层次和各环节的专业化分工协作，以促进金融产业的协同发展和优化产业结构。在金融核心区如成都市金融城、重庆市江北嘴等地，可以打造完善的金融产业圈层结构，实现资源的有效利用和规模效应的突出。

一是通过聚集传统金融机构如银行、证券、保险公司等，重庆市和成都市可以建立一个完整的金融服务体系，满足企业和市民的金融需求。传统金融机构在提供资金管理、投资理财、风险保障等方面具有丰富的经验和优势，可以为金融市场提供稳定的支撑。

二是引入新兴金融产业如金融总部、风险投资、金融科技、黄金金融等，有助于促进金融业的创新发展和多元化。例如，金融科技的引入可以提升金融服务的智能化和便捷性，增强金融机构的竞争力；风险投资则可以为初创企业和高新技术企业提供资金支持，促进产业升级和技术创新。

三是形成资源利用集约、规模效应突出的金融产业功能区和产业集群，有利于提高金融产业的聚集度和综合效益。金融产业的集群化发展可以促进产业链上下游企业间的合作与交流，推动技术创新和产业升级，为当地经济的可持续发展提供有力支撑。

第二，在积极推动重庆市和成都市经济发展的同时，周边城市如德阳和绵阳也应根据各自的比较优势，实施差异化的金融产业发展战略，以此促进特色产业开发区的全面发展。这些城市可以通过深入挖掘本地资源和市场需求，量身定制金融服务和产品，实现各具特色的产业布局。

一是对于德阳和绵阳来说，金融资源的集聚是提升地方经济竞争力的关键。通过将资金、政策和服务导向特色产业开发区，可以有效打造“产业链+基金+孵化器+人才”双创金融特色发展模式。这种模式强调金融与产业的深度融合，不仅能够为初创企业提供必要的资金支持，还能通过孵化器为它们提供技术、市场和管理的指导，帮助其快速成长。

二是金融产业的一体化发展需要强调产业生态的融合。具体而言，这要求地方政府和相关部门共同提供坚实的基础设施与产业空间。例如，可通过建设金融服务中心、创新园区和孵化基地等方式，创造良好的硬件环境。同时，在软件支持方面，必须建立健全的法律法规体系，确保金融市场的透明性和公正性，并营造良好的商业文化和创新氛围。这些综合性的支持措施能够有效推动金融产业的融合发展，使其更好地服务于地方经济的转型与升级。

三是促成城市间的合作与协同发展同样至关重要。通过建立区域金融服务平台，各城市之间可以实现资源共享，优势互补，从而提升整体竞争力。这种协同效应不仅会进一步促进地方特色产业的发展，还将为成渝地区的持续繁荣奠定更加坚实的基础。

第三，金融产业的一体化发展必须坚持协同发展的原则，努力破除行政与市场之间的壁垒，建立一个统一、开放的市场环境。这种环境不仅能够推动成渝城市群在资源、信息和服务等方面的有效整合，还能促进区域内各城市之间的合作，实现共建共赢的共享经济模式。

一是实现这一目标的关键之一是积极推动地方性商业银行改革传统的经营管理模式。商业银行应优化客户一体化管理，将整个成渝城市群视为一个整体来提供金融服务。这不仅需要改进内部的管理流程和信息系统，实现业务的跨区域无缝衔接，还需要在产品设计上考虑到区域内不同城市的具体需求，以便提供更加精准和高效的金融服务。

二是成渝城市群应加强跨区域的合作机制，通过建立区域性金融合作平台，实现信息共享、资源互通。地方政府和金融机构可以共同参与，促成更多的金融创新项目，推动区域内金融产品和服务的标准化和制度化。这种协作机制不仅能够提高金融服务的质量和效率，还能在很大程度上降低市场交易的风险，提高整体经济运行效率。

三是在硬件层面，应进一步完善金融基础设施建设，如网络银行系统、支付结算网络和在线金融信息平台等，使金融服务能够高效覆盖整个城市群。同时，在软件层面，需建立健全的法律法规和监管机制，确保金融市场的公平、公正和透明运行。营造一个良好的金融生态环境，鼓励创新和竞争，以吸引更多资金和人才流入区域内。

8.2.4　构建成渝金融资源整合协同机制

金融资源整合的最终目的是实现要素的优化配置，通过金融作为依托，促进人才、资金、信息等生产要素的跨区域流动。成渝共建西部金融中心能够增强内陆地区对全球资本的吸引力，实现“一体推进、协同发展”的目标。此举也有助于实现金融资源的跨区域优化配置，促进金融要素的充分利用，推动金融产业的高质量发展。

第一，在成渝共建西部金融中心的过程中，重庆和成都两地可以打破了以往各自为政的局面，实现了金融中心的整合与互补发展。这一举措依托两地的金融要素禀赋和金融业发展基础，不仅保留了各自的特色，更充分发挥了各自的优势，有助于形成一个更具活力和竞争力的金融中心。

一是成都在农村金融领域具有丰富的经验和深厚的基础，可通过深化农村金融服务和政策创新，进一步专攻农村金融市场。成都应重点拓宽“三农”金融市场，开发出更多适合农村经济特点的金融产品和服务，促进农村金融的健康发展，从而带动整个农村经济的繁荣。这不仅能够满足农村地区多样化的金融需求，还能为国家的乡村振兴战略提供有力支持。

二是重庆则可以继续发挥其在“中新”金融互联互通和消费金融方面的独特优势。重庆可以依托中新（重庆）战略性互联互通示范项目，加强与国际金融市场的对接，为企业提供更加便捷的跨境金融服务。同时，重庆还应进一步深化消费金融的发展，借助互联网和大数据技术，创新消费金融产品和服务，提高居民和企业的消费能力，促进内需增长，从而拉动经济的发展。

三是为了实现两地金融业务的协同发展，成渝两地可以构建紧密的合作机制。两地金融机构应加强信息共享和业务联动，探索共建金融服务平台，推动金融产品的跨区域对接和差异化发展。通过这些举措，两地能够有效提升金融服务的水平和能力，实现资源优化配置和最大化利用，共同提升西部金融中心的整体竞争力。

四是政府和监管机构也应适时出台支持政策，为成渝金融合作创造良好的政策环境。通过设立专项基金、提供税收优惠和政策激励等手段，吸引更多金融机构和人才参与到成渝金融中心的建设当中。同时，还需强化金融风险防范机制，确保金融市场的稳定运行。

第二，通过加快成渝两地之间的金融协作进程，构建一个高水平的现代金融体系，可以显著扩大西部金融中心的金融辐射范围和辐射力度。这种协同效应不仅将使成渝双城经济圈成为中国金融要素的战略枢纽，也将为区域经济的繁荣和社会发展提供坚实的金融支撑。

一是构建现代金融体系涉及多方面的努力，包括提升金融基础设施、推动金融科技创新、优化金融服务模式等。通过整合两地的金融资源和服务功能，增强金融市场的连接性，不仅能够提高资金的流动效率，也能增强区域内企业和个人的融资能力。这种增强的金融支持，将更好地满足成渝城市群在经济转型、产业升级和消费增长等方面的多样化需求，从而推动区域经济的持续健康发展。

二是扩大区域金融的影响力有助于提升成渝城市群在国际舞台上的地位和竞争力。通过积极参与国际经济合作与交流，吸引外资和国际金融机构的入驻，成渝双城经济圈能够在全球金融网络中占据更加重要的位置。这不仅能够加速金融领域的国际化发展，还能促进两地金融产业的创新与转型，构建更具吸引力的投资环境。

三是共建西部金融中心还将为区域内金融产业的整体提升提供重要机遇。通过推动金融服务的多元化、专业化与精细化，提升金融产品的创新能力，成渝两地能够在国内金融市场中形成更强的竞争优势。此外，这一进程也将为全国金融业的高质量发展贡献力量，成为国家经济结构优化和升级的重要推力。

8.2.5 构建成渝金融政策支持协同机制

为了推动西部金融中心的建设，成渝地区需要加强金融协同，在政策引导、机构协作能力、监管协同等方面实现更高水平的合作。相比北京、上海等城市，成渝城市群的金融一体化尚缺乏国家层面的政策引导，存在金融机构协作能力不足、监管协同受阻等问题。因此，成渝地区有必要争取更多政策支持，以促进西部金融中心的建设和发展。

第一，成渝地区应积极争取政府加大政策支持和创新资源的倾斜力度，以推动区域金融产业的高质量发展。通过制定和实施针对性的政策措施，成渝两地可以在金融科技创新、金融服务优化和数字化转型等方面取得显著进展，从而提升整体金融服务的效率和质量。

一是成渝地区可以探索共建“成渝金融科技联合实验室”，这一平台将汇集优秀的科研机构、金融企业和高水平人才，集中资源进行前沿金融科技的研发与应用。通过开展跨领域的合作与研究，实验室能够推动大数据、人工智能、区块链等新兴技术在金融服务中的应用，从根本上提升金融业务的智能化和自动化水平，满足市场多样化的需求。

二是成渝地区还可以借助政府的政策支持，进一步优化区域内的金融科技生态系统。例如，设立专项基金支持初创企业和创新项目，为金融科技企业提供创业孵化和市场推广服务。推动监管沙盒机制的实施，使金融科技创新能够在安全可控的环境中进行试验和推广，确保金融市场的稳定和安全。

三是在金融业务的数字化转型方面，成渝两地金融机构可以共同开发和推广一系列数字化金融产品和服务，如线上贷款、智能投顾和移动支付等。这不仅可以提高金融服务的普及率和易用性，还能显著降低运营成本，提升用户体验。通过数字化手段，金融服务将更加贴近用户的需求，实现便捷、高效的金融交易和管理。

第二，从国家层面来看，可以加大对西部科学城的创新平台资源和数字政策扶持力度。这一举措在多个方面都将对成渝地区产生深远影响，不仅能吸引更多高科技企业和高端人才进驻，还将极大推动该地区的科技创新和产业发展，显著提升金融服务的质量和水平，从而为成渝地区金融中心的建设提供坚强的后盾。

一是加强创新平台资源的扶持。国家可以设立专项资金支持西部科学城内研发机构和创新企业的发展，提供优惠政策和资源配置，促进先进技术的研究和应用。与此同时，建设一系列高水平的科技园区和创新孵化器，营造良好的创新创业生态环境，吸引更多国内外顶级的科技企业和高端科技人才落户成渝，为当地的科技创新注入新活力。

二是强化数字政策资源的支持。国家应制定和推行一系列数字经济扶持政策，包括网络基础设施建设、数字政务服务优化以及数据资源共享机制等。通过完善基础设施和政策环境，成渝两地能够更好地实施和推广数字化技术，推动智能制造、智慧城市等数字经济产业的发展，进一步促进经济结构转型和升级。

三是国家应在数字政策方面给予西部科学城更多的支持，包括推动数字基础设施建设、激励数字经济发展、优化数字产业环境等。建立完善的数字经济政策体系，鼓励各类数字化创新，推动传统行业的智能化升级，提高产业竞争力。这一系列举措，将为成渝地区吸引高端人才提供更为丰富的机遇和空间，促进人才的聚集与流动，推动科技创新与经济发展相结合。

第三，对成渝地区金融机构在跨地区开展重大产业项目、科技创新、绿色发展等业务时所获利息收益实施税收优惠政策，这将是鼓励和促进金融机构更好服务实体经济的重要举措。这项政策将通过多方面的影响，推动成渝地区实现经济结构调整和转型升级。

一是税收优惠政策能够直接降低金融机构的运营成本，使其在跨地区开展重大产业项目、科技创新和绿色发展等业务时享有更高的利润空间。这种经济激励将使金融机构更愿意投身于成渝地区的重点项目和创新领域，不仅提高这些项目的融资可行性，还能保障其顺利推进和落地实施。

二是税收优惠政策能够显著提升金融机构的积极性，促使其更加主动地支持地方产业发展。通过降低利息收益的税收负担，金融机构将在支持新兴产业和传统产业升级方面发挥更大作用，包括推动制造业智能化改造、支持科技公司的研发创新、资助绿色环保项目等。这些努力将全面促进成渝地区的产业升级和经济转型，为其提供可持续发展的新动能。

三是税收优惠政策也能够提升两地金融机构的合作水平。成渝地区金融机构可以通过联合融资、共建金融创新平台等方式，共同推进两地产业项目、科技创新和绿色发展。这种协同效应将进一步增强成渝地区作为金融中心的竞争力，不断扩大其在全国乃至全球金融市场中的影响力。

8.3　西部金融中心建设的空间布局

8.3.1　重庆在建设西部金融中心的空间布局

根据《重庆市金融改革发展“十四五”规划》，以及重庆市的地理空间、功能定位及发展实际，按照全市“两江四岸”规划布局，将江北嘴、解放碑、长嘉汇三个片区，约10.5平方公里，规划为重庆金融核心区，建设“江北嘴—解放碑—长嘉汇”金融总部机构集聚区。

其一，江北嘴片区约2.3平方公里，发挥总部聚集、牌照齐全、配套完善等优势，加快建设跨境金融、资金运营结算、金融科技、供应链金融、股权投资、消费金融、财富管理等功能板块，推动金融开放创新先行先试，积极建设跨境投融资中心、结算中心、财富管理中心。

其二，解放碑片区约4.2平方公里，强化金融总部管理决策功能、结算功能及财富管理功能，着力提升跨境投融资、跨境交易等服务能力，构建更加开放便利的跨境综合金融服务市场，推动区域性资本市场创新发展，打造私募基金西部高地。大力发展绿色金融、金融科技、供应链金融、股权投资等功能板块，打造具有影响力的金融生态示范区。

其三，长嘉汇片区约4平方公里，充分发挥空间载体和绿色生态的优势，重点引进培育新型金融机构总部和创新金融业态，推动境内外金融机构设立后台服务中心、产品研发基地，加快建设金融科技、消费金融、绿色金融、供应链金融等功能板块，依托广阳湾片区，打造绿色金融创新示范区。

重庆在打造西部金融中心的过程中，应该着力构建“江北嘴—解放碑—长嘉汇”金融总部集聚基础，重点推动法人机构、交易场所、基础设施等重要项目的优先布局，促进金融机构的区域性总部和功能性中心优先设立。同时，需要加强上下游金融产业集群发展，推动金融机构间的协同合作，提升产品服务研发创新水平，增强金融供给能力。通过发挥产业引导、资本招商、孵化培育等作用，推动一批新型金融机构的设立和发展。此外，应促进“产业+金融”融合布局，支持大型央企、平台企业、跨国企业等集团总部的落户，鼓励实体企业设立投资决策、资金运营、财务结算等功能总部，推动金融和产业深度融合发展。

8.3.2 成都在建设西部金融中心的空间布局

根据《成都市“十四五”金融业发展规划》，以及成都市的地理空间、功能定位及发展实际，按照“一区一主业”思路布局，成都市将以交子公园金融商务区建设科技金融与金融科技中心，重点发展金融科技、财富管理、数字人民币等现代金融业，布局文化创意、新国货、数字消费等时尚消费产业。在青羊区以成都文化金融商务区建设文化金融中心，在锦江区以春熙路时尚活力区建设消费金融中心和以白鹭湾新经济总部功能区建设金融安全中心，在武侯区以华西国际医谷建设医疗健康金融中心，在青白江区以成都（青白江）国际铁路港建设供应链金融。同时，在双流区建立航空物流金融中心，在温江区建立医养金融集聚区。

把握天府文化公园和骡马市 TOD 建设契机，聚焦骡马市省级金融服务业集聚区、环财大财经智谷金融总部，打造传统金融与特色金融协同融合发展、金融人才活力迸发的金融集聚区，强化中心城区金融高端要素运筹能力。聚力提升“成都金融城”品牌影响力，高起点、高标准规划建设交子公园金融商务区，打造总部金融与金融科技协同发展的功能特色，创新完善“业界共治”的集聚区管理体制和治理机制。高水平建设天府国际基金小镇二期，深化“财富管理、双创孵化、创投融资、人才聚集”核心功能，以建设股权投资基金产业极核为目标，全力打造产业聚集国际化、资本人才中心化的国内一流产业集聚区，增强城市新区创新策源转化能力和新兴产业集聚功能。

此外，根据《成都市“十四五”金融业发展规划》，成都打造的重大功能性平台要相继落户。主要是上交所西部基地、深交所西部基地、新三板西南基地、中欧国际交易所西部中心等区域性资本市场基地，成为全国唯一一个拥有三大交易所区域基地的城市，资本市场供给进一步丰富。设立成都知识产权交易中心，搭建全国首个基于区块链技术的知识产权融资服务平台，探索借助新技术新手段赋能企业融资。引进包括中国建设银行成都投行业务交易中心、中国工商银行软件开发中心和集约运营中心、中国农业银行三农客服中心等在内的大型金融后台服务中心 20 余家，不断完善产业生态。

第 9 章

金融要素与“一带一路”高质量发展

2021 年 12 月，中国人民银行、国家发展改革委、财政部等六部委和重庆市人民政府、四川省人民政府联合印发《成渝共建西部金融中心规划》。该规划明确了西部金融中心的战略目标，即将成渝地区建设成为一个立足于西部、面向东亚、东南亚及南亚，服务于共建“一带一路”国家和地区的内陆国际金融中心。金融中心作为各种金融要素和资源的聚集地，具备促进资本流动、优化资源配置和提升金融服务效率的能力。西部金融中心通过集聚金融资源，提升成渝地区的金融服务能力和水平，将在连接中国西部与东亚、东南亚及南亚的经济合作中发挥关键作用，推动“一带一路”高质量发展。

9.1 西部金融中心促进“一带一路”高质量发展

9.1.1 西部金融中心促进“一带一路”高质量发展的重要性

推动共建“一带一路”是实现更多国家和地区共同发展和繁荣的全球性的重大战略。然而，“一带一路”沿线多为发展中国家或欠发达国家，基础设施建设落后，融资缺口大。据世界银行测算，到 2035 年“一带一路”沿线国家大约需要数万亿美元用于基础设施建设。但“一带一路”高质量发展不局限于基础设施领域，而是涵盖经济、文化、科技等多领域的综合发展，推动共建“一带一路”高质量发展需要强有力的金融支持。由于各参与国的国家政治制度不同、发展阶段各异，市场体系有别，投资风险和难度较高，对机构投资者吸引较低，使得“一带一路”沿线国家所能获得的金融支持远远不足。重庆和成都作为连接中国与中亚、南亚及西亚的重要节点，西部金融中心在推动共建“一带一路”高质量发展战略中具有重要的作用。因此，从世界新的发展格局视角优化西部金融中心的金融要素资源配置，推动“一带一路”高质量发展具有重大意义。

党的二十大提出推动共建“一带一路”高质量发展的新时代发展目标，“一带一路”高质量发展是以高标准、可持续、惠民生为目标，追求经济、社会和环境的多维发展。它强调通过加强沿线国家间的合作，推进基础设施建设、贸易、投资、人员往来等领域的合作，实现互利共赢的目标。金融是经济的“血液”，“一带一路”高质量发展的稳步推进需要强有力的金融支持。“一带一路”沿线国家和地区建设资金存在巨大缺口，需要升级“一带一路”金融支撑体系以解决资金需求（张汉林、张鹏举，2018），降低交易成本和信息成本（Levine. R，2005；庄毓敏等，202），发挥金融市场融资和资源配置功能（杨伟中等，2020；Becsi & Wang，1997；Brown et al.，2009），推动“一带一路”高质量发展。

9.1.2 金融要素与“一带一路”高质量发展的关系

关于金融要素对“一带一路”高质量发展影响的研究，现有文献主要集中于两个方面：一是“一带一路”倡议对沿线国家经济增长等方面的影响研究，包括基础设施、贸易合作、产业升级、投融资等方面。主要观点：①“一带一路”倡议提高了沿线国家贸易便利化水平和贸易潜力，促进了“一带一路”国家贸易合作（陈继勇、刘燚爽，2018）；②“一带一路”倡议对于推进“一带一路”沿线国家和地区的基础设施建设发挥着重要作用（Hsu，2020），基础设施的建设有助于优化产业布局，促进产业结构升级等，从而促进经济增长（王晓芳等，2018）；③“一带一路”倡议能够拓宽融资来源、降低融资成本进而缓解企业融资约束（徐思等，2019），从而促进企业对外直接投资（Luo et al.，2019）。二是金融要素促进“一带一路”沿线国家基础设施建设和国际贸易的研究。主要观点：①金融要素促进“一带一路”沿线国家和地区的基础设施的建设（李建军、李俊成，2020），增加对外直接投资（郭周明，2020），从而带动沿线国家经济社会发展（Hsu L. 2020；文淑惠和张诣博，2020）；②金融要素促进“一带一路”沿线国家和地区的货物贸易往来（李敬等，2017），便捷国际贸易结算（陈继勇、刘燚爽，2018），增加产业联系（马艳、王洁辰，2021），推动经济增长（李建军、李俊成，2020；李丹、崔日明，2015）。

通过文献的梳理发现：有关金融要素与“一带一路”高质量发展的研究很少，一是从经济、创新、绿色、开放、共享等方面构建国内高质量评价指标体系测算某国的高质量发展水平（李金昌等，2019；陈景华等，2020；魏敏和李书昊，2018）；二是以全要素生产率、绿色全要素生产率等来衡量高质量发展水平（Mei & Chen，2016）；三是金融要素对“一带一路”沿线基础设施建设的影响（李建军、李俊成，2020）。鉴于此，本文期望基于“一带一路”沿线国家的发展实际，构建多维度的高质量发展指标，测度“一带一路”高质量发展水平，分析金融要素对“一带一路”高质量发展的影响。

9.2 构建“一带一路”高质量发展指数

9.2.1 变量选择

共建“一带一路”高质量发展的第一阶段是以互联互通的基础设施建设为核心内容，是考虑“一带一路”沿线大多数国家和地区基础设施还比较落后，高质量发展必须以完善的基础设施为先决条件。高质量发展的内在动力是源于创新，通过创新提高效率，从而提高经济发展质量（任保平、文丰安，2018）。

同时，经济发展要可持续，必要的前提是对生态环境进行有效保护，贯彻“绿水青山就是金山银山”的绿色发展观。此外，高质量发展是共享的发展，实现全体人民共同富裕是高质量发展的根本目标。因此，本文从基础设施建设、创新、绿色、共享四个维度选取共22个指标测度“一带一路”高质量发展水平。指标体系构建具体以交通、电信、卫生、能源、创新、绿色和共享为一级指标，二级指标构建重点考虑交通承载能力、互联网普及程度、卫生安全服务水平、清洁能源利用、创新投入、人均二氧化碳排放量、森林覆盖率等，以及反映民生的收入、消费、健康和教育等的共享指标，详见表9.1。

表9.1　“一带一路”高质量发展指标体系

一级	二级	三级	单位/计算方法	属性	
基础设施	交通承载	铁路密度（铁路总公里数/国土面积）	km/km^2	+	v1
		班轮航运连通性指数	2004年最大值=100	+	v2
		航空运输质量指数、货运量	百万吨-公里	+	v3
	电信	互联网用户占总人口的比例	%	+	v4
		固定互联网服务器	每百人	+	v5
		固定电话数	每百人	+	v6
		移动电话数	每百人	+	v7
	安全管理	使用安全管理的饮用水服务的人占比	%	+	v8
		使用安全管理的卫生服务的人占比	%	+	v9
	能源	可再生能源发电量（占总发电量的比例）	%	+	v10
		能源使用量（人均千克石油当量）	%	-	v11
		输配电损耗（占电产量的比例）	%	-	v12
创新	创新投入	研发技术人员	每百万人	+	v13
		研发费用投入（占GDP的比例）	%	+	v14
	高科出口	高科技出口（占制成品出口的比例）	%	+	v15
绿色	污染气体	人均二氧化碳排放量	人均公吨	-	v16
	绿色环保	森林覆盖率	%	+	v17
	可持续资源	可燃的可再生能源和废物（占总能源的比例）	%	+	v18

续表

一级	二级	三级	单位/计算方法	属性	
共享	消费	最终消费支出（占 GDP 的比例）	%	+	V19
	收入	调整后的人均国民收入（当前美国 $）	美元	+	v20
	健康	当前卫生支出占 GDP 的比值	%	+	v21
	教育	高等教育劳动力（高等教育劳动人口的百分比）	%	+	v22

9.2.2 数据选取与指数构建

本文共筛选使用47个“一带一路”沿线国家年度数据，样本期间设置为2009～2021年。对仍存的缺失数据通过线性插值法、同类平均法进行补充，进行 Winsorize 缩尾处理以及对异常值（3σ 原则）进行替换处理，最后得到平行结构的面板数据。所有研究数据均从世界银行的世界发展指标数据库（WDI）获取。本文将“一带一路”高质量发展编制成一个综合指标，以便对各国的高质量建设与发展水平进行定量的综合性比较评价。常用于高质量发展的综合评价方法主要有主成分分析法（吕承超、崔悦，2020）、数据包络分析法（李洪伟等，2022）、模糊评价法（侯旭华、汤宇卉，2022）等。

熵权—逼近理想解排序（TOPSIS）法是多目标优化的一种数学方法。基本思想是使用熵权法根据指标的变异程度，较为客观地确定各归一化后指标的权重，在此基础上，使用 TOPSIS 法通过带权值的距离公式求解出到正负理想点的距离，得到实验对象与最优理想点的接近程度，作为判断方案优劣的依据，一般来说，系数最大的是最优解。本文使用熵权—逼近理想解排序（TOPSIS）法的具体步骤如下：

第一，将建立“一带一路”高质量发展水平评价指标的所有变量 X_j 进行归一化，得到标准正态分布矩阵 A：

$$A = \begin{bmatrix} \lambda_{11} & \cdots & \lambda_{1m} \\ \vdots & \ddots & \vdots \\ \lambda_{n1} & \cdots & \lambda_{nm} \end{bmatrix}, \lambda_{ij} = \frac{x_{ij} - \overline{X}}{\sigma x_j} \quad (9-1)$$

第二，根据 A 矩阵选出最优及最劣向量，此时最优方案和最劣方案为：

最优方案 $A^{+} = (\lambda_{i1}^{+}, \lambda_{i2}^{+} \cdots \lambda_{im}^{+})$，最劣方案 $A^{-} = (\lambda_{i1}^{-}, \lambda_{i2}^{-}, \cdots, \lambda_{im}^{-})$ (9-2)

第三，替换为指标权重，通过熵权法计算出每个指标的权重 w_j。

第四，分别计算 47 个“一带一路”沿线国家评价对象 i 与最优方案 A^{+} 及最劣方案 A^{-} 的距离 D_i^{+} 和 D_i^{-}：

$$D_i^{+} = \sqrt{\sum_{j=1}^{m} w_j (\lambda_{ij}^{+} - \lambda_{ij})^2}, D_i^{-} = \sqrt{\sum_{j=1}^{m} w_j (\lambda_{ij}^{-} - \lambda_{ij})^2} \quad (9-3)$$

第五，计算“一带一路”47 个沿线国家评价对象与最优方案的接近程度 $C_i = \frac{D_i^{-}}{D_i^{+} + D_i^{-}}$，$C_i$ 在 0 和 1 之间取值，越接近 1 表示该国家的高质量发展越接近最优水平，越接近 0 则表示该国家的“一带一路”高质量发展越接近最劣水平。最后按照 C_i 大小对各评价对象排序，C_i 越大表示该国家的“一带一路”高质量发展水平越高。

9.2.3 各国高质量发展指数分析

本文运用 TOPSIS 法对 2009 ~ 2021 年所有样本国家的高质量发展水平进行综合评价，由此得到的 TOPSIS 评分可反映各国高质量发展指标序列在时间维度的变化和国际空间上的差别。如某国某年 TOPSIS 评分比往年自身值大，则说明该国高质量发展水平在提高，某国某年 TOPSIS 评分比另一国的值大，则反映高质量发展水平高于另一国。此外，本文根据世界发展指标数据库（WDI）国家收入水平将样本国家分为高收入国家、中上收入国家及中低收入国家三类，详见表 9.2。

表 9.2　　　　样本对象

经济体类型	国家名称						
高收入国家	克罗地亚	爱沙尼亚	匈牙利	以色列	立陶宛	波兰	罗马尼亚
	沙特阿拉伯	新加坡	斯洛伐克共和国	斯洛文尼亚	拉托维亚	捷克	
中上收入国家	阿尔巴尼亚	亚美尼亚	阿塞拜疆	白俄罗斯	波黑	保加利亚	伊拉克
	约旦	马来西亚	摩尔多瓦	北马其顿	俄罗斯联邦	塞尔维亚	泰国
	秘鲁	南非	格鲁吉亚	黑山	土耳其		
中低收入国家	孟加拉国	埃及	印度	伊朗	吉尔吉斯共和国	黎巴嫩	蒙古
	缅甸	巴基斯坦	菲律宾	斯里兰卡	乌克兰	阿尔及利亚	尼日利亚
	莫桑比克						

图 9.1 展示了 2020 年不同发达程度的 47 个国家高质量指标的分布情况。由图 1 可知，高质量发展水平国家差异性较大，2021 年高质量发展水平位于前三位的分别是以色列、拉脱维亚、俄罗斯联邦，位于后三位的分别是阿尔及利亚、尼日利亚、伊拉克，分析结果与世界银行 2022 年发布的 WDI 指数中对国家人均收入的分类基本一致，这说明本文通过 TOPSIS 法构建的高质量发展指数有一定的现实意义与可靠性。

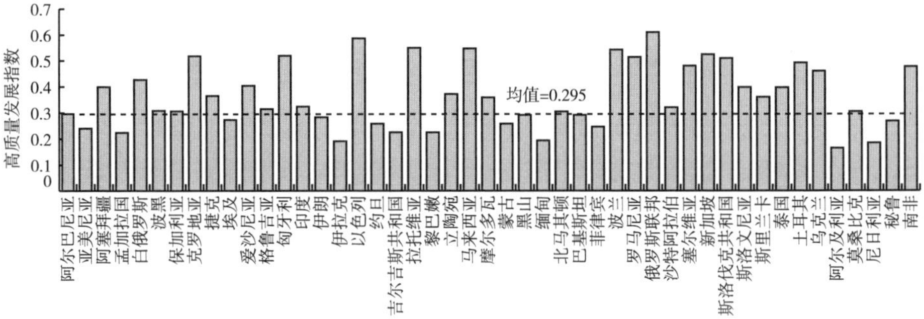

图 9.1　高质量发展水平

图 9.2 为随时间变化的依照人均收入区分国家层次的高质量发展水平情况，各国的高质量发展水平都围绕均值波动，高收入国家各年份的高质量发展指数均大于中上收入国家与中低收入国家，呈现出“高收入国家 > 中上收入

国家>中低收入国家”的分布态势，这表明样本中的各国高质量发展水平随经济发达程度而持续提高，在时间序列上，各层级国家在“一带一路”倡议提出之后，其高质量发展指数也逐步上升，与现实情况吻合。因此，TOPSIS综合评价法在评价各国各时期的高质量发展水平上，效果较为理想，运用TOPSIS综合评价法得到的高质量发展指数可以作为高质量发展水平的代理变量进入下一步实证研究。

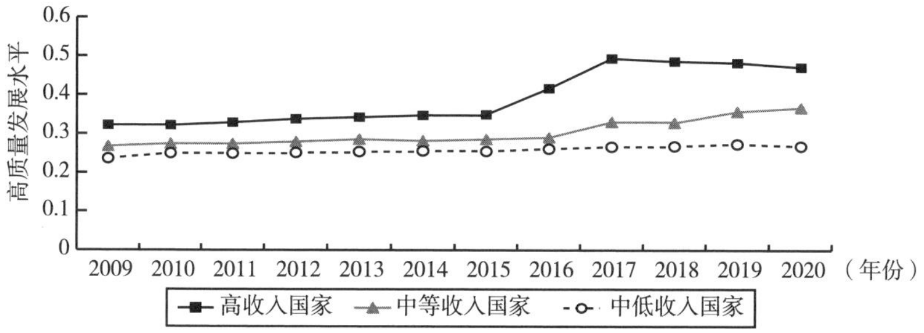

图9.2 分国家层次高质量发展水平

9.3 理论分析与研究假说

9.3.1 金融要素对“一带一路”高质量发展影响的逻辑机理

外国直接投资能为东道国提供资金扶持、先进技术与管理、提升金融效率。一是外国直接投资可以为“一带一路”沿线国家和地区提供资金支持，帮助其在基础设施建设、能源开发、产业升级等领域投入更多资金，推动经济发展；二是外国直接投资可以带来先进技术和管理经验，并且外资带来的竞争效应会推动企业进行技术创新，促进“一带一路”沿线国家和地区的生产率的提高，推动东道国的产业结构升级（文淑惠、张诣博，2020；乔敏健，2019）；三是外国直接投资可以促进“一带一路”沿线国家和地区与国际市场的联系，加强金融合作，拓宽市场渠道，提高产品和服务质量，增强市场竞争力；四是外国直接投资可以通过技术溢出提升东道国的金融服务效率，从而优化市场资源配置。因此，提出假说 H1a。

H1a：外国直接投资能够促进“一带一路”沿线国家和地区的高质量发展。

较高的贷款风险和不良贷款率会导致市场安全资产的减少，进而影响银行的放贷能力。这种状况可能会抑制对“一带一路”项目的投资，导致企业信贷供给减少和生产前景的不确定性。这不仅会减少市场对创新项目的研发投入，还会消弱企业进行技术创新的意愿，进而降低研发效率。正如解维敏和方红星（2011）所指出的，这将抑制技术创新。此外，高贷款风险还容易引发社会道德风险和逆向选择问题，导致债务危机的恶性循环，增加企业连环倒闭和破产的风险，提高财政风险和金融危机的可能性。这些因素共同作用，可能会造成东道国市场的动荡，从而阻碍“一带一路”倡议的高质量发展。因此，提出假说 H1b。

H1b：贷款风险的提高会抑制“一带一路”沿线国家和地区的高质量发展。

利差（贷款利率减去存款利率）代表着融资效率，利差越大，融资效率越低，利差越小，融资效率越高，融资效率的提高会给企业带来更多的资源选择，提高其自主调控的空间和能力，节省机会成本和时间成本，提升企业技术创新的效率，加强企业在创新过程中面临的现金流变动和风险危机的防范能力，为其生产经营提供强有力的保障，更好地推动实体经济的进步，提升金融服务效率，引导金融资源流向创新型产业，并及时根据国内金融变化将资源配置维持在适当的水平，以有效促进市场出清，提升要素配置效率（郭华等，2021）。因此，提出假说 H1c。

H1c：低融资效率会抑制“一带一路”沿线国家和地区的高质量发展。

贷款利率代表国内融资成本，贷款利率增加，银行融资利率约束加大，抑制对收益低项目的投资，增强对高回报率项目的吸引力，生产性投资减少，增加企业的偿债压力，使企业陷入资产价格下跌和低价抛售的恶性循环，降低企业竞争力和经济效益，影响其盈利能力，而且政府应对措施有限，成本增加，融资风险也会随之增加，提高资金流动风险，债务风险加剧，造成东道国经济过热，实际利率上升、经常项目恶化等问题，企业经营风险加剧，从而破坏东道国国内金融系统的稳定（王培志、李红，2006），对“一带一路”国家与地区高质量发展与建设产生负向影响。因此，提出假说 H1d。

H1d：融资成本的提高抑制“一带一路”沿线国家与地区的高质量发展。

9.3.2　金融要素对“一带一路”高质量发展的非线性影响

通过对国内外文献的梳理，在金融深化程度较高的国家，其金融要素对东道国产生的作用越明显。金融深化水平的提高可以使金融要素对国家发展的影响更显著或更敏感。当金融市场更加深化，融资渠道更加多元化时，金融效率越高，金融机构更能识别出具有更高的投资回报率的企业，借款人可能会更加依赖金融机构的融资，从而使得金融要素对企业和个人的发展影响更为明显。此外，金融深化水平的提高也可能会使得国家经济更加依赖金融市场的运作和发展。金融运营效率越高，金融市场更能甄别更具有创新力的项目并通过多样化的融资方式为其提供融资支持（杨伟中等，2020），然而，当金融市场出现波动和不稳定因素时，这些因素可能会对整个经济产生更为深远的影响，从而使得金融要素对东道国高质量的影响更加明显和敏感。因此，提出假说 H2。

H2：在各国金融深化水平差异化下，金融要素对“一带一路”高质量发展的影响呈现非线性特征。

9.3.3　模型设计、变量及数据说明

本文选取数据期间为 2009 ~ 2021 年，从世界发展指标数据库选取具有代表性的 47 个国家。由于“一带一路”沿线各个国家和地区在项目建设中面临着不尽相同的政治风险、社会法律风险和自然灾害风险等诸多挑战，且“一带一路”项目建设资金需求大、投资周期长和要求的贷款利率低等特点。同时，由于长期以来发展中国家的金融发展水平远远落后于发达国家，其金融资源配置效率较低，无法填补基础设施建设等关键领域的融资缺口。因此，融资

风险、融资成本和融资效率是影响“一带一路”国家和地区的高质量发展的重要因素。基于此，本文首先对变量进行相关性分析，为消除多重共线性影响，分别对各金融要素进行回归分析。然后，以基于熵权—TOPSIS 法计算得到的高质量发展指数 *Hqd* 作为被解释变量，选取外国直接投资 *Fdi* 来衡量东道国受到的资金支持、采用利差（贷款利率减去存款利率）*Irs* 来衡量融资效率、贷款利率衡量银行融资成本 *Lir*、采用贷款风险溢价 *Rpol* 来衡量贷款风险作为关键解释变量，并加入净易货贸易条件指数（2000 年 = 100）*Nbtoti*、人口增长 *Pg*（%）和一般政府最终消费支出 *Ggfce*（占 GDP 的比例）作为控制变量，所有数据均来自世界银行的世界发展指标数据库（WDI），指标详见表 9.3。

表 9.3　　　　变量汇总

变量类型	变量	刻画对象	符号表示
被解释变量	经济高质量发展指数（TOPSIS）	经济高质量发展水平	*Hqd*
	经济高质量发展指数（熵权法）	经济高质量发展水平	*Hqd_s*
关键解释变量	外国直接投资净流入	外国直接投资	*Fdi*
	贷款的风险溢价（基本利率减去国库券利率,%）	贷款风险	*Rpol*
	利差（贷款利率减去存款利率,%）	融资效率	*Irs*
	贷款利率（%）	融资成本	*Lir*
控制变量	人口增长（年度百分比）	人力资本	*Pg*
	一般政府最终消费支出（占 GDP 的比例,%）	政府主导程度	*Ggfce*
	银行对私营部门的国内信贷（占 GDP 的比例,%）	银行主导程度	*Bdctps*
	净易货贸易条件指数（2000 年 = 100）	对外贸易竞争力	*Nbtoti*

基于上述分析，回归中采用固定效应模型进行参数估计来分析金融要素对“一带一路”沿线国家和地区高质量发展的影响，具体形式如下：

$$Hqd_{it} = \gamma + \alpha Fdi_{it} + \beta Irs_{it} + \eta Rpol_{it} + \omega Lir_{it} + \varphi X_{it} + \xi_{it} + u_i \qquad (9-4)$$

式（9－4）中：Hqd_{it}表示用熵权—TOPSIS 计算的国家 i 在 t 年的高质量发展水平，Fdi_{it}、Irs_{it}、$Rpol_{it}$、Lir_{it}分别表示国家 i 在 t 年的外国直接投资水平、

融资效率、贷款风险和融资成本，X_{it}为一系列控制变量，ξ_{it}为随机扰动项，μ_i为国家固定效应。

9.4 实证结果及分析

9.4.1 基准回归

表9.4回归结果显示，外国直接投资 *Fdi* 的回归系数在5%的显著性水平上显著为正，说明外国直接投资 *Fdi* 的增加对“一带一路”高质量发展具有显著促进作用。原因是外国直接投资 *Fdi* 为东道国项目建设增加了资金支持，推动“一带一路”沿线国家和地区的基础设施建设，同时也为东道国的企业研发增加了资金投入，推动企业进行技术创新，优化东道国产业结构转型升级，优化资源配置效率，从而助力“一带一路”高质量发展。因此，实证结果支持了假说 H1a。

贷款风险 *Rpol* 的回归系数在5%的显著性水平上显著为负，说明贷款风险增加会扰乱信用秩序，不利于货币政策的有效运作，甚至造成东道国通货变动，从而引发金融风险和社会动荡，抑制“一带一路”高质量发展。因此，实证结果支持了假说 H1b。

融资效率 *Irs* 回归系数在5%的显著性水平上显著为负，说明随着利差越大，银行放贷约束越强，融资效率越低，增加企业时间成本，抑制企业技术创新的效率，对“一带一路”国家和地区的高质量发展造成负面冲击。因此，实证结果支持了假说 H1c。

融资成本 *Lir* 的回归系数在1%的显著性水平上显著为负，说明融资成本提高抑制“一带一路”沿线国家和地区的高质量发展。原因是因为贷款利率的上升会提升融资成本，减少了企业的利润，增加了企业的经营压力，使金融资源无法流向实体经济，金融要素配置得不到优化，一些企业资金链断裂，从而导致金融市场动荡。因此，实证结果支持了 H1d。

表 9.4　　金融要素与高质量发展指数的固定效应模型估计

变量	(1)	(2)	(3)	(4)
	Hqd	*Hqd*	*Hqd*	*Hqd*
Fdi	0.060** (2.62)			
Rpol		-0.432** (-2.07)		
Irs			-0.464** (-2.21)	
Lir				-0.832*** (-7.83)
Pg	-0.616 (-1.05)	-0.647 (-1.11)	-1.267*** (-2.73)	-1.332*** (-3.10)
Ggfce	0.046 (0.25)	0.261 (0.72)	0.242* (1.75)	0.181 (1.41)
Nbtoti	-0.012 (-0.77)	0.012 (0.64)	-0.014 (-0.96)	-0.015 (-1.11)
常数项	32.035*** (10.07)	26.739*** (5.03)	30.711*** (9.86)	38.925*** (13.16)
样本量	564	281	425	437
R^2	0.009	0.042	0.040	0.158

注：$*p<0.1$，$**p<0.05$，$***p<0.01$，括号内为t值，下同。

9.4.2 稳健性检验

为了验证文章实证结果是否可靠，本文通过替换被解释变量进行了稳健性检验，以熵权法构建的“一带一路”高质量发展指数 *Hqd_s* 作为被解释变量，并控制相应的控制变量重新进行固定效应回归，检验结果见表9.5。结果显示，各金融要素的系数符号与原回归结果保持一致，且显著性未发生改变，说明更换衡量“一带一路”高质量发展指数的方法并未影响金融要素与“一带一路”高质量发展的关系。

表 9.5　　稳健性检验

变量	(1)	(2)	(3)	(4)
	Hqd_s	*Hqd_s*	*Hqd_s*	*Hqd_s*
Fdi	0.043** (2.05)			
Rpol		-0.447** (-2.67)		
Irs			-0.533*** (-3.27)	
Lir				-0.756*** (-9.36)
Pg	-0.524 (-1.02)	-0.470 (-1.14)	-1.077*** (-2.99)	-1.131*** (-3.47)
Ggfce	0.118 (0.78)	0.241 (0.84)	0.254** (2.37)	0.198** (2.03)
Nbtoti	-0.014 (-1.16)	0.007 (0.42)	-0.016 (-1.40)	-0.016 (-1.53)
常数项	32.987*** (12.18)	28.617*** (6.76)	32.259*** (13.35)	38.908*** (17.32)
样本量	564	281	425	437
R^2	0.013	0.064	0.064	0.212

9.4.3　门槛分析

由于“一带一路”沿线国家和地区的金融深化水平并非均衡发展，可能导致金融要素对“一带一路”高质量发展的影响存在门槛效应，为了进一步验证假设，以银行对私营部门的国内信贷（占 GDP 的比例）衡量金融深化程度（文淑惠、张诣博，2020）并作为门槛变量分别对四个金融要素进行门槛检验。表 9.6 是基于 Bootstrap 法进行 300 次抽样的门槛检验结果，结果显示受门槛影响的解释变量融资效率 *Irs*、融资成本 *Lir* 具有单门槛效应，在 99% 置信区间下对应的门槛值分别为 29.679、27.734，而外国直接投资 *Fdi* 和贷款风险 *Rpol* 不具有门槛效应。所以，本文以金融深化水平为门槛设定虚拟变量 D，生成与融资效率、融资成本的交互项 $Irs_{it} \times D$、$Lir_{it} \times D$，m 为对应门槛值。构建面板门槛模型如下：

$$Hqd_{it} = \gamma_1 + \eta_1 Irs_{it} \times D(Bdctps_{it} \leq m) + \eta_2 Irs_{it} \times D(Bdctps_{it} > m) + \varphi_1 X_{it} + \xi_{it} + \mu_i \quad (9-5)$$

$$Hqd_{it} = \gamma_2 + \omega_1 Lir_{it} \times D(Bdctps_{it} \leq m) + \omega_2 Lir_{it} \times D(Bdctps_{it} > m) + \varphi_2 X_{it} + \xi_{it} + \mu_i \quad (9-6)$$

表 9.6　　金融要素指标的门槛效应检验结果

变量	门槛变量	F 值	P 值	10% 临界值	5% 临界值	1% 临界值
Fdi	单一门槛	4.66	0.9300	25.3728	30.4850	31.5245
Rpol	单一门槛	11.82	0.6500	32.8456	37.2494	44.1563
Irs	单一门槛	41.38	0.0000	25.0083	28.6855	38.4687
	双重门槛	18.92	0.2100	24.1522	33.6877	45.8047
Lir	单一门槛	31.40	0.0600	25.2330	32.1199	35.8254
	双重门槛	15.57	0.2300	21.2886	23.0577	40.8020

从表 9.7 可以看出，在不同的金融深化水平下，金融要素对高质量的影响效果不同。当金融深化处于较低水平（$Bdctps \leq 29.679$）时，融资效率对高质量发展的影响系数为负，说明此时低融资效率抑制了高质量发展；当金融深化处于较高水平（$Bdctps > 29.679$）时，其抑制高质量发展的程度在 1% 的显著性水平上成倍放大，说明随着东道国金融深化水平的提高，低融资效率对“一带一路”高质量发展的抑制效果愈加强烈和明显，同样地，当金融深化处于较低水平（$Bdctps \leq 27.734$）时，融资成本 *Lir* 对高质量发展的影响系数在 1% 的显著性水平上为显著为负，说明此时融资成本抑制“一带一路”高质量发展；但当金融深化处于较高水平（$Bdctps > 27.734$）时，抑制高质量发展的程度同样在 1% 的显著性水平上成倍扩大，即金融深化水平的提升，使得金融要素对高质量发展的显著促进作用更为明显。由此，H2 金融要素对“一带一路”高质量发展具有非线性影响得到证实。

表 9.7 金融要素的面板门槛模型估计结果

变量	(1)	(2)
	Hqd	*Hqd*
Irs × *D* (*Bdctps*≤*m*)	-0.004 (-0.02)	
Irs × *D* (*Bdctps*>*m*)	-1.019*** (-4.46)	
Lir × *D* (*Bdctps*≤*m*)		-0.669*** (-5.33)
Lir × *D* (*Bdctps*>*m*)		(-8.30)
门槛值 *m*	29.679	27.734
常数项	32.502*** (27.72)	40.557*** (27.84)
样本量	396	300
R^2	0.106	0.220

9.4.4 异质性检验

为检验不同收入水平下金融要素对“一带一路”高质量发展的异质性影响，本文依据WDI数据库将样本划分为中低收入国家、中上收入、高收入国家。由表9.8所示，中低收入国家中各金融要素对沿线国家高质量发展的影响并不显著，这主要是因为中低收入国家金融深化水平较低，金融要素对高质量发展的影响传导受阻。在中上收入国家中，贷款风险、融资效率和融资成本的系数都在5%的水平上显著为负，与基准回归的结论一致，表明贷款风险、融资效率和融资成本是制约“一带一路”高质量发展的因素。而在高收入国家中，贷款风险、融资效率和融资成本的系数都通过了1%的显著性检验，且系数值有较大提升，这表明高收入国家中贷款风险、融资效率和融资成本对“一带一路”高质量发展的制约影响更显著并且制约效果更强烈。外国直接投资的系数仅在高收入国家中显著为正，即外国直接投资能够促进高收入国家的高质量发展，这可能是因为高收入国家通常具有更为完善的法律和制度框架，稳定的政治环境，良好的投资环境能够吸引更多的外国投资，并且高收入国家的基础设施和技术水平较高，外国直接投资主要参与高收入国家的创新和产业升级，这能对国家的高质量发展产生更明显、强烈的影响。

表 9.8 “一带一路”沿线国家异质性分析

变量	(1)	(2)	(3)	(4)	(5)	(6)
	中低收入国家	中上收入国家	高收入国家	中低收入国家	中上收入国家	高收入国家
Rpol	-0.092 (-1.06)	-0.374** (-2.43)	-6.231*** (-4.18)			
Irs				0.169 (0.90)	-0.645** (-2.24)	-7.868*** (-4.21)
控制变量	是	是	是	是	是	是
常数项	0.281*** (17.50)	0.182*** (3.19)	-0.778 (-1.40)	0.244*** (9.15)	0.294*** (5.44)	-0.451 (-0.95)
样本量	122	113	46	161	202	62
R^2	0.048	0.192	0.485	0.023	0.091	0.439
变量	(7)	(8)	(9)	(10)	(11)	(12)
	中低收入国家	中上收入国家	高收入国家	中低收入国家	中上收入国家	高收入国家
Lir	0.004 (0.03)	-1.010*** (-7.23)	-2.048*** (-5.12)			
Fdi				-0.015 (-0.62)	-0.059 (-0.37)	0.084*** (4.00)
控制变量	是	是	是	是	是	是
常数项	26.859*** (8.75)	34.724*** (7.21)	-54.749 (-1.28)	27.207*** (17.88)	31.382*** (4.00)	-0.578 (-0.02)
样本量	173	202	62	180	228	156
R^2	0.015	0.275	0.500	0.018	0.055	0.052

9.5 本章结论与启示

本课题从基础设施建设、创新、绿色、共享构建了“一带一路”综合指标体系衡量其高质量发展水平，并运用熵权—TOPSIS 方法测度了“一带一路”

沿线47个国家2009～2021年的高质量发展指数，理论分析金融要素对"一带一路"高质量发展影响，再利用固定效应模型进行实证分析，研究发现：一是外商直接投资能够促进"一带一路"沿线国家和地区的高质量发展，而较高的融资成本、融资风险和较低的融资效率会抑制"一带一路"沿线国家和地区的高质量发展，表明有效利用金融要素能够促进"一带一路"沿线国家高质量发展；二是通过异质性分析表明，相较于中低收入国家，收入越高的国家从金融要素方面影响"一带一路"高质量发展的效果更为显著；三是基于门槛模型的检验发现，随着东道国金融深化水平的提高，金融要素对"一带一路"高质量发展的影响愈加强烈和明显。基于研究结论，从"一带一路"高质量发展视角给出西部金融中心在金融资源配置的相关建议。

第一，优化投融资环境，加大外商直接投资吸引力。东道国政府加强与外商投资者的沟通与合作，给予国民待遇，可加快体制机制改革，打造更加法治化国际化的规则体系和制度环境，提供更加友好和透明的投资环境，保障外商投资的合法权益，鼓励更多的外国企业或金融机构对"一带一路"沿线国家和地区进行投资或金融支持。

第二，建立多元化金融合作机制，降低融资成本、融资风险，提高融资效率。促进"一带一路"沿线国家金融市场互联互通，推动金融市场的开放和深化，加强各国金融合作，提高投融资效率，降低融资成本与风险。"一带一路"沿线的一些国家正面临着美国加息资本流出、融资成本增加和刺激政策的溢出风险，引致汇率波动本币贬值的汇率风险。因此，应鼓励沿线各国将人民币作为项目投资货币和结算货币，规避美元波动带来的汇率风险。

第三，打造多层次国际金融市场，疏通金融要素推动"一带一路"沿线项目顺利实施的资金通道。中低收入国家的铁路、公路、海港、电力、能源、通信等领域基础设施水平明显落后，亟须大量建设资金投入。资金融通是确保基础设施高质量建设的关键要素，可积极推进建设项目采取EPC或PPP模式运作，积极发展基础设施不动产投资信托基金（REITs），增加社会资本参与项目投融资的吸引力。

第四，加强投资项目全过程管理，提高项目实施的成功率，有效降低金融风险。加强投资项目前期可行性论证，与东道国本地企业合作成立项目公司，发挥各自优势，提高项目建设效率，降低融资成本，提高项目实施的成功率。东道国政府可通过加强项目建设监管，重视科研项目的研发投入，注重项目的可持续性和环境保护，避免对当地生态环境和社会发展造成不良影响。

第 10 章

典型案例分析

雅万高铁项目是“一带一路”倡议和中印尼两国务实合作的标志性项目，由中国-印尼共同出资，印尼企业占股60%，中国企业占股40%，共同组建项目公司，项目公司所承担的利益和风险由双方按照股权比例分享与承担。项目特许经营期限为50年，项目回报机制为票务收入、物流运输收入、广告收入、餐饮和零售收入、合作伙伴收入等。本项目成功实施，离不开中印尼双方全体项目人员的共同努力，其中金融要素的支持发挥了至关重要的作用。项目资金的75%由国家开发银行提供的贷款，贷款期限为50年，不需要印尼主权信用担保。雅万高铁的开通，极大地改善了印尼的交通，降低了物流运输成本，增加了就业，推动着印尼经济高质量发展。雅万高铁是连通中印尼两国友谊的桥梁，是中国提出“一带一路”倡议合作的新起点、踏上另一个新征程的开端。

10.1 项目基本概况及操作模式

10.1.1 项目基本情况

雅万高速铁路是一条连接印度尼西亚首都雅加达和西爪哇省省会万隆市的高速铁路。雅万高速铁路项目是东南亚首条高速铁路、“一带一路”倡议和中印尼两国务实合作的标志性项目，也是中国高铁首次全系统、全要素、全产业链在海外落地的高速铁路项目。

雅万高速铁路全线长 142.3km，设计速度为 350km/h，全线桥梁长度占比 61.5%，隧道长度占比 11.7%，路基长度占比 26.8%。共设有哈利姆站、卡拉旺站、帕达拉朗站、德卡鲁尔站 4 座车站，途经 9 个市县，两地间最快旅行时间由原来 3.5 小时压缩至 40 分钟。这标志着印尼迈入高铁时代、中印尼共建“一带一路”取得重大标志性成果。雅万高铁是中国制造进入海外市场的一张名片，其宣传、带动效果也是无价的。

10.1.2 项目操作模式

为保障雅万高铁项目能顺利地建设和营运，能更好地向社会公众提供长期、稳定、高质量的基础设施服务，雅万高铁项目采用 EPC 模式运作。

雅万高铁业主为中印尼合资公司（KCIC），该公司由中铁总牵头的中国企业联合体与印尼维卡公司牵头的印尼国企联合组成项目公司，负责项目的设计、采购、施工总承包、投融资、运营全过程一体化工作。印尼交通部将雅万高铁的特许经营权给予雅万高铁合资公司（项目公司），并颁发高铁的建设和运营许可证。

雅万高铁最初的预算约为 55 亿美元，2021 年时预算增加至 60.7 亿美元。截至 2022 年 9 月，雅万高铁超概约 14.49 亿美元或 21.74 万亿印尼盾。超概用 25% 股本金和 75% 贷款来解决，25% 股本金由印尼政府预算拨付，75% 贷款由中国国家开发银行借贷。

10.1.3 项目公司组建

1. 项目公司成立

印度尼西亚国营建筑公司威查雅卡尔雅公司（Wijaya Karya、WIKA）将与中国企业合作，共同建设雅万高铁项目。日前，WIKA 公司与其他 3 家印尼国企成立了合资公司。新公司“皮拉尔 - 西奈鲁吉（音译）”的资本金为 45 亿印尼盾。WIKA 将出资 38%，成为最大股东。此外，农场运营公司 Perkebunan

Nusantara VIII、铁路公司 Kereta Api Indonesia（KAI）、公路服务公司 Jasa Marga 也将出资。

中方企业联合体包括项目牵头方中铁总，设计施工单位中国中铁、中国电建；机车车辆制造公司中国中车；通信信号公司中国通号（3969. HK）。

本项目合作期限内，项目资产的经营权归项目公司所有，允许社会资本方以本项目的收益权质押融资。

2. 股权结构

雅万高铁项目由中国 - 印尼共同出资，共同持有。其中项目资本金 13.75 亿美元，占总投资 25%。印尼企业出资（印尼铁路公司）8.25 亿美元，占股 60%；中国企业（北京雅万高铁有限公司）出资 5.5 亿美元，占股 40%。项目公司所承担的利益和风险由双方按照股权比例共分享与承担。

10.2 项目总投资及投融资结构

10.2.1 项目投资规模的确定

雅万高铁项目概算约 55 亿美元，在项目建设过程中遇到征地拆迁、环境评估、工程延期等问题，造成项目预算超支，超概约 14.49 亿美元，建成后项目总投资为 69.49 亿美元。

10.2.2 项目筹资方式

1. 本项目资金来源

项目概算建设投资 55 亿美元，资金来源包括：

（1）项目资本金 13.75 亿美元，占总投资 25%。其中印尼企业出资（印尼铁路公司）8.25 亿美元，占股 60%；中国企业（北京雅万高铁有限公司）出资 5.5 亿美元，占股 40%。

（2）项目公司申请国家开发银行贷款 41.25 亿美元，占项目总投资 75%，贷款期限为 50 年，利率为 2%，且有宽限期。

2. 超概算的投资资金来源

由于项目建设过程中遇到征地拆迁、环境评估、工程延期等问题，造成项目预算超支，超概约 14.49 亿美元。增加部分的投资由中印尼合资公司（KCIC）承担 25% 和国家开发银行贷款 75% 来解决超资问题。

10.3 项目运作方案

10.3.1 项目合作期限

项目公司对雅万高铁的特许经营权将从 2019 年 5 月 31 日开始，为期 50 年，项目公司须在建设许可证颁发后 3 年内完成修建工作，如遇不可抗力因素，使项目建设延期，项目经营期限顺延。

10.3.2 项目回报机制

结合本项目的功能定位及运行设计，如下收入方式构成了项目公司的投资回报的来源。

1. 票务收入

乘客购买车票作为项目公司经营的主要收入来源。乘客购买高铁车票，支付相应的票价作为运营商的收入来源。票价通常根据不同的座位等级、行程距离和需求情况而定。

2. 物流运输收入

高铁运营商还可以通过提供物流运输服务获得收入。高铁列车可以承载货物运输，如快递、货运等。物流运输收入通常根据货物的种类、重量和距离等因素计算。

3. 广告收入

高铁列车和车站是广告宣传的重要场所，运营商可以通过出售广告位或与广告商合作获取广告收入。广告收入通常根据广告位的位置、时长和受众规模等因素而定。

4. 餐饮和零售收入

高铁列车上通常设有餐车和零售店，乘客可以购买食品、饮料、小吃和纪念品等。运营商通过餐饮和零售业务获取相应的收入。

5. 合作伙伴收入

高铁运营商可以与其他企业或机构合作，如旅行社、酒店、景区等，通过提供联合销售、优惠套餐等方式获取合作伙伴收入。

10.4 项目成功运行的经验与思考

雅万高铁的成功建设与营运，不仅是连接首都雅加达和西爪哇省省会万隆的高速铁路，也是中国和印尼两个国家的“友谊之路”。此外雅万高铁也是一条“致富之路”，高铁的建成在某种程度上会降低周围地区的经济活动成本，也会吸引资金投向于高铁沿线，形成新的经济圈，进一步带动印尼当地一系列经济发展。然而雅万高铁的成功背后并非是一帆风顺的，在整个项目实施过程中也遇到了大大小小的问题，但最后都迎刃而解。我们从雅万高铁项目这个案例中总结出三个方面的经验与思考。

10.4.1 中国金融要素的强力支持

雅万高铁项目概算建设投资 55 亿美元。其中项目资本金 13.75 亿美元，占总投资 25%。其中印尼企业出资（印尼铁路公司）8.25 亿美元，占股 60%；中国企业（北京雅万高铁有限公司）出资 5.5 亿美元，占股 40%。其余项目投资的 75% 由国家开发银行贷款 41.25 亿美元，贷款期限为 50 年，利率为 2%，且有宽限期，不需要印尼主权信用担保。

由于项目建设过程中遇到征地拆迁、环境评估、工程延期等问题，造成项目预算超支，超概约 14.49 亿美元。新增加的资金由中印尼合资公司（KCIC）

承担25%和国家开发银行贷款75%。

因此，可以看出中国在雅万高铁项目给予了极大的诚意以及金融支持。此外，由于雅万高铁建设期间土地购买的成本有所增加，以及疫情大环境下面临的原材料价格普遍上涨问题，“雅万高铁”项目面临资金严重紧缺，超约14.49亿美元。面对如此困境，印尼高铁合资公司向中国求助，为此国家开发银行又提供了75%的贷款资金来解决超资问题。总共历时八年，中方全程竭尽全力对该项目提供帮助与支持，最终完成了中国和印尼合作建设的雅加达至万隆高速铁路项目，2023年10月17日正式开通运营，项目成功落地，也标志了中国与印尼的国际友谊之路畅通无阻。

此次全球瞩目的高铁项目成功落地，离不开中印尼双方全体项目人员的共同努力，其中各金融要素的支持也发挥了至关重要的作用。可想而知，如果本次雅万高铁项目缺少了金融要素的支持，那么项目是否能够继续进行，最后能否完工都会打上大大的问号。与之对比的就是日本拿下的印度高铁项目，该项目里程比雅万高铁项目更长，规模更加大，然而该高铁项目原本规划的五六百公里的修建，几年时间过去却只停留在了纸上谈兵，仅仅建设了大概十公里左右。由此可以看出我国资金实力雄厚、人员技术等均在世界前列，能够以适合印尼现有国情的方式方法来解决项目过程所遇到的各种非预期问题，使得雅万高铁项目完美落地，成为我国高铁技术走出国门的光辉一笔。

10.4.2 对印尼经济社会积极影响

雅万高铁项目的成功落地标志着东南亚拥有了首条高速铁路，这对印尼来说受益匪浅。

1. 促进经济发展

雅万高铁项目将连接印尼首都雅加达和万隆，作为首都的雅加达和作为印尼第四大城市的万隆两地是印尼的经济中心，人口都非常多，万隆又是印尼的旅游热门地段，有往返两地需求的人员众多，人口流动的增加会刺激当地消费需求，消费需求增加就会促使供给增加，那么就会为当地提供更多的就业机会，生产更多的产品以及提供更多的服务。需求刺激供给，供给创造就业，就业反过来又刺激了需求的增加。此外高铁的开通，使得印尼在交通物流运输成本方面有较大改善。雅万高铁具有明显的经济拉动效应，将带动沿线地区冶炼、制造、基建、电力、电子、服务、物流等配套产业发展，创造就业，增加税收。初步估算，高铁建设将为印尼每年创造 4 万个就业岗位，高铁沿线车站及周边地区将得到进一步开发，一条雅万经济走廊有望形成，推动着印尼经济高质量发展。

2. 改善交通状况

雅万高铁项目将极大地改善雅加达和万隆之间的交通状况。此前，两地之间最快的通行时间约为 3.5 小时，而高铁的运营将时间缩短至仅需 40 分钟。这将为人们提供了快速、高效、便捷的交通方式，极大地减少了通勤和旅行的时间成本。通过提供快捷、安全的交通选择，雅万高铁项目将减少道路交通拥堵和交通事故的发生。传统的道路交通往往面临拥堵和延误的问题，而高铁的运营将有效减少这些问题，提高交通的流畅性和效率。这将改善人们的出行体验，提高交通的便利性和可靠性。此外，高铁的运营还将减少对道路和航空交通的依赖，从而减少能源消耗和环境污染。高铁是一种相对环保的交通方式，相比传统的汽车和飞机，它的能源消耗更低，排放更少。这将有助于减少空气污染和碳排放，推动城市的高质量发展。

3. 促进区域一体化

雅万高铁项目将连接印尼首都雅加达和万隆，这两个城市是印尼的经济、政治和文化中心。高铁的运营将促进经济、文化、旅游和人员交流，加强雅加达和万隆之间的联系。连接雅加达和万隆的高铁将成为印尼的重要交通枢纽，进一步促进区域一体化。高铁的运营将带动沿线城市和地区的发展，促进城市间的合作与发展。沿线城市将受益于高铁的便捷交通，吸引更多的投资并创造更多的商业机会，推动整个地区的繁荣。此外，高铁项目还将连接沿线的其他城市和地区，进一步促进区域的互联互通。这将有助于打破地理壁垒，促进沿线城市和地区之间的经济合作和交流。高铁的运营将促进人员流动、货物运输和旅游业的发展，推动区域的互联互通和一体化发展。雅万高铁项目的实施将为印尼带来巨大的经济和社会效益。

4. 提升国际形象

印尼作为东南亚最大的经济体之一，基础设施相对落后，但雅万高铁项目是印尼与中国合作的标志性项目，它将提升印尼的国际形象和地位。雅万高铁的开通成为了东南亚地区拥有的首条高速铁路，这将让本来基础设施落后的印尼纵身一跃成为东南亚地区基础设施的引领者之一，提升印尼在国际上的地位。此外还将提升印尼民众对国家实力和国家经济发展美好的期盼，使得社会更加充满希望，更加井井有条地高速发展，逐渐实现共同富裕的美好愿景。这有助于吸引更多的外国投资和合作机会，推动印尼的国际交流与合作。高铁项目的成功实施将提升印尼的发展潜力和投资机会。

5. 推动可持续发展

雅万高铁项目在设计和建设过程中高度重视环境保护和可持续发展。为了减少对环境的影响，项目将采用先进的环保技术和设备。例如，高铁线路将采用低噪声轨道，减少噪声污染对周边居民的影响。同时，高铁列车将配备先进的排放控制系统，减少尾气排放，降低空气污染。相比传统的交通工具，高铁列车使用电力作为动力源，不产生尾气排放。这将有助于改善空气质量，减少温室气体的排放，对应对气候变化起到积极的作用。此外，高铁的高速运行和大容量运输能力，将鼓励更多人选择绿色出行方式，减少个人汽车使用，进一步减少道路交通带来的空气污染。除了直接的环境效益，雅万高铁项目还将带动相关产业的绿色转型和可持续发展。在建设过程中，项目将优先选择使用环保材料和节能设备，促进绿色建筑和可持续发展。同时，高铁的运营将带动相关产业的发展，如高铁站周边的商业、旅游和服务业等。这将为当地经济带来新的增长点，并促进绿色产业的发展。

10.4.3 对“一带一路”倡议及全球范围的示范效应

印尼是东南亚最大的经济体，雅万高铁的建成将有助于中国实施“21 世纪海上丝绸之路”这一战略，有利于发挥铁路在“一带一路”战略中的服务保障作用，实现中国与“一带一路”沿线国家交通基础设施的互联互通。雅万高铁是连通中印尼两国友谊的桥梁，同时也是中国提出“一带一路”倡议合作的新起点、踏上另一个新征程的开端。

“一带一路”的合作倡议是由习近平主席在 2013 年所提出，高举和平发展的旗帜，积极发展与合作伙伴的经济合作关系。而雅万高铁的成功标志着中印尼共建“一带一路”取得巨大成果。在整个合作过程中，中国作为“一带一路”倡议的提出者，也做到了示范带头效应，为“一带一路”倡议国家提供了极大地资金支持，以及相关技术人员支持。中印尼此次的完美契合，给两国都有着十分重大的意义。2023年是“一带一路”倡议的第十周年，雅万高铁也成为中国执行“一带一路”倡议的关键一步，履行了我国作为世界强国世界大国应有的职责，为更好的构建人类命运共同体，实施“一带一路”倡议打造了一张专属中国的“金名片”。而印尼也从“一带一路”倡议中实实在在得到了“好处”，极大地缩短了沿线城市往返时间，刺激了经济增长，提升了国际地位，拥有了东南亚首条高速铁路等。

与此同时，这张“金名片”也将影响着世界各国。雅万高铁项目，不仅是中印尼两国密切关注着，世界各国都在关注着中国在雅万高铁项目扮演着怎样的角色？项目最后能否出色完成？事实证明，中国做到了，而且还做得很好。先期的示范效应出来以后，像印尼一样，周边邻国也将考虑中国铁路技术，采用“中国标准”。而对于这种铁路技术的输出不仅单一的是为其他国家修建高铁这么简单，背后意味着车辆制造、高铁轨道铺设、信号系统、工程技术标准等一系列输出，这有助于促进共同发展、实现共同繁荣。

10.4.4 印尼高铁建设与营运面临的挑战与问题

1. 印尼高铁建设面临的挑战与问题

（1）资金问题。高铁建设需要大量资金投入，包括建设、设备采购、运营等方面的费用。印尼作为一个发展中国家，面临资金短缺的问题。寻找足够的资金来源，包括国内外投资和贷款，是一个重要的挑战。

（2）土地征用和拆迁。高铁建设需要占用大量土地，涉及土地征用和拆迁问题。这可能引发土地纠纷、社会不稳定和民众抗议等问题。确保土地征用和拆迁过程的公平、透明和合法性，以及妥善处理相关纠纷，是一个重要的挑战。

（3）基础设施建设和改造。印尼高铁建设需要进行大规模的基础设施建设和改造工作，包括铁路线路、车站、桥梁、隧道等。这需要解决工程技术、施工管理和环境保护等方面的问题，确保建设质量和安全。

（4）社会经济影响。高铁建设对当地社会经济产生重大影响。一方面，高铁建设可以带来就业机会、经济发展和区域一体化。另一方面，它也可能导致土地价格上涨、资源竞争、社会结构变化等问题。需要制定合适的政策和措施，平衡各方利益，确保高铁建设对当地社会经济的可持续发展。

（5）环境保护和可持续发展。高铁建设对环境产生影响，包括土地利用、水资源、生态系统等方面。需要采取适当的环境保护措施，减少对生态环境的破坏，并确保高铁建设符合可持续发展的原则。

（6）政策和法律框架。高铁建设需要建立健全的政策和法律框架，包括土地征用、拆迁、环境保护、安全管理等方面的法规和规定。确保高铁建设过程的合法性、透明性和规范性，是一个重要的挑战。

2. 印尼高铁营运面临的挑战与问题

（1）运营成本。高铁的运营成本包括人员工资、维护费用、能源消耗等。这些成本需要通过票价和其他收入来覆盖，但如果票价过高可能会影响乘客的需求，而过低则可能无法覆盖成本。因此，确保高铁的运营成本可持续和合理是一个挑战。

（2）安全管理。高铁的安全管理是至关重要的。这涉及列车运行安全、设备维护安全、乘客安全等方面。确保高铁设备和系统的安全性，以及培训和管理人员的安全意识和技能，是一个重要的挑战。

（3）乘客需求和服务质量。高铁的成功运营需要满足乘客的需求并提供优质的服务。这包括车票预订系统的便利性、车站设施的舒适性、列车的准点率和舒适度等。了解乘客需求、提高服务质量和满足不同乘客群体的需求，是一个挑战。

（4）竞争与市场份额。印尼高铁面临着其他交通方式的竞争，如航空、公路等。确保高铁在市场上具有竞争力，吸引乘客选择高铁出行，增加市场份额，是一个挑战。

（5）跨区域合作与协调。印尼高铁涉及多个地区和政府部门的合作与协调。需要确保各地区和政府部门之间的合作顺畅，协调各方的利益和政策，以实现高铁的顺利运营。

（6）社会接受度和环境影响。高铁的建设和运营可能对当地社区和环境产生影响。需要与当地居民和利益相关者进行沟通和协商，解决潜在的社会和环境问题，确保高铁的社会接受度和可持续发展。

第 11 章

研究结论与政策建议

11.1 研究结论

本课题首先对金融生态和金融中心的内涵进行了界定，从多个角度对金融中心的演进过程进行了分析。然后，课题通过对国际金融中心建设的分析与总结，能为建设西部金融中心提供可供参考的经验与借鉴。其次，基于西部金融中心的战略目标，对成渝地区金融生态现状进行分析，并与上海金融中心进行对比，指出了西部金融中心存在的问题。再次，理论分析了金融生态、经济发展与西部金融中心之间的逻辑关系，选取 2011 ~ 2022 年数据构建金融生态评价模型，对金融生态进行评价，并进行实证检验。最后，得出了如下研究结论。

第一，成渝地区金融生态近十几年来得到了迅速发展，但与上海金融中心比较，西部金融中心仍在金融机构、金融市场、经济环境、社会环境、政策环境以及法制与政府管理方面均存在一定的差距，尤其是在法人金融机构实力、金融市场活跃程度以及经济发展的水平方面相差较远。

第二，通过对纽约、伦敦和上海等国际金融中心的经验分析，市场性、机构聚集地和国际性是建设金融中心的三大核心要素。建设西部金融中心需要坚持市场化改革、优化金融生态环境、推进金融科技创新、打造金融机构聚集地，全面提升金融市场活力和国际竞争力。

第三，经济发展对金融生态主体和金融生态环境具有积极的助推作用。近十几年来，成渝地区的经济持续增长并高于全国平均水平，这不仅推动了各行各业的发展，也为金融业的繁荣奠定了基础。随着经济的增长，成渝地区的金融业也得到持续发展，金融产值不断增加，金融生态环境持续得到改善。

第四，金融生态指数的波动与经济发展的变化密切相关，金融不仅服务于实体经济发展，还是经济运行的“血液”。一是随着成渝地区经济的增长，人们收入和消费水平的增加，对金融机构提供的金融产品和服务的需求更加广泛；二是成渝地区经济发展增加了企业的融资需求，金融机构又通过提供贷款、债券发行等方式来帮助企业实现融资，促进企业发展。

第五，金融中心的建设能够促进金融生态主体的壮大与发展，从而助推经济发展，经济发展又能促进金融生态环境的改善，有助于金融中心的构建。一是金融机构经营业务通过资源配置效率助力经济发展；二是金融业自身的产值的增加直接为经济发展做贡献；三是经济发展促进经济基础、社会环境和法律基础设施的改善，从而优化金融生态环境。

11.2 政策建议

在成渝共建西部金融中心的进程中，我们必须深刻理解金融对城市经济发展的关键作用，并明确金融中心建设在促进区域经济协调发展中的核心地位。为了更高效、更高质量地推进成渝共建西部金融中心的建设，本研究提出了一系列政策建议和保障措施。这些建议旨在优化金融资源配置、提升城市金融服务功能，推动区域经济共同繁荣，加强成渝两地之间的经济联系与协作，确保西部金融中心建设目标的顺利实现。通过这些措施，重庆和成都有望成为引领西部经济发展的重要引擎，在全国经济版图中发挥更大的作用。

11.2.1 加强组织协调

金融与经济是一个相互联系、密不可分的有机整体，许多工作都是需要各个环节配合共同落实的，那么加强组织协调能力在成渝共建西部中心上就显得尤为重要。所谓组织协调，是指基于一定目的，运用恰当手段，对影响工作的相关因素进行的调适和磋商。整个成渝共建西部金融中心的过程是一个整体，这个过程中所涉及的工作都在一定程度上存在组织协调问题。如果在这个问题上，因我们的水平低、能力差、牵不好头、组织不当、协调不力，那么就会阻碍我们继续开展下一步的工作。组织协调看起来简单，实际上却是一项复杂的工作。提高组织协调能力是当下更好共建成渝西部金融中心的需要，如果组织协调能力不强，就很难履行好各自的职责。

第一，建立高效的双城协同工作机制。一是成立联合领导机构。为确保重庆和成都在共建西部金融中心过程中高效协同，两地政府应成立联合领导机构，负责统筹协调相关工作。这一机构可以由川渝两地政府领导和金融监管部门负责人组成，定期召开会议，商讨和决定重大事项。二是设立专门协调办公室。在联合领导机构下，设立专门的协调办公室，负责日常事务的协调和沟通。该办公室应保持信息流通，定期汇报工作进展，推动具体项目的落实，确保两地在金融中心建设中的步调一致。

第二，制定统一的金融发展规划和政策。一是统一金融发展规划。重庆和成都应共同制定统一的金融发展规划，明确两地的功能定位和发展目标。通过合理分工，形成互补优势，避免资源浪费和恶性竞争。二是协调出台金融政策。两地应在税收优惠、人才引进、金融机构扶持等方面协调出台一致的政策，确保金融机构在两地享有同等的政策红利，营造公平竞争的环境。这有助于在区域内形成统一的金融市场，提升整体竞争力。

第三，推进跨区域金融资源整合。一是建立金融资源共享平台。通过建立金融资源共享平台，实现两地金融信息、项目、人才等资源的共享。该平台可以涵盖金融数据、市场分析、金融产品等内容，为两地金融机构提供充足的市场信息和资源支持。二是推动金融机构互设分支。鼓励两地的金融机构在对方城市设立分支机构，拓展业务范围。这不仅有助于增强两地金融市场的互通性和合作深度，也可以加速区域金融一体化进程。

第四，加强金融基础设施建设。一是建立统一的金融交易系统：为提高金融交易的效率和安全性，重庆和成都应共同建设统一的金融交易系统，实现跨区域的金融交易无缝对接。通过现代化技术手段，如区块链、大数据等，提升交易系统的透明度和安全性。二是建设金融信息服务平台。成渝两地可以联合建设金融信息服务平台，提供实时的市场行情、政策解读、风险评估等服务。该平台不仅服务于金融机构，也可以向中小企业和个人投资者开放，提高市场参与者的投融资能力。

第五，推动区域金融监管合作。一是构建联动监管机制。在金融市场的监管方面，重庆和成都应构建联动监管机制，共享监管信息，统一监管标准。通过建立定期交流机制，及时互通监管动态和风险预警信息，提高监管效率和精准度。二是开展跨区域金融案件协查。针对跨区域的金融违法案件，联合开展协查行动，形成打击合力。这不仅能有效维护金融市场的秩序，也能为市场参与者提供更好的法律保障。

11.2.2 优化政策支持

重庆和成都是中国西部的重要经济枢纽，是国家级中心城市，承担着共建西部金融中心的战略任务，在推动共建西部金融中心的过程中，相关政策支持的力量至关重要。无论是金融机构，还是其他金融主体，都需要遵守和依赖各项金融政策来参与金融活动。这些政策支持将为金融中心的建设提供必要的指导和规范，促进金融行业的有序发展。

第一，制定区域性金融政策。为了有效推动成渝共建西部金融中心，国家应制定区域性金融政策，具体包括差异化的信贷政策和金融服务政策。这可以通过给予成渝地区在一定范围内的政策自主权，支持两地制定契合自身发展的金融政策，从而更好地发挥金融资源的配置功能。

第二，增强税收优惠政策。国家应增强对成渝地区的税收优惠政策，特别是对金融企业和金融人才的税收优惠。通过减免税收、提供财政补贴等措施，吸引国内外大型金融机构和高端金融人才进驻西部金融中心，从而提升区域金融市场的活力和竞争力。

第三，支持金融创新与科技发展。国家应该出台更多支持金融创新与科技发展的政策文件，给予成渝地区更多的试点权限。例如，设立金融科技创新区，鼓励数字货币、区块链技术、智能投顾等新兴金融科技的试验和应用。通过政策引导，推动金融科技与传统金融的深度融合，提升金融服务水平。

第四，加强基础设施与信息共享。基础设施对于金融中心的建设至关重要，国家应加大对成渝两地金融基础设施建设的投资，完善交通网络、通信网络和金融信息共享平台。同时，建立跨区域的信息共享机制，提高金融数据的互联互通，优化金融资源配置效率。

第五，完善跨区域金融监管体系。在政策支持的基础上，国家应完善跨区域金融监管体系，确保成渝地区金融市场的稳定与健康发展。通过建立统一的监管标准和协调机制，打破区域间的信息壁垒并防范监管套利行为，为金融中心建设提供稳定的政策环境。

第六，培育多层次资本市场。国家应出台政策措施，支持成渝地区培育多层次资本市场，包括股票市场、债券市场、期货市场等。通过引导区域内企业上市融资、拓展融资渠道，进一步丰富金融产品和服务种类，增强金融市场的深度和广度。

第七，健全人才引进和培育机制。人才是金融业发展的核心驱动力，国家应健全人才引进和培育机制，支持成渝地区建立金融人才培养基地和高端金融培训项目。通过完善政策支持，吸纳和培训更多优秀金融人才，提升区域金融中心的专业水平和竞争力。

11.2.3 完善金融生态体系

金融生态是对金融领域生态特征和运行规律的综合抽象，其本质在于反映金融内外各要素间相互依存、相互约束的有机关系。一个健全的金融生态环境对于金融中心的建设和发展至关重要。成渝共建西部金融中心，必须建立与之相对应的优质金融生态区，这将成为金融中心生存与繁荣的基础。

为了完善金融生态体系，需要致力于构建良好的经济环境，使之成为金融发展的基石。在经济稳步发展的过程中，良好的经济环境能够有效促进金融业的成长，从而推动金融中心的形成。因此，我们应着重打造优越的宏观经济环境和微观经济环境，以确保经济的全方位健康发展。一个发达的经济环境对金融市场的形成和投资环境的优化不可或缺。良好的经济条件不仅能为金融活动提供坚实的基础，还能显著提升地区对经济资源的吸引力，进而不断扩大金融规模。通过营造良好的经济环境，可以有效促进金融市场的繁荣，为未来的可持续发展奠定坚实基础。

第一，健全金融市场体系。重庆和成都应积极推动资本市场的基础设施建设，包括股票、债券、期货和基金等市场的协调发展。通过成立区域性证券交易所，提升金融市场的广度和深度，为企业和投资者提供多元化的投资和融资选择。推进和规范场外市场建设，鼓励中小企业通过场外市场进行融资，提升市场覆盖面和包容性。

第二，强化金融监管，完善法治环境。重庆和成都应统一金融监管标准，建立跨区域金融监管协调机制，加强对金融机构和金融市场的监督管理。通过完善法律法规，增强法治环境，为金融市场的健康发展提供坚实的法律保障。此外，强化风险评估和预警机制，提升金融系统的稳定性和抗风险能力，确保金融市场的公开、公平和透明。

第三，推动金融科技创新。重庆和成都应共同推动金融科技领域的创新与合作，支持区块链、人工智能、大数据等技术在金融领域的应用。设立金融科技创新试验区，鼓励金融机构和科技企业合作开发创新金融产品和服务，提升金融服务的智能化、数字化水平，优化客户体验。同时，建立金融科技风险管理系统，确保金融科技创新在可控风险范围内健康发展。

第四，优化金融人才培养和引进机制。重庆和成都应联合设立金融人才培训基地，推进高校、科研机构与金融企业的深度合作，培养兼具国际视野和实践经验的复合型金融人才。通过引进海外高端金融人才，提升两地金融行业的专业水平和创新能力。设立金融人才激励机制，提供良好的职业发展环境和薪酬待遇，吸引优秀金融人才扎根成渝地区。

第五，构建多层次金融服务体系。构建多层次金融服务体系，提升金融服务的包容性和覆盖面。重庆和成都应大力发展普惠金融，加大对中小微企业和“三农”领域的金融支持力度，提供多样化的金融产品和服务，满足不同类型企业和居民的融资需求。推动绿色金融发展，支持环保项目和可持续发展产业的融资需求，推动经济绿色转型。发展公益金融，支持教育、医疗和文化等公共事业的发展，提升金融服务的社会价值。

11.2.4　加快成渝金融协调发展

金融作为现代经济发展的核心要素，其发展状况直接影响国家和地区的繁荣。各种经济要素和活动都依赖金融作为媒介。成渝两地金融协调发展如同源头活水，有助于滋润成渝经济圈中的市场主体。这种协调发展能够促进金融资源与实体经济的精准匹配，推动成渝两地的商业经济和产业经济发展，逐步成为西部地区金融的聚集地。因此，金融协调发展在成渝共建西部金融中心的过程中不仅能够增强力量，还能将两大城市金融机构的融资、支付和结算优势结合在一起，对推动成渝金融一体化具有重要的参考价值。加快重庆和成都之间的金融协调发展，需要从政策、基础设施、市场活力、产品创新、人才培养和中小企业扶持等多方面入手，构建一个联动互动、共同繁荣的成渝金融生态圈，为成渝西部金融中心建设奠定坚实基础。

第一，推动金融政策协调统一。统一两地的金融监管政策和标准，减少政策差异带来的障碍，为重庆和成都之间的金融机构合作和业务往来提供便利。设立联合金融监管机构，加强跨区域金融风险的监控和管理，确保金融市场的稳定性。

第二，建立联动的金融基础设施。在支付结算系统、清算网络等金融基础设施方面实现互联互通，提升两地资金流动效率。推动两地金融数据的共享与交换，建立统一的信息平台，为金融机构提供更全面的市场信息和客户数据支持。

第三，激发金融市场活力。促进两地资本市场的无缝对接和资源共享，推动上市公司、债券市场和股权投资的跨区域合作。鼓励和支持两地金融机构互设分支机构，拓展业务范围，提升金融服务水平。

第四，创新金融产品和服务。根据成渝地区的产业特征和市场需求，开发有针对性的金融产品和服务。推动融资渠道和模式创新，如绿色金融、科技金融和普惠金融等，满足不同类型企业的融资需求，促进实体经济发展。

第五，加强人才交流和培养。构建成渝金融人才培养和交流机制，鼓励两地高校、科研机构和金融企业共建培训基地和合作项目。培育具有国际视野和专业素养的高端金融人才，为两地金融协调发展提供智力支持。

第六，扶持中小企业发展。建立专门扶持中小企业的金融服务体系，提供融资、信用担保和风险管理等多方面支持。鼓励两地中小企业通过资本市场拓展融资渠道，提升其竞争力和抗风险能力。

11.2.5 加强金融监督管理

金融市场的稳定性至关重要，随着日常活动越来越依赖金融体系，其安全性和稳定性也变得越发重要。当前，随着成渝共建西部金融中心的推进，金融机构获得了更多的业务机会，尤其在区域经济深度融合后，产业链和资金链的联系更加紧密。然而，金融业务增加的同时金融风险也在不断上升。如果在金融活动中忽视潜在风险，可能会导致严重的负面影响，甚至“全盘皆输”。因此，加强金融监督管理是应对金融风险的关键措施。

第一，建立跨区域金融监督协调机制。重庆和成都应建立跨区域金融监督协调机制，实行跨地区监管信息共享、协同监管、联合执法等机制。通过统一监管标准，打破地区间监管壁垒，提升金融监管的效能和一致性，确保金融市场秩序的良性运行。

第二，加强跨境金融业务监管。随着重庆和成都金融业务的国际化程度日益提升，加强跨境金融业务监管是至关重要的。国家应制定有针对性的政策措施，提高对跨境资金流动、外汇交易等关键领域的监管力度，防范跨境金融风险，保障金融业务的稳定发展。

第三，完善金融风险监控机制。在金融监督管理中，要加强金融风险监控机制的建设和完善。国家应支持重庆和成都建立健全的金融风险评估和监控体系，加强对系统性风险、信用风险、流动性风险等方面的监控，并及时采取应对措施，提高金融体系的稳定性和抗风险能力。

第四，加强金融机构内控与风险管理。国家应鼓励重庆和成都的金融机构加强内部风险管理和控制机制建设，提高风险防范意识和能力。通过设立奖惩机制，推动金融机构建立完善的内部合规、风险管理和内部审计制度，规范业务经营行为，有效防范金融风险。

第五，推动金融科技监管创新。金融科技的快速发展对监管提出了新的挑战和机遇。国家应支持重庆和成都在金融科技监管方面进行创新，探索符合金融科技发展特点的监管模式和工具，如监管科技、智能监控等技术手段，加强对金融科技企业的监管和指导，保障金融科技的健康发展。

第六，构建公共信用信息平台。构建公共信用信息平台是提升金融监管水平的重要举措。通过两地合作，建设统一的信用信息共享平台，实现金融信息的互联互通。监管部门可以借助这一平台，获取全面、精准的市场信息，评估金融机构的信用风险，提升金融市场的透明度和诚信度。

第七，推进金融市场的透明度建设。提高金融市场的透明度是加强金融监督管理的根本保障。重庆和成都应通过制度建设，要求金融机构充分披露经营信息，确保市场参与者可以及时、准确地了解市场状况。监管部门应加强信息披露的监督检查，防止虚假信息和不当行为的发生，保护投资者的合法权益。

11.2.6 加强金融人才队伍建设

现代金融企业在激烈竞争中取胜的关键在于培养和引进高级金融人才，因为人才是企业取胜的核心。人才是金融活动的主体，是现代经济发展的主导因素。重庆和成都两大国家级中心城市面临高层次金融人才短缺问题，为打破这一困境，必须加强金融人才队伍建设。重庆和成都可以通过优化金融人才引进机制、加强金融人才培训与教育体系建设、构建多元化人才激励机制以及推动区域金融人才团队协作，不断提升金融人才队伍的综合素质和创新能力，为共建西部金融中心提供坚实的人才保障。

第一，优化金融人才引进机制。一是制定优惠政策。重庆和成都可以通过制定具有吸引力的优惠政策，如税收减免、住房补贴和高薪待遇，吸引各类高端金融人才。特别是要吸引拥有国际视野和丰富经验的金融专家和管理人员，为西部金融中心的建设注入新鲜血液。二是搭建国际金融人才交流平台。通过举办国际金融论坛、学术交流会和高层次人才洽谈会，搭建国际金融人才交流平台。促进全球优秀金融人才与本地金融机构的对接与合作，为成渝地区引进更多国际化的金融专业人才。

第二，加强金融人才培训与教育体系建设。一是设立专业培训机构。两地可以成立专门针对金融行业的人才培训机构，设计涵盖金融理论、实务操作和风险管理等方面的培训课程，提高现有金融从业人员的专业水平和实践能力。二是深化产学研合作。积极推动与国内外知名高校、科研机构的合作，设立金融硕士、博士学位项目，以及在职金融高管培训班，提升区域内学术研究与产业应用的紧密结合。通过引入顶尖的金融教育资源，优化本地金融人才的教育体系。

第三，构建多元化人才激励机制。一是完善职业发展通道。建立完善的职业晋升通道，给予金融人才清晰的职业发展路线图，提供多样化的职业发展机会。通过设立高级职称评定、技能认证等激励措施，提升金融人才的职业荣誉感和归属感。二是推行股权激励计划。鼓励金融企业推行股权激励计划，将金融人才的利益与企业发展紧密绑定，提高其工作积极性和创新动力。特别是对于核心技术团队和高层管理人员，通过股份分配的方式，激发其长期服务于企业的意愿。

第四，推动区域金融人才团队协作。一是建立跨区域金融人才合作机制。重庆和成都应加强区域间人才资源的共享与合作，成立跨区域金融人才联盟，推动金融人才的互派挂职、跨区域项目合作等，形成优势互补的人才协作模式。二是创建创新成果转化平台。搭建成渝区域金融创新成果转化平台，加快金融科技、金融产品创新的应用推广。引导金融人才在平台上进行跨机构、跨领域的合作，形成高效的创新团队，推动区域金融中心的发展。

参考文献

［1］周小川．完善法律制度，改进金融生态［N］．金融时报，2004－12－07（2）．

［2］徐小林．区域金融生态环境评价方法［J］．金融研究，2005（11）：39－45．

［3］李延凯，韩廷春．金融环境演化下的金融发展与经济增长：一个国际经验［J］．世界经济，2013，36（8）：145－160．

［4］管斌彬．长三角地区县域金融生态建设研究［J］．南通大学学报（社会科学版），2015，31（3）：9－15．

［5］张奎．浙江数字金融生态建设实践［J］．中国金融，2024（5）：24－26．

［6］《国际金融中心发展报告》编写组．国际金融中心发展报告［M］．北京：中国金融出版社，2023．

［7］徐诺金．论我国金融生态环境问题［J］．金融研究，2005（11）：31－38．

［8］詹向阳．金融生态环境建设的挑战［J］．中国金融，2013（13）：27－28．

［9］焦方义，任嘉嵩．金融生态系统中农村金融企业动态能力的重要影响因子研究［J］．当代经济研究，2013（1）：70－75．

［10］罗超平，田庆刚，陈静稚，翟琼．县域农村金融生态系统评价与比较研究——基于重庆29个区（县）的数据分析［J］．农业现代化研究，2016，37（2）：298－303．

［11］William B，Dariusz W. Financial centres and information hierarchies：Insights from the geographies of sell－side equity research［J］．Progress in Economic

Geography, 2023, 1 (1).

[12] 黄国平, 刘煜辉. 中国金融生态环境评价体系设计与分析 [J]. 系统工程理论与实践, 2007 (6): 7-14.

[13] 王煜宇. 西部金融中心建设机制研究 [M]. 重庆: 西南大学出版社, 2022.

[14] 陆岷峰, 欧阳文杰. 构建金融强国: 现代化金融生态系统与产业融合发展研究 [J]. 社会科学辑刊, 2024 (1): 150-160, 239.

[15] 郑杨著. 上海国际金融中心创新实践 [M]. 上海: 上海人民出版社, 2020.

[16] 胡滨. 区域金融生态环境评价方法与实证研究 [J]. 经济管理, 2019, 31 (6): 16-22.

[17] 陈悦, 周永新, 郑秀峰. 供应链金融生态赋能产业链韧性: 内在机制与实证检验 [J]. 金融理论与实践, 2023 (11): 13-23.

[18] 熊学萍, 何劲, 陶建平. 农村金融生态环境评价与影响因素分析 [J]. 统计与决策, 2013 (2): 100-103.

[19] 周妮笛. 基于 AHP-DEA 模型的农村金融生态环境评价——以湖南省为例 [J]. 中国农村观察, 2010 (4): 10-19, 95.

[20] 陈雁云, 刘晔. 江西区域金融生态环境评价 [J]. 江西社会科学, 2013, 33 (5): 77-81.

[21] 姚爽, 黄玮强, 张展等. 区域金融生态环境评价——基于修正变异系数法 [J]. 技术经济, 2015, 34 (10): 61-67.

[22] 何德旭, 龚云, 郑联盛. 金融强国的核心要素、建设短板与发展建议 [J]. 证券市场导报, 2024 (3): 3-12, 50.

[23] 邓淇中, 何俊阳, 程云宇. 中国金融生态系统运行效率及其影响因素的评价研究 [J]. 湖南科技大学学报 (社会科学版), 2015, 18 (2): 78-84.

[24] Schumpeter J. The Theory of Economic Development: An Inquiry into Profits, Capital, Credit, Interest and the Business Cycle [M]. Cambridge: Harvard University Press, 1974.

[25] 逯进, 朱顺杰. 金融生态、经济增长与区域发展差异——基于中国

省域数据的耦合实证分析 [J]. 管理评论，2015，27 (11)：44-56.

[26] 方成，潘峰华. 全球金融网络与区域发展 [J]. 地理研究，2024，43 (2)：273-286.

[27] 中国人民银行长沙中心支行课题组，张庆昉，胡坚强等. 区域金融生态评估体系研究 [J]. 武汉金融，2008 (11)：33-36.

[28] 黄解宇. 金融集聚的内在动因分析 [J]. 工业技术经济，2011 (3)：129-136.

[29] 金春雨，韩哲，张浩博. 基于 Panel-VAR 模型的我国金融业发展与经济增长关联性的计量检验 [J]. 管理评论，2013，25 (1)：16-23.

[30] Ali H F, Mostafa P, Karim E, et al. Investigating marginal effect of economic growth on environmental quality based on six environmental indicators: does financial development have a determinative role in strengthening or weakening this effect? [J]. Environmental Science and Pollution Research International, 2021, 28 (38): 53679-53699.

[31] 杨洁，康文有. 金融集聚推动西部金融中心、成渝地区双城经济圈发展的理论逻辑、现实基础和建设路径——基于金融分权理论视角 [J]. 北方金融，2022 (7)：21-29.

[32] 王冰冰，赵树宽. 中国实体经济与金融的互溢效应及其政策应对 [J]. 会计与经济研究，2023，37 (3)：125-140.

[33] Demetriades PO, Hussein K A. Does financial development cause economic growth? Time-series evidence from 16 countries [J]. Journal of Development Economics, 1995, 51 (2): 387-411.

[34] 许传华，于敏等. 武汉区域金融中心建设创新路径研究 [M]. 北京：中国金融出版社，2022.

[35] 武志. 金融发展与经济增长：来自中国的经验分析 [J]. 金融研究，2010 (5)：58-68.

[36] Neil J, Thomas L. Financial systems: Ecology and economics. [J]. Nature, 2011, 469 (7330): 302-303.

[37] 陈彪如. 上海建成国际金融中心的发展目标和实施方案 [M]. 上

海：上海人民出版社，2022.

[38] 何宏莉．构建良好金融生态环境促进金融经济和谐发展 [J]．现代经济信息，2012 (3)：219.

[39] 郑兵．构建良好金融生态环境促进金融经济和谐发展 [J]．金融经济，2018，(6)：180-181.

[40] 程水红，王春凤．资源禀赋约束下福建省金融集聚的经济增长效应研究 [J]．闽南师范大学学报（哲学社会科学版），2022，36 (3)：8-15.

[41] 李敦瑞著．"一带一路"与上海国际金融中心的协同推进 [M]．上海：上海人民出版社，2020.

[42] 闻岳春，黄昌杰．数字金融、金融集聚与实体经济发展 [J]．金融监管研究，2023 (9)：56-76.

[43] 赵晓霞．金融集聚视角下的中国大城市经济增长方式探究 [J]．管理世界，2014，(5)：174-175.

[44] 黎平海，王雪．基于金融集聚视角的产业结构升级研究——以广东省为例 [J]．广东金融学院学报，2009，24 (6)：51-59+127-128.

[45] 陶冶，张国胜著．金融中心论 [M]．北京：经济日报出版社，2020.

[46] 王一乔，赵鑫．金融集聚、技术创新与产业结构升级——基于中介效应模型的实证研究 [J]．经济问题，2020 (5)：55-62.

[47] King R G, Levine R. Finance and Growth: Schumpeter Might Be Right [J]. The Quarterly Journal of Economics, 1993, 108 (3): 717-738.

[48] 张晓朴，朱太辉．金融体系与实体经济关系的反思 [J]．国际金融研究，2014 (3)：43-54.

[49] 赵伟，马瑞永．中国区域金融增长的差异——基于泰尔指数的测度 [J]．经济地理，2006 (1)：11-15.

[50] 马天禄．遵循客观规律推进西部金融中心建设 [J]．中国金融，2023，11 (6)：28-29.

[51] 周天芸，岳科研，张幸．区域金融中心与区域经济增长的实证研究 [J]．经济地理，2014，34 (1)：114-120.

[52] 王如玉，王志高，梁琦，陈建隆．金融集聚与城市层级［J］．经济研究，2019，54（11）：165－179.

[53] Risto R. Financial geography—a banker's view. [R]. London, Routledge, 2003.

[54] 王宇，郭新强，干春晖．关于金融集聚与国际金融中心建设的理论研究——基于动态随机一般均衡系统和消息冲击的视角［J］．经济学（季刊），2015，14（1）：331－350.

[55] 杨洁，康文有．金融集聚推动西部金融中心、成渝地区双城经济圈发展的理论逻辑、现实基础和建设路径——基于金融分权理论视角［J］．北方金融，2022（7）：21－29.

[56] Kindle Berge C. The formation of financial centers: a study in comparative economic history [M]. New Jersey: Princeton University Press, 1974.

[57] 王周伟，柳闫．金融集聚对新型城镇化支持作用的空间网络分解［J］．上海师范大学学报（哲学社会科学版），2016，45（2）：45－55.

[58] 杨艳军．武汉区域性金融中心发展策略研究［J］．长江论坛，2020（2）：44－50.

[59] 刘国宏．基于金融生态视角的金融中心形成机制研究［J］．开放导报，2011（6）：49－52.

[60] 魏志华，曾爱民，李博．金融生态环境与企业融资约束——基于中国上市公司的实证研究［J］．会计研究，2014（5）：73－80＋95.

[61] 魏媛媛，李俊，李洁．金融生态视角的合肥市区域性金融中心研究［J］．时代金融，2016，（3）：148＋155.

[62] 《成渝共建西部金融中心规划》正式出炉［J］．新西部，2021（12）：142.

[63] 陈文华，张剑渝，李菁等．成渝应协同提升西部金融中心竞争优势［J］．财富时代，2020（6）：1－4.

[64] 秦鹏，刘焕．成渝地区双城经济圈协同发展的理论逻辑与路径探索——基于功能主义理论的视角［J］．重庆大学学报（社会科学版），2021，27（2）：44－54.

［65］魏良益．着力提升金融集聚力辐射力［J］．中国金融，2022（8）：21－23.

［66］张静静．成渝西部金融中心的六大看点［J］．中国金融，2022（2）：78－79.

［67］马德功，杨陈晨，刘林昕．成渝构建区域金融中心比较研究［J］．社会科学研究，2012（4）：14－18.

［68］薛昶，李嵩然．区域金融中心研究——以成渝经济区为例［J］．经济体制改革，2013（3）：62－65.

［69］杨帆，陈广坤．比较中看发展：中国四大经济区经济实力透视［J］．四川省情，2020（7）：16－19.

［70］严宝玉．高质量推动成渝共建西部金融中心［J］．中国金融，2022（8）：13－15.

［71］黄晓芝．"双核互补型"金融中心模式的构建研究［J］．经济体制改革，2014（2）：49－53.

［72］霍文波，余真仪，杨蕙宇．成渝地区双城经济圈金融市场一体化建设研究［J］．当代金融研究，2022，5（2）：69－82.

［73］唐素微，高煜．基于主成分分析法的区域金融生态环境评价研究［J］．金融经济，2013（18）：109－112.

［74］葛鹏．构建金融生态环境分析评价指标体系路径选择［J］．时代金融，2020（17）：7＋10.

［75］史庆璜，陈海燕，郭进才等．基于熵值法的区域金融生态环境综合评价比较研究——来自西北五省区的数据分析［J］．西部金融，2019（3）：39－44.

［76］张学超．金融集聚、数字鸿沟与实体经济高质量发展［J］．技术经济与管理研究，2023（9）：74－80.

［77］刘津，房红威，王瓅学．新常态下区域性金融中心的发展之路——兼论成都区域金融中心的构建［J］．西南金融，2017（6）：42－47.

［78］孙国茂，范跃进．金融中心的本质、功能与路径选择［J］．管理世界，2013（11）：1－13.

[79] 张昊渊．从金融业集聚到经济增长［J］．商场现代化，2022（11）：120－122.

[80] 宗良，常韵珩，刘津含．国际金融中心格局变革的前景［J］．中国金融，2021（1）：84－86.

[81] 胡苏迪，蒋伏心．科技金融中心发展模式的国际比较与启示［J］．新金融，2017（4）：39－42.

[82] 王保庆，李忠民．金融中心建设的一般路径研究［J］．现代经济探讨，2012（4）：63－66.

[83] 余秀荣．国际金融中心功能演进的动因、路径及启示［J］．武汉金融，2012（2）：29－33.

[84] 冯邦彦．香港作为全球性金融中心的比较优势与差距［J］．南方金融，2011（5）：45－48＋78.

[85] 李宝峰．美国建设国际金融中心的经验借鉴及其启示［J］．商业时代，2011（6）：82－83.

[86] 肖本华．政府引导下的国际金融中心建设：亚洲金融危机后的新加坡经验及其对上海的启示［J］．华东经济管理，2011，25（1）：13－17.

[87] 贺瑛，华蓉晖．金融中心建设中的政府作为——以纽约、伦敦为例［J］．国际金融研究，2008（2）：60－66.

[88] 刘刚．上海国际金融中心建设的进程判断——基于与主要国际金融中心的比较分析［J］．现代经济探讨，2007（4）.

[89] Martin R. Institutional Approaches in Economic Geography，In a Companion to Economic Geography［M］．Oxford：Blackwell，2020.

[90] Code，William. Information flows and the process of attachment and projection：the case of financial intermediaries［J］．Harper Collins London，1991.

[91] Laulajainen R. Financial Geography：A Banker's View［M］．Taylor and Francis：2003－08－28.

[92] 王巍，陈宇桦，李明．产业聚合：现代国际金融中心的形成条件——对中国的借鉴及启示［J］．金融与经济，2017（5）：27－29.

[93] 杨娥．上海金融产业集群现状分析［J］．商业时代，2017（2）：

105－106.

［94］孟剑，周梦．中国资本市场的开放与国际化：功能定位［J］．现代管理科学，2015（8）：82－84.

［95］陈红霞，陈敏灵．川、渝、陕构建区域金融中心的现实条件与路径研究［J］．软科学，2010，24（9）：71－76.

［96］成渝地区双城经济圈建设规划纲要［N］．人民日报，2021－10－21（1）

［97］黎鹏．区域经济协同发展及其理论依据与实施途径［J］．地理与地理信息科学，2005（4）：51－55.

［98］李琳，刘莹．中国区域经济协同发展的驱动因素——基于哈肯模型的分阶段实证研究［J］．地理研究，2014，33（9）：3－16.

［99］王义中．做好重庆数字金融大文章［J］．西部金融中心，2024（1）：54－59.

［100］重庆市地方金融监督管理局．重庆市金融改革发展“十四五”规划.

［101］成都市地方金融监督管理局．成都市“十四五”金融业发展规划.